高等院校"十三五"应用型规划教材·金融专业

公司金融

主　编　何文静
副主编　江　帆　肖　雪　胡自强

微信扫码
申请课件等相关资源

南京大学出版社

图书在版编目(CIP)数据

公司金融 / 何文静主编. —南京：南京大学出版
社，2019.9
ISBN 978-7-305-06616-0

Ⅰ.①公… Ⅱ.①何… Ⅲ.①公司—金融学 Ⅳ.
①F276.6

中国版本图书馆 CIP 数据核字(2019)第 189231 号

出版发行 南京大学出版社
社　　址　南京市汉口路 22 号　　　　邮编　210093
出 版 人　金鑫荣

书　　名 公司金融
主　　编 何文静
责任编辑 李素梅　武　坦　　　　编辑热线 025-83592315
照　　排　南京理工大学资产经营有限公司
印　　刷　南京京新印刷有限公司
开　　本　787×1 092　1/16　印张 15　字数 374 千
版　　次　2019 年 9 月第 1 版　2019 年 9 月第 1 次印刷
ISBN 978-7-305-06616-0
定　　价　38.00 元

网　　址:http://www.njupco.com
官方微博:http://weibo.com/njupco
微信服务号:njuyuexue
销售咨询热线:(025)83594756

前言 | Foreword

公司金融(Corporate Finance)又称公司财务学或公司理财等,与投资学、金融市场学一并成为微观金融学的主体课程。作为金融学的分支学科,公司金融主要研究公司的融资、投资、收益分配以及与之相关的问题。本书以培养应用技术型本科人才为导向,理论联系实际,着重培养学生运用公司金融理论分析、解决实践问题的能力,为今后的专业课程学习以及专业实践奠定基础。

全书共有四个部分。第一部分为导论(第一章至第四章),主要介绍公司的金融活动、货币的时间价值和价值评估、风险和收益的计量以及资本成本等方面的内容。第二部分为投资决策(第五章至第八章),主要介绍资本预算方法、期权定价和实物期权、金融衍生工具的使用以及资本预算的风险调整方法。第三部分为融资决策(第九章至第十二章),主要阐述债务融资和权益融资、资本结构理论和股利政策理论。第四部分为公司金融的一些特殊问题(第十三章至第十五章),主要阐述公司财务报表与财务计划、营运资本管理以及公司并购。

本教材的编写特色如下:

(1)适用性。本教材为全国高等院校经管类本科专业学生所使用。在编写过程中以培养应用技术型人才为导向,在教学内容方面注重学生主动意识的培养,在实践方面注重学生的创新和实践能力的培养。

(2)应用性。本书以应用为导向,通过将基本理论与实际案例相结合进行讲解,使学生理解公司金融领域的一些深奥问题,并学会运用这些方法和工具来解决各种问题。

(3)先进性。本书借鉴了公司金融领域近年来的成果,既包括资本结构理论中的经典 MM 理论、代理理论等，又加入了金融衍生工具的创新与发展等，这是与时俱进的需要，也是为考研的学生提供更好的学习用书的需要。

　　本书由何文静主编，江帆、肖雪、胡自强任副主编，具体分工如下：第一、二、三、四章由肖雪编写；第五、六、七、十章由江帆编写；第八、九、十二、十三、十四章由何文静编写；第十一、十五章由胡自强编写。

　　书中不当之处，敬请广大读者批评指正，以使我们进一步修改和完善。

编　者

2019 年 8 月

目录 | Contents

第二篇　投资决策

第四篇　公司金融的一些特殊问题

第一篇

导　论

第一章 公司的金融活动

【本章学习目标】

- 理解公司的概念和分类。
- 了解公司的目标。
- 了解公司的代理冲突。

导入案例

我们究竟应该如何选中国上市公司100强？

2007年,华顿经济研究院推出了2006年度"中国上市公司百强排行榜榜单"。与2005年相比,本届排行榜呈现出三大特点。第一,新上市公司多。共有19家新上榜公司,其中中国工商银行等11家为新上市公司。第二,金融板块几乎占据百强企业总市值和总利润的半壁江山。8家入榜的银行和证券公司总市值达40 271亿元,占百强公司总市值的55.6%;利润总额达2 123亿元,占百强企业总利润的47.8%。第三,交通运输业发展迅猛。共有19家交通运输类公司进入百强排行榜,交通运输成为2006年百强排行榜上最耀眼的板块。

华顿经济研究院认为衡量公司的价值,首先要关注其创造财富的能力,而非单纯追求规模和市值的膨胀。利润总额是公司为社会创造的财富总和,代表了公司真正的内在价值;总市值则是市场对公司的认知和评价,代表其外在价值。没有利润支撑的市值终究是空中楼阁,而市值被低估的公司则无异于怀才不遇。因此,好公司应该内外兼修,才能实至名归。在这一思想的指导下,华顿经济研究院推出了"中国上市公司百强排行榜",以利润总额作为主要排序指标,同时参照市场价值、主营业务收入等指标对上市公司进行排序,列出了中国上市公司前100名。

(资料来源:朱叶.公司金融.北京:北京大学出版社,2013:17.)

案例导学

结合案例,分析我国上市公司甄选的标准究竟是什么。我国的大公司应该如何进入世界100强?

公司金融所要研究和解决的是围绕企业的三个核心问题:治理、融资、估值。本章介绍公司金融课程中涉及的基本概念,包括公司的目标、对公司或企业的界定以及代理冲突问题。

第一节 企业的组织形式

通常,我们习惯上将企业划分为三种不同的组织形式,即独资企业、合伙企业和公司制企业。因此,公司是企业组织形式中的一种。

一、独资企业

独资企业(Sole Proprietorship)也称个体企业,是指由业主个人单独出资创建并经营的企业。独资企业是一个会计主体,但不是法律主体。业主对企业的债务负无限责任,即在偿还债务时,如果企业无力偿还,业主应当以其所拥有的个人财产偿还所欠负债。

它的优点主要表现在三个方面:一是所需出资额较少,易于创立;二是经营独立性强,易于决策;三是企业利润全部归业主个人所有。但是,独资企业也有其自身的缺点,主要表现在:第一,筹资渠道有限,企业规模受到限制;第二,承担无限责任,业主承担的风险较大;第三,企业生命力有限。

二、合伙企业

合伙企业(Partnership)是由两个或两个以上的合伙人自愿组成、共同出资创办的企业。通常可将合伙企业分为一般合伙企业和有限合伙企业。

一般合伙企业除企业业主为两人或两人以上外,它与独资企业有许多共同点,即合伙企业中每一个合伙人对企业的债务负无限责任,且合伙企业中每一个合伙人都可以代表企业,企业收益或损失的分配方法在协议中规定。

有限合伙企业的合伙人对企业债务承担有限责任,以合伙人在企业中占有的份额为限承担债务。我国现存的改制后的会计师事务所大多是有限合伙企业。

有限合伙企业区别于一般合伙制企业的特征是:第一,有限合伙人仅仅承担与其出资额相应的责任;第二,有限合伙人可以出售他们在企业中的利益;第三,管理控制权归属于一般合伙人。

合伙企业也和独资企业一样,存在一些类似的缺点:难以筹集大量资金;负无限偿债责任;生命力有限;所有权转移困难。当某个合伙人想退出时,须经其他合伙人同意才能转让他的所有权。

有限合伙制是目前西方发达经济中风险投资机构主要的组织形式,它依照《合伙企业法》由普通合伙人和有限合伙人依契约组成,典型的有限合伙企业存续期为 10 年,一般最多可以延长 3～4 年,但契约延期需要经过有限合伙人的同意。

有限合伙人一般提供风险基金中的 99％,以实际出资额或者承诺出资额为上限承担有限责任,不以个人身份承担经营中的风险和责任。在一个有限合伙协议中,有限合伙人多则49 人,少则可以为 1 人,一般在 1～30 人之间。

有限合伙制之所以成为西方风险投资机构的主流模式,与其运作成本和独特的制度安排是分不开的。有限合伙制具体有以下几个特点：第一，有限合伙制具有高效的激励机制。风险投资家作为合伙企业的普通合伙人，在合伙企业总投资中只占有1%的投资份额，却能分得净利润的20%。高杠杆比例的投资收益可以激发风险投资家寻找最好的投资机会。第二，有限合伙制可以有效降低道德风险与代理成本，有限合伙制中有两类合伙人，有限合伙人承担有限责任，普通合伙人承担无限责任。合伙企业的无限责任以及有限合伙人对其信任等因素激励着风险投资家不敢懈怠工作，而且有限合伙契约有确定到期的期限，风险投资家为了自己的声誉和后续的融资需求，不会为了个人利益损害企业利益。两类合伙人的利益一致，代理成本较小。第三，避免双重纳税，具有税负优势。由于有限合伙企业不是法人，不被视为纳税主体，合伙企业投资收益无须缴纳公司所得税，只需缴纳个人所得税，因而能避免重复纳税。

目前，有限合伙制在我国的风险投资、私募股权以及私募证券投资等领域正在得到越来越广泛的应用。

三、公司制企业

（一）公司的特征

公司是一个复杂的概念，一般的公司有如下特征：① 公司作为企业一种组织形式，具有各种企业所共有的属性，如营利性、经营自主性等。公司是按照公司法设立，以营利为目的的企业法人。② 公司必须依据法律的规定设立。③ 公司是法人。④ 公司必须在法律许可的范围内从事经营活动。

（二）公司的类型

按照不同的标准，公司可以分为不同的类型。在我国和大陆法系因家，是按照公司的资本结构和股东对公司债务承担责任的方式对公司进行分类的。传统做法可把公司分为无限责任公司、有限责任公司、两合公司、股份有限公司和股份两合公司五种形式。而在实践中，有限责任公司和股份有限公司作为企业的高级组织形式广泛存在并发展。因此，我国的公司法只对这两种形式做了规定。

1. 有限责任公司

有限责任公司是指由法律规定的一定人数的股东（2005年修订后的《公司法》对有限责任公司的股东人数取消了下限，仅做了50人以下的上限规定，并允许设立一人有限责任公司和国有独资公司）所组成，股东以其出资额为限对公司承担责任，公司以其全部资产对公司债务承担责任的企业法人。有限责任公司具有以下五个基本特征：① 有限责任公司的股东仅以出资额为限对公司承担责任；② 有限责任公司的股东人数有限，而且相对稳定；③ 有限责任公司的资本通常不分为等额股份；④ 有限责任公司的筹资和经营具有"封闭性"或"半开放性"；⑤ 有限责任公司的设立一般不需要经过相关主管部门批准。

2. 股份有限公司

股份有限公司是以一定数目的股东组成，其全部资本分为等额股份，股东以其所持股份为限对公司承担责任,公司以其全部资产为限对公司债务承担责任的一种公司。股份有限公司具有以下五个基本特征:① 股份有限公司的股东以其所持股份为限对公司承担责任;② 股份有限公司的股东人数只有下限,没有上限,应有 2 人以上 200 人以下为发起人,其中须有半数以上的发起人在中国境内有住所;③ 股份有限公司的资本必须分为等额股份;④ 股份有限公司的筹资和经营具有开放性或公众性,是筹集和积累资本、分散经营风险、转换经营机制的高级公司组织形式;⑤ 股份有限公司的设立条件和监管都比较严格。

第二节 公司的目标

从逻辑上讲,股东拥有并控制公司,因此,管理者均会以如何实现股东财富最大化来实施自己的行为,公司的任何决策均基于公司股东财富最大化。但是,公司的所有权和经营权是分离的,为寻求私人利益,公司管理者可能不按照股东意愿行事,于是两权分离使我们有必要重新审视究竟是谁在控制公司。关于公司的目标,众多学者有多种提法,得到普遍认同并在理论和实践中产生了广泛影响的观点主要有三种:股东利润最大化、股东价值最大化和企业价值最大化。股东利润即为当期利润;股东价值反映长期和当期企业所有权(股权)的市场价值;企业价值又被称为"利益相关者"价值,反映企业所有相关的利益主体的利益。要正确理解不同公司目标的内涵和差异,首先应该对现代企业理论有一个基本的了解。

一、公司目标理论

(一) 股东利润最大化

评价一个公司经营是否成功时,人们最先想到的往往是公司的利润,即赚了多少钱,与之相对应,公司的理财目标就是利润最大化。以利润最大化为目标的优点是:反映了企业经营行为的本质动机,也为企业加强管理、降低成本、提高生产效率提供了动力,并且利润最大化目标简单明了,便于比较和理解,也容易为人们所接受。同时,利润最大化目标的缺点也是显而易见的:① 以利润最大化为经营目标,导致企业无法进行有价值的长期投资。比如一家高科技公司斥巨资研发一个新的项目,在研发阶段很可能一年甚至几年都是亏损的,但是一旦研发成功,就会带来巨大的经济效益和社会效益,并形成公司的核心竞争力,有利于公司的可持续发展。但在即期利润最大化的目标下,这样的投资行为不会被支持。② 以利润最大化为经营目标,导致企业的投资损害了长期价值。公司可以通过削减当前的股利、扩大自由现金流量来增加考核期的利润。但如果公司的投资收益率低于资本的机会成本,这实际上损害了企业股东利益。上述"不愿进行有利的投资"和"过度进行无利的投资"的两种情形都属于公司管理者的短期行为,导致企业追求短期利润而不惜损害长期利益,对公司和社会都没有好处。③ 利润指标本身很容易受到公司管理层的操控,经过粉饰的利润指标很可能会掩盖公司经营的真实风险和问题,损害投资者的利益。因此,股东利润最大化目标在现实中往往不被接受。

（二）股东价值最大化

股东价值最大化，是指由于公司主要有股东出资形成，股东创办企业的目的是增加投资价值，他们是企业的所有者，所以，公司的发展应当追求股东价值最大化。只有实现了股东价值，也就实现了其他利益相关者的价值。其他的经营目标，则都可以由股东价值最大化替代。在股份制经济条件下，股东财富由其所拥有的股票数量和股票市场价格两方面决定，在股票数量一定的前提下，当股票价格达到最高时，则股东财富也达到最大，所以股东价值最大化又可以表现为股票价格最大化。

股东价值最大化与利润最大化目标相比，有着积极的方面：① 利用股票市价来计量，具有可计量性，便于对管理者的业绩考核；② 考虑了资金的时间价值和风险因素；③ 能够在一定程度上克服企业在追求理论上的短期行为，因为股票价格在某种程度上反映了企业未来现金流量的现值。

（三）利益相关者价值最大化

利益相关者价值最大化的观点是：公司的目标应该是利益相关者价值最大化或称公司价值最大化。公司应该平等地对待各利益相关者，如债权人、管理人员、员工，甚至政府等，并且企业要尽到自己的社会责任。在利益相关者的框架下，企业是一个多边企业的结合体，它不由单纯的股东或单一的利益相关者构成，而是由所有的利益相关者通过契约关系组成的。对众多利益相关者专用性资源进行组合，其目的是获取单个组织生产所无法达到的合作盈余。各个利益相关者在合作过程中，由于向企业提供了专用性资源并承担着企业的经营风险，因此都有权利获得相对独立于其他利益相关者的自身利益。但是利益相关者之间的目标多是有冲突的，选择该目标无法消除和解决这些冲突，因而在现实中操作的难度很大。例如，在以利益相关者价值最大化为公司经营目标的国家，一般而言，公司融资结构中债务融资（银行贷款和发行企业债）的比例非常高，大银行等债权人和公司是战略伙伴关系，对公司的经营往往有相当大的控制权。同时，在股票市场上，公司发行的股票以法人股居多，持有股票是为了控制资源，而不是为了短期获利。另外，在这些国家，政府对公司要求较多，公司往往需要承担相当的社会责任。

从国际比较来看，中国的国情与英美相差较大，而与日本、欧洲大陆国家较为相近。在英美等国家，公司的财务目标是实现股东价值最大化或实现公司价值最大化。在日德等国家，公司的财务目标具有多元化特征，股东价值最大化仅为目标之一，而非全部，其财务目标还会兼顾公司客户、供应商员工等公司其他利益相关者的利益。在我国，上市公司的持股主体中国有股和法人股占了很大比重；公司和银行之间的关系十分密切，在公司的融资结构中银行贷款占主导地位；股票市场受到其他非企业基本面因素的影响波动巨大，不能准确反映公司的价值；另外，在国有企业中，政府作为大股东显然并非单以股票价格最大化为目标，国有企业承担了较多的社会责任。因此，公司价值最大化的目标更符合我国《公司法》《证券法》以及相关法律对投资者、债权人、企业员工和消费者等利益主体的利益保护规定。因此，我国的公司目标更接近于利益相关者价值最大化。

(四) 关于股东价值最大化和利益相关者价值最大化的争议

对于一个企业以利益相关者价值最大化为追求目标,存在着四种主要的质疑声音:

(1) 给非股东的利益相关者以控制权,会阻碍融资。例如,企业"自然的利益相关者"——员工和经理,他们自身没有资金投入企业,假如他们和股东分享控制权,他们却没有提供可信的抵押承诺。

(2) 将使得企业的决策过程变得低效。由于股东和利益相关者(如员工)在许多决策目标上存在冲突,也许很难达成一个合适的互惠政策,分享控制权可能会导致僵局。

(3) 企业经理层会产生更大的代理成本。如果经理的责任是最大化股东价值,他就有一个相对明确的任务,他在这项任务上的绩效股票价值或利润——也就相对客观明确(尽管衡量绩效的方法在不断完善)。相反,一个承担了社会责任的经理人面临的任务是多样的,这些任务大多数从来就无法衡量。这样,追求利益相关者最大化目标的企业的管理层绩效无法衡量也难以验证,在这种情况下,管理层显然没有足够的激励,甚至多重的、难以衡量的任务,可能会成为管理层谋取私利的借口和护身符,产生更大的代理成本。比如,我国国有企业的管理层长期承担着股东价值、就业、税收乃至社会稳定等职责,多重社会责任是国企低效率的一个重要原因。

(4) 对公司社会责任的广泛推动,实际上等于对公司业务征税,但这项税收的收入却不受政治程序的控制。公司进行的政治捐款或者慈善捐赠等,实际上是为董事和经理的支持者(如能影响公司利益的顾客和政策制定者)谋利益,而与其标榜的社会目标并不相符。

当然,股东价值最大化的支持者,并不完全反对"利益相关者群体"的目标。相反,他们所持的异议在于如何达到这些目标。对于以股东价值最大化为目标而由此可能给利益相关者带来的"负外部性",他们主张通过合约和法律手段来解决,而不是通过公司董事或经理的自由决策行动。股东价值最大化是否会损害员工的利益?如是,则员工和工会就应该加入公司的一系列合约条款中,明确关于员工在职期间的安全、解雇费以及失业救济规则等。

当然,股东利益最大化的支持者意识到,合约是不完备的。此时,一国的法律制度就可以发挥作用。法庭只要遵照原始合同的精神,就可以为不严密或者不完备的合约加上无限的注解。因此,法律制度可以补充和替代一些合约以及合约的缺失。但是,法律和规制框架本身也可能就是不完美的,并且经常受到利益集团游说的影响。因此,从合约和法律均存在不完善的角度来说,公司采取股东价值最大化的目标只能是"次优的选择",极端倾向于股东价值是非常不妥的。在合约失效的情况下,需要有新的干预机制来调和股东价值和企业社会责任(如环境保护)等其他利益目标之间的矛盾。

二、公司金融活动的价值创造

(一) 价值创造过程

所谓价值创造,是指公司创造的现金流入量超过它所支付的现金流出量,即产生了现金增量。公司可以通过投资决策、融资决策和营运资本管理等金融活动来为公司创造价值。为了揭示公司金融活动的价值创造过程,下文通过公司和金融市场之间的相互作用来说明公司价值创造是如何实现的。假如公司的金融活动始于融资活动,那么,公司现金流量的流动方向和过程为:第一,公司在金融市场上向投资者发售公司债券、普通股股票或优先股股票筹措资金;也可以向商业银行举借资金,或利用私募基金或风险投资基金来募集资金。第二,用所募集资金购置流动资产或长期资产。第三,当投资项目运转并开始生产之后,公司便可以通过销售产品获得现金性收入。第四,公司用现金性收入向债权人支付利息,最终将偿还本金。第五,在上缴所得税后,向股东支付现金股利。第六,公司留存一部分收益,用于公司未来发展。

以上投资活动所形成的现金流的流动过程循环往复。如果公司支付给债权人和股东的现金超过从金融市场上筹集到的资金,公司便创造了价值。公司成长、股东价值最大化有赖于公司价值创造。

(二) 现金流量

我们在上文用现金流量描述了价值创造的过程。鉴于未来现金流产生的时间存在差异,以及未来现金流具有不确定性,为此,在评估公司价值创造大小时,我们可以基于以下两个关于现金流量的假设,来降低或消除未来现金流量产生的时间不一以及未来现金流量不确定所造成的影响。

首先,假设任何人都偏好尽早收到现金流量。今天的一元钱比明天的一元钱更有价值,公司投资的价值取决于现金流量的时效性。根据这一时效性假设,对投资期限、投资额相同的两个投资项目的取舍除了取决于投资项目所产生的现金流的数量外,还需视现金流量产生的时间而定。

其次,假设大多数投资者厌恶风险。无风险的一元钱比有风险的一元钱更有价值。风险增加了现金流量的不确定性,使得现金流量的数额和时间难以确切知晓。根据这假设,在对投资期限、投资额相同的两个投资项目进行取舍时,还需视现金流量的不确定性而定。在公司金融乃至在整个金融学中,现金流量是一个非常重要的概念,金融资产价值、股东价值乃至整个公司价值都需要用未来期望现金流量来进行估算。现金流量在价值评估方面的作用无可替代,基于现金流量的估价方法仍然是目前投资银行等金融机构主要的价值评估方法。

第三节　代理冲突

一、多重代理冲突和缓解之道

与美英"股东至上"理念不同的是,德国和日本的公司主张"利益相关者至上",公司的财务目标是同时最大化这些利益相关者的利益。因此,德国和日本公司的代理冲突和缓解之道必然带有强烈的国别特征:① 多重代理冲突。德国和日本公司具有特点鲜明的多重代理冲突,既有股东与管理者之间的冲突,又有股东与顾客、雇员和供应商之间的冲突。前者的代理冲突具有共性,而后者的代理冲突带有很强的国别差异。② 终极控制者和非控股股东之间存在冲突。在不同的国家,公司终极控制者可以是大股东,也可以是小股东。由于德国和日本的公司股权集中度高,德国大多数公司通过构建金字塔式的股权结构方式产生了大股东控制,如梅赛德斯—奔驰公司的大股东是德意志银行。而日本则通过交叉持股等方式产生了小股东控制,即公司被拥有实际控制权的小股东控制。由于终极控股股东存在"私人利益",为此,它们可能为了"私人利益"最大化而做出"次优"甚至"非优"的决策。为化解代理冲突,需要施行行之有效的治理。例如,为了减缓或降低终极控股股东对非控股股东的侵害,可以通过改革现有董事会选举制度的办法或规则(如由累积投票制度替代传统的一股一票制度),确保非控股股东可以选出心仪的董事,以增强非控股股东在董事会中的话语权,进而对大股东产生抗衡和制约作用。

二、管理者与股东之间的冲突

公司尤其是大公司,所有权和经营权分离是不可避免的。大公司股东过于分散,因而难以真正有效控制管理者行为。因此,当管理者的目标有悖于股东的目标时,损害股东利益的行为就有可能发生。那么,管理者所要追求的目标是什么?

自我交易是管理者的目标之一。管理者一旦拥有公司剩余控制权,就会通过各种自我交易行为来为自己谋取私利。一是获取数额不菲的货币性资源,比如高额薪酬、高额奖金、股票期权等;二是以额外津贴方式侵占大量公司非货币性资源,用于个人消费,比如享受公司的豪华小汽车、豪华办公家具、拥有自主决定的资金等,将公司留存收益或自由现金流视为其"免费午餐"。更有甚者,与自己设立的企业或机构进行不正当交易,将其服务公司的财富转移至其名下的企业。

规避风险是管理者的目标之二。学习和焦虑是管理者在寻找新的盈利项目过程中必须付出的代价或成本,因此,管理者和股东在高收益但风险较大项目的取舍上可能会存在分歧。慑于巨大的个人学习成本和焦虑成本,管理者寻求新的高风险、高盈利项目这样的创造性活动的激情将会下降,转而享受更多的特权。管理者的目标偏离公司目标之后,所有者的利益将受到损害,管理者的目标之二对公司的危害更大,公司可能因此失去很多成长机会。

三、股东能否控制管理者行为

股东与管理者在两权分离情形下的冲突是必然的。当冲突发生时,究竟是谁控制了公司?股权集中度较高的公司毫无疑问是股东占上风,股权分散的大公司则不好说,甚至股东无法使他们的目标被人知晓。公司股东和管理者之间相互冲突的目标是如何平衡的呢?

股东和管理者的冲突可以用委托—代理理论进行描述。股东是委托人,管理者是代理人。股东要求管理者创造公司价值,增加股东财富,实现福利最大化;而管理者可能不顾股东利益,追求更多的闲暇、享乐,挥霍股东的资源。股东必须付出一定的成本来监督和约束管理者,规范管理者的行为。于是,就产生了代理成本(Agency Cost)。代理成本是缓解管理者和股东利益冲突的费用,包括因管理者懈怠而使公司价值遭受的损失、股东的监督成本和实施控制方法的成本等。

为使管理者的行为符合股东的意愿,英国和美国的公司推出了一系列公司治理措施。

公司治理有内部治理和外部治理两类。

股票期权激励制度是内部治理的一种重要手段,它是解决公司两权分离后股东目标和管理者目标不一致问题的方法。这种方法将管理者的报酬分为薪水、奖金和股票期权三部分,其中薪水是对管理者当下工作的补偿,而奖金和股票期权是对管理者工作效果的补偿,股票期权只能在未来视公司业绩好坏行权或弃权。因此,管理者在服务于股东的同时,也在为身为潜在股东的自己工作。管理者潜在股东的身份使得其目标能够与现有股东的目标相一致。

并购市场的接管威胁是外部治理的一种有效手段,它会激励管理者采取能使股东财富最大化的行动。当公司的业绩因为管理者的经营不善而一路下滑时,公司的股票会大幅下跌,公司可能会成为其他股东集团、公司或个人的猎物公司的目标。一旦被收购,目标公司的高管层可能遭解雇。因此,被收购的威胁对管理者是否以股东为重进行决策形成了一种压力。

股东通过监督和约束,或设计合理的激励制度,或借助控制权市场的力量,在一定程度上能够纠正公司管理者的行为,使其采取的行动以股东利益为重,但是,股东与管理者之间的目标冲突仍然无法完美地得到解决。

股东和管理者之间的代理冲突只是公司诸多代理冲突中的一种,控股股东和非控股股东之间的冲突、股东和债权人之间的冲突也会损害公司全体股东的利益,致使"股东至上"的目标无法顺利实现。因此,公司应该致力于缓解各类代理冲突,构建基于股东价值最大化的有效的公司治理机制。

本 章 小 结

(1) 独资企业(Sole Proprietorship)也称个体企业,是指由业主个人单独出资创建并经营的企业。独资企业是一个会计主体,但不是法律主体。

(2) 合伙企业(Partnership)是由两个或两个以上的合伙人自愿组成、共同出资创办的企业。通常可将合伙企业分为一般合伙企业和有限合伙企业。

(3) 有限责任公司是指由法律规定的一定人数的股东(50人以下)所组成,股东以其出资额为限对公司承担责任,公司以其全部资产对公司债务承担责任的企业法人。

(4) 股份有限公司是以一定数目的股东组成,其全部资本分为等额股份,股东以其所持股份为限对公司承担责任,公司以其全部资产为限对公司债务承担责任的一种公司。

(5) 股东价值最大化,是指由于公司主要有股东出资形成,股东创办企业的目的是增加投资价值,他们是企业的所有者,所以,公司的发展应当追求股东价值最大化。只有实现了股东价值,也就实现了其他利益相关者的价值。

(6) 所谓价值创造,是指公司创造的现金流入量超过它所支付的现金流出量,即产生了现金增量。公司可以通过投资决策、融资决策和营运资本管理等金融活动来为公司创造价值。

(7) 股东和管理者的冲突可以用委托—代理理论进行描述。股东是委托人,管理者是代理人。股东要求管理者创造公司价值,增加股东财富,实现福利最大化;而管理者可能不顾股东利益,追求更多的闲暇、享乐,挥霍股东的资源。

关 键 术 语

独资企业　合伙企业　公司制企业　股东价值最大化　代理冲突　代理成本
价值创造　现金流量　股票期权激励　并购

思 考 题

1. 为什么大公司是大企业最愿意接受的一种企业组织形式?
2. 公司有哪些主要活动? 它们与金融市场的关系如何?
3. 举例说明公司价值的创造过程,说明为什么价值创造很困难?
4. 公司的财务目标是什么?
5. 什么是代理成本? 公司存在的代理冲突主要有哪些?
6. 在大型公司的运营过程中,所有权和经营权分离,这种分离有何意义?
7. 管理者的目标是什么? 为什么会产生目标的冲突?

第二章 货币的时间价值和价值评估

【本章学习目标】

- 理解货币的时间价值的概念。
- 掌握现值和终值的计算方法。
- 掌握现金流的净现值的计算。
- 掌握债券和股票的估值方法。

导入案例

瑞士田纳西镇巨额账单事件

如果你突然收到一张事先不知道的 1 260 亿美元的账单,你一定会大吃一惊。而这样的事件却发生在瑞士田纳西镇的居民身上。纽约布鲁林法院判决田纳西镇应向美国投资者支付这笔钱。最初,田纳西镇的居民以为这是一件小事,但当他们收到账单时,被这张巨额账单惊呆了。他们的律师指出,若高级法院支持这一判决,为偿还债务,所有田纳西镇的居民在其余生中不得不靠吃麦当劳等廉价快餐度日。

田纳西镇的问题源于 1966 年的一笔存款。斯兰黑不动产公司在内部交换银行(田纳西镇的一个银行)存入一笔 6 亿美元的存款。存款协议要求银行按每周 1‰ 的利率(复利)付息(该银行在第二年就破产了)。1994 年,纽约布鲁克林法院做出判决:从存款日到田纳西镇对该银行进行清算的 7 年中,这笔存款应按每周 1‰ 的复利计息,而在银行清算后的 21 年中,每年按 8.54% 的复利计息。

(资料来源:王满.公司理财学.上海:立信会计出版社,2004:60.)

案例导学

结合本章将要学到的知识,说明 1 260 亿美元是如何计算出来的。本案例对你有何启示?

第一节 货币的时间价值

货币时间价值的产生是货币所有权和使用权分离的结果。在商品生产和商品交换期,货币时间价值表现为高利贷形式。借贷资本所有者把资本的使用权转让给产业资本家或商业资本家,他们可以把借贷资本运用于生产或流通过程去创造利润,借贷资本所有者最后以利息的形式收回,利息的多少是按一定量的货币借出去的时间长短来计算的,由此产生了货币时间价值的概念。

一、货币时间价值产生的原因

货币具有时间价值。货币像其他受欢迎的商品一样,是具有价格的。如果你拥有货币,你可以把它"出借给"其他人,比如说银行家,然后赚取利息。如果一家公司持有大量不必要的现金,就会产生机会成本——失去通过将其进行投资以获取更高收益来赚钱的机会。投资者的收益率反映了货币时间价值,因此包括对投资者放弃即时消费进行补偿的无风险收益率,加上对风险和购买力损失给予的补偿。

所以货币具有时间价值主要有以下四个方面的原因:第一,货币可用于投资,获得利息,从而在将来具有更多的货币量;第二,货币的购买力会因通货膨胀的影响而随时间改变;第三,一般来说,未来的预期收益具有不确定性;第四,对于消费而言,个人更喜欢即期消费,因此必须在将来提供更多的补偿,才能让人们放弃即期的消费。

货币时间价值是按投资时间长短计算的投资报酬,这种投资报酬是投资在各个项目上都能取得的起码报酬。货币的时间价值通常被认为没有风险和通货膨胀条件下的社会平均利润率,它的定性表现形式从相对量上看可视为有效利息率,即国债利率;从绝对量上看就是使用货币资本所付出的代价,即资本成本或机会成本。它的定量表现形式为复利和年金。

二、货币时间价值的基本概念

(一) 本金

本金是指能够带来时间价值的资金投入,即投资额。本金是产生时间价值的基础。

(二) 利率

利率是指本金在一定时期内的价值增值额占本金的百分比。

(三) 终值

终值是指本金在若干期末加上所计算利息的总数。

(四) 现值

现值是指将来一笔资金按规定利率折算成的现在价值。折算现值的过程称为"贴现",贴现所运用的利率称为"贴现率"。

(五) 单利制和复利制

单利制和复利制是计算时间价值的两种方法或制度,单利制仅就本金计算利息,本金在每期所产生的利息不再加入本金计算下一期的利息。复利制不仅要计算利息,利息也要计算利息,即将每一期的利息加入本金并计算下一期的利息。复利制的运用较广泛,货币时间价值的计算一般都采用复利的方式。

三、净现值法则

净现值是现金流入现值减去现金流出现值的差额。根据净现值法则,当现金流入现值的总和超过期初的资本投入时,表明目标项目可以收回期初的投资以及相关投资的资本成本,是一个净现值为正值的好项目,应该予以实施。当现金流入现值小于期初的资本投入时,表明目标项目产生的收益不足以收回期初的投资及相关投资的资本成本是一个净现值为负值的项目,则应当放弃。因此,净现值法则要求投资者接受净现值大于或等于零的所有投资。

每家企业股东众多,每位股东的风险承受能力和风险偏好程度存在差异,对当前收入和未来收入的偏好各不相同,有的偏好当前消费,有的偏好消费递延。因此,他们是否都能够一致接受公司净现值为正的投资项目呢?

为了回答这个问题,我们先来看一个极端的例子。假如有两个投资者,投资者甲是"月光族",追求当前消费;投资者乙是"守财族",喜欢储藏财富。目前,他们面临一个同等的投资机会,当前需投资支出 100 万元,年末确定可以得到 120 万元。假定市场年利率为 10%,两个投资者均可以根据此利率在资本市场中借入和贷出。

先来看看投资者乙,投资者乙会乐意投资该项目,当下投资 100 万元,他就能在年末消费 120 万元。如果他将 100 万元投资于资本市场,年末只能消费 110 万元。

再来看看投资者甲,只要资本市场可以满足投资者甲借贷,他也不会无视这一投资机会。如果投资者甲坚信当下投资 100 万元,就能在年末得到 120 万元,那么,他将投资 100 万元,再基于未来收入 120 万元按 10%年利率向银行借款,得款约 109 万元。显然,投资者甲当下能够消费的将不是 100 万元,而是 109 万元。

甲、乙投资者通过对目标项目的投资,利用资本市场实现了各自所需的当前消费和未来消费的均衡。这一例子给我们的启示是,一个运作良好的资本市场是净现值法则被广泛接受的基础。如果投资者甲不能基于未来收入从资本市场借入资金或花费高昂的交易成本借入资金,他就可能放弃投资,转而消费掉手头的现金。只要存在运作良好的资本市场,投资者都愿意接受公司净现值为正的投资项目。

四、贴现率

贴现率是指将未来资产折算成现值(Present Value)的利率,一般是用当时零风险的利率来当作贴现率,但并不是绝对。在实际过程中,为了计算目标项目的现值,我们需要在资本市场中寻找等价或风险等级相同的资产,并将它们中的最大期望收益率作为目标项目的贴现率。

从经济含义上讲,贴现率也称资本机会成本,是因为对目标项目进行投资而失去的成本可以得到的相同风险等级的最大期望收益率,也是投资者对目标投资项目要求的投资收益率。投资者将 r_t 作为贴现率,实际上是要求目标投资项目在期初投入和未来获得的现金流可以提供的期望收益率是相同的。因此,贴现率是投资者的要求投资收益率或期望收益率。

第二节　现值和终值的计算

在公司的金融活动中,通常会涉及发生在不同时间点的现金流,根据资金时间价值的基本原理,不同时点现金流的价值不同,因此需要通过折现或者复利的方法进行计算。具体而言,在计算现值的时候,将未来现金流折现,而在计算终值时,则需要将现金流通过复利的方法将当前价值换算成未来价值。

一、多期复利

现值(Present Value),即现在的价值,是指未来资金对应的现在的价值,一般称贴现或折现,所使用的利率为贴现率。单期现值公式如下:

$$PV = \frac{CF_t}{1+r_t} \tag{2-1}$$

事实上,长期资产和投资项目所产生的现金流入往往是一组独立的现金流序列(CF_1, CF_2,…,CF_t)出现,因此,我们须将单期现值计算方法拓展到多期的情况下。如果现金流之间是相互独立的,不存在相互关联和影响的话,那么多期现金流的现值等于各期现金流现值之和。这就是价值可加性原理,即:

$$PV(CF_1,CF_2,\cdots,CF_t) = PV(CF_1) + PV(CF_2) + \cdots + PV(CF_t) \tag{2-2}$$

假设 $r_t = r$ 可以表示:

$$PV(CF_1,CF_2,\cdots,CF_t) = \sum_{t=1}^{T} \frac{CF_t}{(1+r_t)^t} = \sum_{t=1}^{T} \frac{CF_t}{(1+r)^t} \tag{2-3}$$

式中,r_t——对应于未来 t 时点的贴现率;

r——平均贴现率;

T——投资项目所持续的时期数(也称存续期);

CF_t——t 时期的现金流量。

$$NPV = PV(CF_1,CF_2,\cdots,CF_t) - CF_0 = \sum_{t=1}^{T} \frac{CF_t}{(1+r)^t} - CF_0 \tag{2-4}$$

式中,CF_0——期初(0 时期)的现金流出量,通常表示初始投资额。

【例 2-1】　从时点 0 开始,期初投资 1 200 万元,收益分别为每期期末 400 万元、889 万元和 432 万元。市场利率为 12%。这项投资是否值得?(每期默认为 1 年)

该项投资的净现值的计算过程如下所示:

$$NPV = -1\,200 + \frac{400}{1.12} + \frac{889}{1.12^2} + \frac{432}{1.12^3} = 173.34$$

根据 NPV 法则,由于该项投资的净现值为正数,因此可以接受该投资。

二、单利和复利的计算

在既定的年利率下,一笔投资的终值(F)取决于只对原始投资支付利息(单利计息),还是对原始投资加应计利息计算利息(复利计息)。在复利计息的情况下,还有一个因素会影响终值,即支付利息的次数(如按月、按季还是按年计息)。在复利计息情况下,终值的计算公式为:

$$FV = PV \times (1+r)^n \tag{2-5}$$

式中,FV——第 n 期的终值;

  PV——原始投资额,也可称为本金;

  r——年利率。

举个例子,假设你中彩得了 1 000 英镑,打算按照 10% 的利率进行投资,期限 5 年,单利计息。终值将为原始投资 1 000 英镑加上 5 年的利息,每年利息 100 英镑,共计 1 500 英镑,那么 $FV = 1\,000 \times (1+10\% \times 5) = 1\,500$(英镑)。在复利计息情况下,利息按照原始资本加应计利息支付。复利的过程为调整货币时间价值提供了一种更适宜的方法。现在在资本市场上投资两年后会增加到 $PV \times (1+r)^2$,依此类推。

【例 2-2】 假设你把 1 000 英镑投资于房屋互助金,年复利率为固定利率 10%,则 5 年后投资价值将为多少?

1 年以后,这笔投资的价值将为:

$1\,000 \times (1+0.1) = 1\,100$(英镑)

2 年以后,投资的价值将为:

$1\,000 \times (1+0.1)^2 = 1\,210$(英镑)

5 年以后,投资的价值将为:

$FV = 1\,000 \times (1+0.1)^5 = 1\,610$(英镑)

我们可以注意到,复利计息的结果是比单利计息带来更高的价值,单利计算的终值仅为 1 500 英镑。

(一)单利终值和现值的计算

单利(Simple Interest,)是指只计算本金所带来的利息,而不考虑由利息再生的利息。

1. 单利终值

在单利方式下,本金能带来利息,利息必须在提出以后以本金形式投入才能生利,否则不能生利。单利的终值(Future Value)就是一定时期以后的本利和,即若干期以后包括本金和利息在内的未来价值。

单利终值的一般计算公式为:

$$FV = PV \times (1 + n \times r) \tag{2-6}$$

式中,FV——终值,即第 n 年末的价值;

  PV——现值;

r——利率；

n——计算期数。

【例2-3】 若某人将1 000元存入银行，年存款利率为2‰，经过一年时间的本利和为多少？

$$FV=PV\times(1+2\%)=1\,000\times(1+2\%)=1\,020(元)$$

2. 单利现值

单利现值的一般计算公式为：

$$PV=FV\times\frac{1}{(1+n\times r)} \tag{2-7}$$

【例2-4】 李某希望在5年后取得本利和30 000元，用以支付一笔款项。在利率为10%单利方式计算条件下，此人需存入银行多少钱？

$$PV=FV\times\frac{1}{(1+n\times r)}=30\,000\times\frac{1}{(1+5\times10\%)}=20\,000(元)$$

（二）复利终值和现值的计算

复利即本金能生利，利息在下期也转作本金并与原来的本金一起再计算利息，如此计息期数不断下推，即通常所说的"利滚利"。

1. 复利终值

复利终值（Compound Interest），是指在"利滚利"基础上计算的现在的一笔收付款项在未来的本利和。复利终值的一般计算公式为：

$$FV=PV\times(1+r)^n \tag{2-8}$$

式中，FV——终值，即第n年末的价值；

PV——现值，即0年（第1年初）的价值；

i——利率；

n——计算期数。

$(1+i)^n$——通常称为复利终值系数（Future Value Interest Factor），其简略形式为$FVIF\,i,n$，用符号$(F/P,i,n)$表示。例如，$(F/P,10\%,5)$表示利率为10%、5期复利终值的系数。复利终值系数可以通过查阅"复利终值系数表"（FVIF表）直接获得。

【例2-5】 某人将1 000元存入银行，按连续复利计算的话，第二年和第三年的本利和分别为多少？

$$FV_2=1\,000\times(1+2\%)^2=1\,040(元)$$

$$FV_3=1\,000\times(1+2\%)^3=1\,061.2(元)$$

2. 复利现值

复利现值是指未来发生的一笔收付款项现在的价值。具体地说，就是将未来的一笔收付款项按适当的贴现率进行折现而计算出的现在的价值。

复利现值的一般计算公式为：

$$PV = FV \times \frac{1}{(1+r)^n} \tag{2-9}$$

在图 2-1 中，给定 10% 的利率，所有现金流对应时期 0 的 1 000 美元、时期 1 的 1 100 美元、时期 2 的 1 210 美元都是等价的，它们有相同的价值，但却以不同的单位表达不同的时点。在上述例子中，1 210 美元为今天的 1 000 美元到两年后的终值。注意，价值随着现金流向未来的进一步移动而逐渐增长。将今天的货币价值与未来的货币价值之差定义为货币时间价值。在此可以说，两年后的 1 210 美元等价于今天的 1 000 美元。今天的货币更有价值是因为有机会

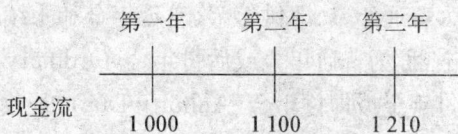

图 2-1　不同时期的现金流

对其投资。本例中，用早期得到的钱继续投资（以 10% 的回报率），未来可获得更多的货币。我们也注意到，等效值在第 1 年增长了 100 美元，第 2 年却增长了 110 美元。在第 2 年，我们是在 1 000 美元的初始本金加上第 1 年收到的 100 美元利息的基础上来赚取利息。这种"利息生利息"的效应称为复利（Compound Interest）。第 3 年的终值会怎样变化呢？继续使用同样的方法，第 3 次对现金流进行复利计算。假设竞争市场利率为固定的 10%，可得到 1 331 元 $[=1\,000 \times (1+10\%)^3]$。

【例 2-6】　某项目预计 8 年后可获得收益 500 万元，按年利率 10% 计算，问此项收益相当于现在的价值是多少？

$$PV_0 = FV_n \times \frac{1}{(1+i)^n} = 500 \times (1+10\%)^{-8} = 500 \times 0.466\,5 = 233.25\,(万元)$$

即 8 年后的 500 万元，按资金时间价值为 10% 计算，相当于现在的 233.25 万元。

三、年金现值

年金（Annuity）是指一组期限为 T 期的现金流序列，每期现金流入或流出的金额是相等的。在现实经济生活中，年金很常见，比如固定债券利息、等额还本付息等。年金可以表示为 $(C, C, C, \cdots)$，C 为每期期末所产生的现金流量，期限为固定的 T 期。如果贴现率 $r_t = r$，那么年金的现值公式和净现值分别为：

$$PV = \sum_{t=1}^{T} \frac{C}{(1+r)^t} \tag{2-10}$$

$$NPV = PV - CF_0 = \sum_{t=1}^{T} \frac{C}{(1+r)^t} - CF_0 \tag{2-11}$$

式中，r——平均贴现率；

　　　T——投资项目所持续的时期数；

　　　C——每期期末产生的现金流；

　　　CF_0——0 时期的现金流出量。

(一) 年金时间价值的计算

上面介绍了一次性收付款项的时间价值,在现实生活中还存在一定时期内多次收付款项,而且每次收付的金额相等的现象,这样的系列收付款项称为年金。在经济活动中,有多种形式的年金,如定期收付的保险费、折旧、利息、租金、分期付款以及零存整取或整存零取储蓄,等额回收的投资等,都表现为年金的形式。年金按其每次收付发生的时点不同,可分为普通年金、即付年金、递延年金和永续年金四种形式。凡收入和支出发生在每期期末的年金,称为普通年金或后付年金(Ordinary Annuity);凡收入和支出在每期期初的年金,称为预付年金或即付年金(Annuity Due);凡收入和支出发生在第一期以后的某一时间的年金,称为递延年金或延期年金(Deferred Annuity);凡无限期继续收入或支出的年金称为永续年金(Perpetual Annuity)。

(二) 年金现值

年金现值的公式为:

$$PVA_n = \frac{C}{(1+r)} + \frac{C}{(1+r)^2} + \cdots + \frac{C}{(1+r)^n} \tag{2-12}$$

经过推导整理我们可得以下公式,此系数也可通过查阅年金现值系数表直接得到:

$$PVA_n = C \times \frac{1-(1+r)^{-n}}{r} \tag{2-13}$$

【例 2-7】 某企业租入一种设备,每年年末需要支付租金 5 000 元,年复利率为 10%,5 年内应支付的租金总额的现值是多少?

$$PVA_n = C \times \frac{1-(1+r)^{-n}}{r} = 5\,000 \times \frac{1-(1+10\%)^{-5}}{10\%} = 5\,000 \times 3.790\,8$$
$$= 18\,954(元)$$

(三) 永续年金现值

永续年金(Perpetuity)是一组没有止境的现金流序列,不仅每期现金流入或现金流出的金额是相等的,而且现金流入或流出是永续的。永续年金现金流可以表示为 $(C,C,C,\cdots)$,C 为每期期末所产生的现金流量。假如贴现率 $r_t = r$,则永续年金的现值公式为:

$$PV = \sum_{t=1}^{\infty} \frac{C}{(1+r)^t} \tag{2-14}$$

当 t 趋于无穷大时,永续年金公式可用以下简便公式表示:

$$PV = \sum_{t=1}^{\infty} \frac{C}{(1+r)^t} = \frac{C}{r} \tag{2-15}$$

四、年金终值

年金的终值,既然已推导出计算年金的简单公式,年金终值公式就很容易得出了。如果想知道未来 N 年后的价值,在时间线上将现值向后移动 N 期即可。整理可得公式如下:

$$FVA_n = C + C \times (1+r) + \cdots + C \times (1+r)^{n-1}$$

$$= C \times \frac{1}{r} \times [(1+r)^n - 1] \tag{2-16}$$

【例 2-8】 在某银行的养老存款账户中每年存入 2 000 元,共存 30 年,年利率为 5%。到第 30 年年末,该账户有多少钱?

$$FVA_n = C \times \frac{1}{r} \times [(1+r)^n - 1]$$

$$= 2\,000 \times \frac{1}{0.05} \times [(1+10\%)^{30} - 1]$$

$$= 2\,000 \times 66.438\,85 = 132\,877.7 \text{(元)}$$

第三节 价值评估

债券和股票是最常见也是最基本的两种金融证券。金融证券为企业筹集了大量资金。当企业决定扩大规模又缺少必要的资金时,可以出售新的金融证券来增加所需的资金。股票和债券不同。股票是权益,是所有者权益的一种形式。债券是借款的一种形式。某些资产的价值可以表示为期望现金流量的现值,这对于金融证券形式的资产来说尤其方便,因为它们主要用现金流量来描述。这样,我们马上就能利用货币的时间价值来估价债券和股票。对债券来说,预期未来现金流量是合同约定的利息和本金付款。对股票来说,预期未来现金流量是现金股利。下面是将要用到的估值方法:

(1) 估计期望未来现金流量;

(2) 确定必要报酬率,它主要取决于期望未来现金流量的风险;

(3) 计算现值,也就是资产的价值。

债券有多种不同类型,但都可以用约定未来付款方式来描述。典型的债券发行章程至少包括以下条款:

(1) 票面价值,亦称面值。它是债券到期时债券发行者必须偿还的金额,我们假设面值为 1 000 元。

(2) 约定在债券期限内定期息票付款。息票付款是利息支付的常用财务术语。绝大多数公司债券作半年息票付款,即每 6 个月付息一次。息票付款由息票年利率决定。假设息票年利率为 7%,按一般情况下的面值 \$1 000 和半年息票付款,息票付款就是每 6 个月 \$35 (息票年利率的一半乘以票面价值)。

(3) 约定在债券期限内一次或分期偿还所发行债券本金。本金是借入的总金额,它一般就是所发行的全部债券面值之和。例如,每张面值\$1 000,本金为\$100百万的债券发行会有100 000张(＝100百万÷1 000)债券。

（4）债券到期是其期限的终止。它发生在到期日。债券发行时,它的期限长度是它的原有期限。距到期日的时间长度叫剩余期限。实际上原有期限可以任意长,但近年来发行的大多数美国公司债券的原有期限是5年～30年。

（5）提前赎回条款。此条款给发行者(企业)在到期之前以提前赎回价格清偿债券的权利(期权)。初看起来,发行者需提前赎回债券的权利有些奇怪。但是利率变动时,债券价值也变化。因此,与其他期权一样,这是有价值的。

如果你买入一种利率8%的债券,之后市场利率降低,你会非常高兴继续获得8%。这比你从其他类似的市场投资中得到的多。但公司想把钱还给你,再以新的较低利率向其他人借入资金。由于交易双方观点的这种差异,契约必须仔细地规定各方的权利。提前赎回条款一般有一个发行后几年的"宽限期",在此期间公司不能赎回债券。债券的提前赎回价格通常高于债券面值,然后随时间降低,在到期或接近到期时达到其面值。

一、债券的估值

债券的市场价格是约定的未来息票和本金付款的现值。债券发行时,发行企业制定条款,得到债券的市场价格。更经常的是,企业制定这些条款是为了使市场价格很接近于债券的面值。然而,债券发行后,它们的市场价格要反映类似债券的现时市场状况。换句话说,债券价值随时间而变化。这是因为债券条款,尤其是付款计划,经常是固定的。因此,当利率(必要报酬率)变化时,债券价格(未来付款的现值)也发生变化。

如果你拥有一张面值1 000元,还有两年到期的6%债券,现在你想出售这张债券,应该能卖什么样的价格呢?

我们来考虑如果现在的利率等于债券的6%年利率,你从别人那里得到的债券的市场价格应该是多少。预期你的债券在未来两年里每6个月能获得30元的收益,加上最后一次付息时支付的1 000元。你的债券的市场价格,用B_0表示,应该是这些付款的现值,也就是:

$$B_0 = \frac{C}{(1+r)} + \frac{C}{(1+r)^2} + \cdots + \frac{C}{(1+r)^n} + \frac{CF}{(1+r)^4}$$

$$= \frac{30}{(1.03)} + \frac{30}{(1.03)^2} + \frac{30}{(1.03)^3} + \frac{30}{(1+1.03)^4} + \frac{1\,000}{(1.03)^4}$$

$$= 1\,000(元)$$

结论:债券的现值公式应当如下:

$$B_0 = PV(利息) + CF(面值)$$

$$B_0 = \sum \frac{C}{(1+r)^n} + \frac{CF}{(1+r)^n} \tag{2-17}$$

二、股票的估值

股票有两种基本类型,普通股和优先股。普通股代表在公司里的剩余所有权利益。总体来说,普通股股东是公司的所有者,他们选举公司的董事。遇到公司清理时,他们按比例分配满足优先股股东和其他更高法律优先权的要求者(如政府得到拖欠的税款)后的剩余财产。普通股股东获得股利,即公司支付的现金,假定是从公司盈利中支付的利润,在支付利息后计算。但股利不是公司的合同义务。如果公司没有盈利,某些情况下法律可能禁止发放股利。因此,普通股股东比优先股股东承担了更大的风险。他们将要得到的支付更加不确定。实际上,普通股没有明确规定的未来支付。当然,我们期望公司至少在未来的某些时候能向其普通股股东发放现金股利。

优先股有比普通股高但比公司债券低的优先要求权。有一个设定的现金股利率,就像设定债券利率一样。但是如果公司不能发放股利,优先股股东不能强迫公司破产。与普通股股东相比,优先股股东只有非常有限的参与公司事务的权利。

(一) 优先股估值

优先股是"混合证券",它在金融证券的法律优先等级上介于债券和普通股之间。优先股的风险也介于公司普通股和公司债券之间。当然,有优先股又想保持良好财务声誉的公司会想方设法履行其优先股义务。因为优先股支付义务类似于债券支付义务,所以债券估值模型也可以用于优先股估值。优先股永远不会到期,因此这种永续优先股没有最后的本金偿还,预期未来每期都支付股利。这种情况下,估值公式可缩写为更简单的年金公式,即:

$$股票价值 = \frac{股利}{必要报酬率} \qquad (2-18)$$

【例 2-9】　美国航空公司有每季支付股利 0.40 美元的流通在外永续优先股。它的必要报酬率是年率 12%(每季 3%)。该股票价值是多少?

用式(2-18),使 $CF=0.40$,$r=0.03$。

$$股票价值 = \frac{股利}{必要报酬率} = \frac{0.4}{0.03} = 13.33(美元)$$

(二) 普通股估值

普通股估值与债券估值的因素有两个主要的区别。第一,期限不同,即投资的期限是无限的而不是有限的。因为企业有潜在的无限的寿命,普通股也有无限期限,企业永远不必收回它们。当一个投资者卖掉了股票,其价值决定于理论上持续到永远的未来期望现金流量。第二,我们前面提到未来现金流量不是明确约定的。从财务的观点来看,股票的价值完全取决于企业将给予其所有者的现金流量和对这些现金流量的必要报酬率。

1. 普通股的市场价格

今天一股普通股的价值表示为 P_0。第 $1,2,\cdots,n$ 期的期望未来现金流 D_n。企业刚刚支付的现金股利是 D_0,P_n 表示未来的价值,未来现金股利的现值加上这一股票在第 n 期的未来售价 P 的现值。即:

$$P_0 = \frac{D_1}{(1+r)} + \frac{D_2}{(1+r)^2} + \frac{D_3}{(1+r)^3} + \cdots + \frac{D_n}{(1+r)^n} + \frac{P_n}{(1+r)^n} \qquad (2-19)$$

式中,r——该股票的必要报酬率。

股票价值有两个部分。第一部分是股利,通常称作收益部分。股票持有期内定期所得的现金股利与其他来源的收益相同。第二部分由价值的上涨(或下跌)构成。它通常称作资本利得部分。它代表从买入时到卖出时股票价值的利得,即增长。

2. 决定未来股利的因素

决定现金股利的因素有两个:公司的盈利和公司的股利政策。公司的盈利很重要,因为如果公司没有足够的可用现金,就不能向所有者分配现金(支付股利)。

公司应该怎样处置盈利呢? 它必须选择再投资其盈利或以股利的形式把盈利分配给股东。建立股利政策就是为了指导企业确定应该发放多少现金股利。描述股利政策的一个简单方法是计算股利支付率。股利支付率把现金股利表述成公司盈利的一部分,即:

$$股利支付率 = \frac{股利}{利润} \qquad (2-20)$$

在任何特定年度,公司可能偏离,甚至严重偏离"目标"股利支付率。尽管股利支付率是公司股利政策的过于简单化表达,我们还是可以用这一方法来分析股票估值。

3. 股利持续增长模型

假设从本期到下期现金股利支付的平均变化率为 g,并且这种变动将永远持续下去。它广泛地应用于许多情况,如变化率可以是正的,也可以是负的。它还是实际股利形式的一个很好的近似值。虽然初看起来无限期假设不够准确,因为股票价格大多由最近的股利值决定。股利持续增长模型的公式推导如下。

假设将来每期到下期的现金股利支付变换率都为 g,第 t 期股利付款为 D_t,可以表示为上期股利 $D_{(t-1)}$ 乘以 $(1+g)$,这样就可以表示从现在到第 t 期任一期股利的函数:

$$D_t = (1+g)D_{t-1} = (1+g)^t D_0 \qquad (2-21)$$

经过推导可以得到如下公式:

$$P_0 = \frac{D_1}{r-g} \qquad (2-22)$$

【例 2 - 10】 某公司为成长型企业。该公司普通股股利为每股 3 元,增长率为 6%。如果公司的普通股的必要收益率是 12%,请问该公司的股价应该为多少?

用式(2-22),使 $D_1 = 3.00$,$r = 0.12$,$g = 6\%$。

$$P_0 = \frac{3}{0.12 - 0.06} = 50(元)$$

本 章 小 结

(1)货币时间价值的产生是货币所有权和使用权分离的结果。

(2)贴现率也称资本机会成本,是因为对目标项目进行投资而失去的成本可以得到的相同风险等级的最大期望收益率,也是投资者对目标投资项目要求的投资收益率。

（3）复利即本金能生利,利息在下期也转作本金并与原来的本金一起再计算利息,如此计息期数不断下推,即通常所说的"利滚利"。

（4）年金是指一组期限为 T 期的现金流序列,每期现金流入或流出的金额是相等的。

（5）永续年金(Perpetuity)是一组没有止境的现金流序列,不仅每期现金流入或现金流出的金额是相等的,而且现金流入或流出是永续的。

（6）债券的市场价格是约定的未来息票和本金付款的现值。

（7）提前赎回条款提供给企业可以限制债券价值的有价值的选择权。

（8）股票预期未来现金流量更具不确定性,因此比债券更难估计。它们是股票的未来股利和最终售价。

（9）股利方式取决于公司未来收益和公司股利政策。

关 键 术 语

多期复利　贴现率　现金流　债券　股利　优先股　普通股　单利　复利
股利持续增长模型

思 考 题

1. 什么是现值? 什么是终值? 它们之间的关系是什么?

2. 什么是贴现率?

3. 什么是年金? 什么是永续年金?

4. 2013 年年初,某人花费 1 万元购买存款性质的保险产品,2015 年年底向保险公司提出兑付要求。假设年利率为 5%,求:

（1）2015 年可得多少现金?

（2）如果年利率为 10%,应该获得多少现金?

5. 考虑下列三种股票:

（1）A 股票预期股利保持在 4 元。

（2）B 股票当年年底预期派发 2 元的股利,此后股利将以 6% 的年增长速度持续增长。

（3）C 股票当年年底预期派发 2 元的股利,此后 2 年(至第 3 年为止)股利将以 4% 的年增长速度增长。

如果上述股票的期望收益率为 10%,哪一种股票的价值最高?

6. 某人当前的收入为 2 万元,其明年预计收入为 3 万元,他是一个"月光族",他预备今年消费 2.5 万元,那么他明年的潜在消费为多少? 假设贴现率为 5%。

7. 假设有一目标投资项目,投资额为 1 000 万元,项目寿命为 3 年,预计每年年末产生的现金流为 600 万元,假定贴现率为 10%。求项目的净现值是多少?

8. 2018 年年底,某公司股票交易价格为 60 元/股,每股净收益为 5 元/股,公司的股利发放率为 40%,增长率为 6%,求投资者的期望收益率为多少?

9. 某 2 年期国债的票面利率为 5%,面值为 100 元/张,每年支付一次利息。设年期望收益率为 5%。

(1) 如果 1 年后此债券的期望收益率仍维持在 5%,此债券持有者在这 12 个月里的收益为多少?

(2) 假设此债券在第 1 年年末的期望收益率变为 4%,此时债券持有者的收益又该是多少?

第三章 收益和风险

【本章学习目标】

- 理解风险和收益之间的关系。
- 掌握投资组合的收益和风险的计算方法。
- 区分资本市场线和证券市场线。
- 学会运用资本资产定价模型。

导入案例

如何理解贝塔值?

自威廉·夏普、约翰·林特纳和理查德·罗尔独立地提出了资本资产定价模型,学界将该理论视为现代金融学的里程碑之一。之后的许多年里,许多实证研究的结果支持了资本资产定价模型,其间,即便有一些与资本资产定价模型不符的证据,也没有引起学界对该理论的质疑。

业界也为得到了一种十分有用的工具而欢欣鼓舞。由于资本资产定价模型界定了单个资产的期望收益率,并揭示了资产期望收益率与贝塔值之间的关系,因此,对投资者来说,项目的贴现率可视为投资项目的贝塔值的函数。资本资产定价理论告诉我们,股票的收益率仅仅与贝塔值有关,而与其他变量无关。

但是,平静终于在20世纪90年代初被打破,法马等学者的研究展示了与资本资产定价模型不一致的结论。于是,新闻界也开始进行大肆炒作,《华尔街日报》在头版显著位置刊登了题为"贝塔值死了?"的文章,引述了当时学界质疑资本资产定价模型的一些重要观点和结论。一是1941—1990年平均收益率与贝塔值的关系不显著,而1963—1990年平均收益率与贝塔值基本上不相关;二是单个股票的平均收益率与市盈率因素等呈反方向关系。

好在这些质疑本身也存在一些缺陷或值得商榷的地方,比如,样本不够大等。因此这些质疑并没有从根本上动摇资本资产定价模型的基石。

(资料来源:朱叶.公司金融.北京:北京大学出版社,2013:63.)

案例导学

结合本章将要学到的知识,分析贝塔值存在的意义以及贝塔值和资本资产定价模型之间的关系。

在上一章介绍现值计算方法和证券定价原理时,我们假定贴现率是已知的或给定的。然而,贴现率是不确定的或内生的。那么,如何确定和计算贴现率呢?我们需要在分析资产风险与收益的关系之后,才能找到答案。本章主要介绍收益与风险的概念、单个资产的风险和收益之间的关系、投资组合风险和收益的关系以及投资组合中单个资产的风险和收益之间的关系。

第一节　收益和风险

在现实经济中,有两类资产或投资项目的贴现率相对来说较易认定:一是无风险资产或无风险项目,二是具有市场平均风险的资产或项目。前者可以用同期国债利率作为贴现率,后者可以使用市场组合(如标准普尔 500 指数)的历史平均收益率作为贴现率。绝大部分资产和项目的风险介于无风险资产和具有市场平均风险资产之间。因此,我们在估计这些资产或项目的贴现率之前,必须学会如何度量风险以及了解风险与承担风险所要求的补偿(风险溢酬)之间的关系。本节将介绍收益和风险的各种不同表达形式和度量指标。

一、收益和收益率的基本概念

(一)收益和收益率的基本含义

资产的投资收益通常有两种表达形式:一种是投资收益额(Return);另一种则是投资收益率(Rate of Return,也称投资回报率)。投资收益额描述的是投资收益的绝对额,投资收益率表达的是投资收益相对于期初(或初始)投资的百分比。

1. 收益的测度

假如某项投资的期初投资额为 CF_0,期末收回的投资额为 CF,投资年限为 N 年,在项目存续期内共获得 N 次投资收益,记为 $\sum C_i$,则项目在投资期间实现的投资收益额为:

$$R = CF + \sum_{i=1}^{N} C_i - CF_0 \tag{3-1}$$

由式(3-1)可知,收益额由投资累计收益和资本利得组成。

【例 3-1】　某投资者购买 1 万张公司债券。该债券存续期 2 年,面值 100 元/张,票面利率 10%,每年付息一次,债券按面值发行。

那么,该公司未来 2 年相关现金流的估计值见表 3-1。

表 3-1　未来现金流估值

时　刻	0	1	2
现金流	−100 元/张	10 元/张	110 元/张

如果投资者不对第 1 年获得的利息进行再投资,而将利息留在手中或消费掉,则投资期

内所产生的现金流和期末资产价值(包括投资者持有的债券期末市值和累积现金利息)如表3-2所示。

表3-2 投资期内的现金流和期末资产价值

时 刻	0	1	2
利息总和	0	10万元	10万元
期末债券持有数	1万张	1万张	1万张
期末公式债券价值	100万元	100万元	100万元

由表3-2可知,为期两年投资收益共计20万元(其中,累计利息收益为20万元,资本利得为零)。值得注意的是,式(3-1)实际上隐含一个重要的假设,即对项目投资期内所获得的各期投资收益不再进行追加投资。如果将项目投资期内所获得的收益进行再投资,那么,持有期收益应该为:

$$R = CF + \sum_{i=1}^{N} FV(C_i) - CF_0 \tag{3-2}$$

【例3-2】 承[例3-1],假如投资者将第1年年底所获得的利息收入按15%的年利率进行为期1年的再投资。该投资者未来2年的投资收益合计数将提升至21.5万元,其中,第1年年底的利息收入10万元,第二年年底的利息收入10万元,以及第1年利息收入再投资的回报1.5万元。

2. 收益率的测度

若某项投资的期初投资额为CF_0,期末收回的投资额为CF,投资年限为N年,在项目存续期内共获得N次投资收益,记为$\sum C$。则项目在投资期间实现的投资收益率为:

$$r_H = \frac{CF + \sum C_i - CF}{CF} \tag{3-3}$$

在式(3-3)中,投资收益率是指投资者在N年的投资期间获得的投资收益率,该收益率又称为持有期收益率(Holding Period Return)。

【例3-3】 承[例3-1],投资期内的持有期收益率为:

$r = (100 + 20 - 100) \div 100 = 20\%$

值得注意的是,式(3-3)实际上隐含一个重要的假设,即对项目投资期内所获得的各期投资收益不再进行追加投资。如果将项目投资期内所获得的现金流进行再投资,则持有期收益率应该为:

$$r_H = \frac{CF + \sum FV(C_i) - CF}{CF} \tag{3-4}$$

上例中,投资期内的持有期收益率为$r = (100 + 21.5 - 100) \div 100 = 21.5\%$。

(二) 单项资产的年收益率

1. 年化收益率

为了使不同投资期间的投资收益率具有可比性,就有必要对投资收益率代表的投资期间规定统一的时间长度。在实际操作中,通常以 1 年为一个标准的时间单位,计算相应的年化投资收益率。为此,可以将持有期收益率换算成年投资收益率。持有期收益率与各年投资收益率的关系为:

$$1 + r_H = (1 + r_1)(1 + r_2) \cdots (1 + r_n) \tag{3-5}$$

上式表明,在投资期间内预期实现的持有期收益率是投资期间内各期(年)预计实现的收益率的乘积。

2. 算术平均收益率和几何平均收益率

为简单起见,还可以用年平均收益率(Average Rate of Return)表示投资收益状况。平均收益率通常有两种计算方法:一种是算术平均法(Arithmetic Averaging);另一种是几何平均法(Geometric Averaging)。如果投资期内所获得的现金流入不进行再投资,则年均收益率可以用算术平均法计算,即:

$$r = \frac{\sum_{t=1}^{N} r_t}{N} \tag{3-6}$$

式中,r——按算术平均法计算出的年平均收益率;

N——投资的期限数;

r——第 t 期的收益率。

如果将投资期内所获得的现金流量进行再投资,则年均收益率可以用几何平均法计算,即:

$$Rr = \sqrt[n]{(1 + r_1)(1 + r_2) \cdots (1 + r_n)} - 1 = \sqrt[n]{1 + r_H} - 1 \tag{3-7}$$

式中,Rr——按几何平均法计算出的年平均收益率;

r_H——持有期收益率。

究竟哪种方法估计出来的年平均收益率更接近正确的贴现率? 经验显示,如果贴现率是从历史收益或风险溢酬中估计出来的,算术平均法更合适。

(三) 期望收益率

期望收益率(Expected Rate of Return)是指人们对未来投资所产生的投资收益率的预期。在未来的经营中,存在着诸多不确定性因素,资产或目标项目的投资收益率并不会是一个确定的值。因此,在当前时刻考察未来 t 时刻的投资收益率时,实际上观察的是一个随机变量,即:

$$r_t = \frac{P_t + C_t - P_{t-1}}{P_{t-1}} \text{(式中的值都是随机变量)} \tag{3-8}$$

由于未来投资收益率的不确定性,我们只能用在未来平均状态下可以获得的收益率(即目标项目未来投资收益率)的均值作为该项目的期望收益率。即:

$$E(r) = \sum_{i=1}^{N} p_i r_i \qquad (3-9)$$

式中,p_i——i 时刻各种状态发生的概率;

　　　r_i——i 时刻各种状态下的实现值。

【例 3-4】　假如崇德公司分析员坚信宏观经济将出现衰退、正常或繁荣三种情况,每种情况出现的概率相同。现有 A、B 两只股票,A 股的期望收益情形与宏观经济情况基本一致,而 B 股的期望收益情形与宏观经济情况不太吻合。对两只股票的收益预测如表 3-3 所示。

表 3-3　A 股票和 B 股票的期望收益率

经济情况	A 股票	B 股票	发生概率
衰退	−10%	4%	1/3
正常	20%	−10%	1/3
繁荣	30%	15%	1/3

求 A、B 股票的期望收益率。

A 股票期望收益率 $= \dfrac{-10\% + 20\% + 30\%}{3} = 13.33\%$

B 股票期望收益率 $= \dfrac{4\% - 10\% + 15\%}{3} = 3\%$

(四) 要求收益率

要求收益率(Required Rate of Return)是指投资者在进行某一项投资时所要求的回报率。要求收益率是投资者在主观上提出并要求的,因而具有主观性。而期望收益率是由市场的客观交易条件决定的,具有客观性。投资者的要求收益率可能高于、低于或等于期望收益率,如果投资者的要求收益率高于期望收益率,则说明投资者认为期望收益率不能补偿其持有该证券时所要求的时间价值和风险溢酬。如果要求收益率与期望收益率存在差异,便存在套利的空间和可能。假如资本市场是完善的,套利行为很快会消除这种差异,要求收益率(r_R)与期望收益率(r_E)相等,即有:

$$r_R = r_E \qquad (3-10)$$

二、风险及其度量

(一) 风险的定义

风险(Risk)是指未来状态或结果的不确定性,但不包括该不确定性(或风险)所造成的后果。在进行项目投资时,如何来确认目标项目是否存在风险? 如果当下能够获知未来投资回报的确切金额,而且在未来获得该投资回报时没有任何的不确定因素,我们就可以称该目标项目是无风险的投资项目。反之,如果当下只能获知未来投资收益的期望值,且在未来获得该投资回报时存在不确定因素,该目标项目便是一项有风险的投资项目。

(二)单一资产的风险度量

1. 计算方差和标准差

在度量投资风险时,人们常常依据投资收益率的最终可能实现值偏离期望值的程度来判断投资的风险大小。度量风险的方法有很多,方差和标准差是最常见的量度工具。

设未来的收益率为 r,其各种状态发生的概率为 P,则方差 $Var(r)$ 与标准差 δ 的计算公式分别是:

$$Var = \delta^2(r) = \sum_{i=1}^{n} P_i [r_i - E(r)]^2 \qquad (3-11)$$

$$\delta(r) = \sqrt{Var} \qquad (3-12)$$

【例 3-5】 承[例 3-4],按照上式,计算 A、B 两公司的收益率方差分别为:

$$\delta_A^2 = \frac{(-10\% - 13.33\%)^2 + (20\% - 13.33\%)^2 + (30\% - 13.33\%)^2}{3} = 0.0288$$

$$\delta_B^2 = \frac{(4\% - 3\%)^2 + (-10\% - 3\%)^2 + (15\% - 3\%)^2}{3} = 0.01046$$

2. 解读方差和标准差

A、B 两只股票的方差和标准差都大于零,说明它们未来投资收益率的实际值与期望值之间存在差异,有一定的偏离度,存在不确定性。$\delta^2(r)$ 越大,表明投资收益率的实现值具有较大的不确定性,投资的风险也就越大。如果方差 $\delta^2(r)$ 等于 0,则表示项目未来所实现的投资收益率与期望收益率始终一致,不存在任何的不确定性,因而可以认为该目标资产或项目是无风险的。

第二节　投资组合的收益和风险

绝大部分资产和投资项目的风险介于无风险资产和具有市场平均风险资产之间。因此,在估计这些资产或投资项目的贴现率之前,应该重点了解风险和要求的风险溢酬之间的关系。20 世纪 50 年代,马柯维茨提出了投资组合理论,解释了这一关系。本节介绍投资组合的期望收益率和风险、投资组合的有效集以及风险分散化效应。

一、投资组合的收益率

资产组合投资理论建立在完善市场假说(Perfect Market Assumptions)的基础之上,该假说的主要内容为:

(1)市场是无摩擦的假设,即无税、无交易成本等;

（2）理性投资者假说；

（3）平等的市场准入价格；

（4）获得免费信息的平等机会。

当投资者的投资目标是多个或一组资产时，表示投资者在进行组合投资，投资者所拥有的金融资产称为投资组合（Portfolio）。由于风险是有害的，投资者厌恶风险。因此，在期望收益率一定的情况下，投资者偏好风险最低的投资组合；或者在风险一定的情况下，偏好期望收益率最大的投资组合。设有一个由 n 种资产构成的投资组合，其中，在第 n 种金融资产上的投资额占总投资额的权重为 ω_n，期望收益率为 r_p，则投资组合的期望收益率计算公式如下：

$$r_p = \omega_1 r_1 + \omega_2 r_2 + \cdots + \omega_n r_n = \sum_{i=1}^{n} \omega_i r_i \qquad (3-13)$$

【例 3-6】 承[例 3-4]，崇德公司现在准备按下列要求进行组合投资，即将 100 万元按 50%、50% 的投资比例分别购买股票 A 和股票 B，由[例 3-4]可知，A 股票和 B 股票的期望收益率分别是 13.33% 和 3%。根据式（3-13），这一投资组合的期望收益率为：

$$r_p = 13.33\% \times 50\% + 3\% \times 50\% = 8.165\%$$

二、投资组合的风险

（一）投资组合的方差

投资组合的方差不是组合中各种资产方差的加权平均，投资组合的方差公式如下：

$$\delta_p^2 = Var(r) = \sum_{i=1}^{n} \sum_{j=1}^{n} \omega_i \omega_j \delta_{ij} \qquad (3-14)$$

式中，ω_i ——组合中第 i 种资产的投资比例；

ω_j ——组合中第 j 种资产的投资比例；

δ_{ij} ——组合中第 i 种资产和第 j 种资产的协方差。

该投资组合的标准差为：

$$\delta(r) = \sqrt{Var} \qquad (3-15)$$

表 3-4 能更好地反映在投资组合中每种金融资产的方差以及协方差在整个组合方差中所占的比例。

表 3-4 投资组合的方差组合

	$\omega_1 r_1$	$\omega_2 r_2$	...	$\omega_n r_n$
r_1	$\omega_1^2 \sigma_1^2$	$\omega_1 \omega_2 \sigma_{12}$	...	$\omega_1 \omega_2 \sigma_{12}$
r_2	$\omega_1 \omega_2 \sigma_{12}$	...	...	$\omega_2 \omega_n \sigma_{2n}$
...	...	...	...	...
r_n	$\omega_1 \omega_n \sigma_{1n}$	$\omega_2 \omega_n \sigma_{2n}$	...	$\omega_n^2 \sigma_n^2$

(二) 投资组合的协方差和相关系数

在投资组合方差和标准差的计算过程中,需要用到协方差。协方差(Covariance)是度量一种证券收益和另一种证券收益之间相互关系的指标,其计算公式为:

$$\sigma_{ij} = \sum_{t=1}^{n} (r_i - r)(r_j - r)P_t \qquad (3-16)$$

式中,r——平均收益率;

r_i 和 r_j ——分别表示 i 种和 j 种证券的期望收益率;

P——各种状态的概率。

协方差是衡量两个证券收益一起变动程度的统计量。正值协方差表明两个变量朝同一方向变动,负值协方差表明两个变量朝相反方向变动,零协方差表明两个变量不一起变动。证券收益率间的协方差使投资组合的方差计算变得复杂。

相关系数(Correlation)表示两种证券收益率的相关性,可用公式表示为:

$$p_{ij} = \frac{\sigma_{ij}}{\sigma_i \sigma_j} \qquad (3-17)$$

式中,σ_{ij}——i 种和 j 种证券的协方差;

σ_i——i 种证券的标准差;

σ_j——j 种证券的标准差;

p_{ij}—— 相关系数。$p_{ij}=1$,表示两种资产收益率呈完全正相关的关系;$p_{ij}=-1$,表示两种资产收益率呈完全负相关的关系;$p_{ij}=0$,表示两种资产收益率不相关。

三、投资组合的有效集

当投资者将两种资产组合在一起时,就会形成很多种投资选择,通过计算不同组合比例下组合的风险和收益,可以得到这两种资产组合在一起的可能性集合。投资组合的可行集可以很明显地体现出组合的分散化效果。因此将投资组合集合分为两部分,其中一部分为可行集;另一部分称为有效集合,也就是在风险一定情况下收益最大,且在收益一定情况下风险最小的投资组合。

(一) 两种资产组合的有效集

有效集或有效边界,从最小方差组合点起到最高期望报酬率点止,有效资产组合曲线是一个由特定投资组合构成的集合。集合内的投资组合在既定的风险水平上,期望报酬率是最高的,或者说在既定的期望报酬率下,风险是最低的。投资者绝不应该把所有资金投资于有效资产组合曲线以下的投资组合。

假设投资组合仅包括两种金融资产 x 和 y,他们的期望收益率、方差、协方差比较如表 3-5 所示。

表 3-5 金融资产 x、y 的相关信息

	期望收益率	方 差	协方差	投资比例
金融资产 x	r_x	σ_x^2	δ_{xy}	ω_x
金融资产 y	r_y	σ_y^2	δ_{xy}	$\omega_y = 1 - \omega_x$

该投资组合的期望收益率和方差为：

$$r_p = \omega_x r_x + (1 - \omega_x) r_y \tag{3-18}$$

$$\delta_p^2 = \omega_x^2 \sigma_x^2 + (1 - \omega_x)^2 \sigma_y^2 + 2\omega_x (1 - \omega_x) \sigma_{xy} \tag{3-19}$$

（二）多种资产组合的有效集

在生活中,人们投资的金融资产不止两种,将两种资产组合推广到多种,此时会发现,投资组合的可能性集合不再是一条曲线,而是一个伞形的平面,这条平面上也可以找到投资组合的有效集合。如若要使投资组合的风险最小,其目标函数为：

$$\sigma_p^2 = \sum_{i=1}^{n} \sum_{j=1}^{n} \omega_i \omega_j \sigma_{ij} \rightarrow \min \tag{3-20}$$

四、投资组合的风险分散化效应

投资组合的分散化效应是降低投资风险,即降低整个投资组合的风险(方差)。投资组合中选取的资产数量越多,意味着分散化投资程度越大,投资组合风险降低的程度也就越大。但是,投资组合的风险分散化有其局限性,投资组合不能分散或化解所有的风险。那么,投资组合无法分散何种风险呢?

投资风险包括系统风险(Systematic Risk)和非系统风险(Unsystematic Risk),如图 3-1 所示。系统风险也称市场风险(Market Risk)。此类风险是由整个经济系统或市场的综合因素决定的,比如经济周期、宏观经济政策等宏观经济因素,它们产生的风险会波及所有企业的经营,形成系统风险。因此,系统风险是指分散化无法消除的风险,投资者无法通过分散投资来消除由这些综合因素带来的风险。

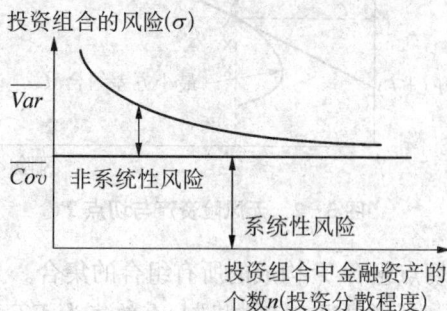

图 3-1 分散化投资组合的风险

非系统风险是指可以经分散化投资消除的风险(Diversifiable Risk)。这类风险与公司自身的经营特性紧密相关,取决于投资者对公司特定事项(如罢工等)所做出的反应。分散化投资可以使这些风险相互抵消,直至消除。

事实上,在投资组合中,由于各对资产的平均协方差不可能为零,因此,无论采取怎样的分散化投资策略,也不可能将投资组合的风险降为零,风险在降低到一定程度后就渐进地趋于平均协方差。投资组合分散化策略只能规避掉由单个金融资产价格剧烈波动所形成的风险。但是,由于市场风险是无法通过分散化而消除的,因此,经济整体的走低还是会使投资组合蒙受相应的损失。

五、资本市场线

(一) 无风险借和贷

上文所讨论的投资组合中的资产均假定为风险性资产。20 世纪 60 年代,夏普首先发现,如果投资者可以按照某一种无风险利率借入或贷出资金,投资者就有可能将部分资金投资于无风险资产(如国库券),而将另一部分资金投资于由风险资产构成的投资组合。也可以借入无风险资金,连同原有的资金一起投资于由风险资产构成的投资组合。因此,资金的无风险借和贷拓展了投资组合的可能范围。那么,引入无风险借和贷究竟会对马柯维茨的投资组合有效集产生什么样的影响呢?

当投资组合中既包含风险性金融资产又包含无风险性金融资产时,投资组合的有效集将会发生变化。我们可以将投资组合看作是由两项资产构成的,一种是无风险资产,另一种是由 n 种风险性资产构成的风险性资产组合。由于无风险资产的名义回报率是确定的 $\sigma_F = 0$,因此,无风险资产与马柯维茨投资组合可行集中的任何一种风险资产 A 的协方差或相关系数均为零($\sigma_{F,A} = 0, \rho_{F,A} = 0$)。因此,由无风险资产和任何一种风险资产构成的一个组合投资的标准差 $\sigma_p = \sqrt{(x_A\sigma_A)^2} = (x_A\sigma_A)$,组合标准差与风险资产 A 的投资百分比呈线性关系,于是形成了新的可行集,即通过点 F 向马柯维茨可行集所做的射线,有无数条可行集。

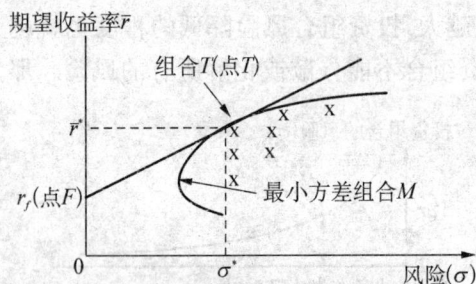

图 3-2 无风险资产与切点 T

但是,有效集只有一条,即从无风险资产所在的点 F 出发,向马柯维茨风险资产组合所做的切线。

观察图 3-2,如果从无风险资产所在的点 F 出发,向马柯维茨风险资产组合的有效集做切线。我们可以得到切点 T,其对应的风险资产组合被称为切点组合 T(Tangentortfolio T)。因此,当市场上存在无风险金融资产时,投资组合的有效集是由无风险资产和风险资产组合中的切点组合 T 构成的所有组合的集合。

如果没有卖空机制,有效集为 FT 两点之间的直线段。也就是说,由无风险资产和风险资产组合构造的投资组合的有效集为连接无风险资产$(0, r_f)$和风险资产组合(σ^*, r^*)的一条直线。如若存在卖空机制,投资者按照无风险利率借入资金,连同原有资金一起投资于风险切点组合 T,那么有效集还包括 FT 直线的向上延伸段。

(二) 投资组合与市场组合的关系

如果市场上所有的投资者均有着"共同期望",每个投资者都面临相同的投资有效集,即均按照切点组合 T 中风险资产的投资比例投资于各种风险资产,那么,切点组合不再被视为一个简单的风险资产组合,而是被称为市场组合(Market Portfolio)。标准普尔 500、日经指数、恒生指数等就是市场组合的近似。投资组合的期望收益和风险的关系如下:

$$r_p = r_f + \frac{\sigma_p}{\sigma_m}(r_m - r_f) \tag{3-21}$$

图 3-3 所示的直线被称为资本市场线,它表示当市场上存在无风险资产,市场达到均衡后,投资者最优的投资组合与市场组合在期望收益率与风险上存在的联系。

如果投资者的投资组合位于资本市场线之上,表明市场上存在套利机会,市场没有实现最优的资源配置,此时的市场价格关系是无法维持下去的。而当投资者的投资组合位于资本市场线之下时,表明此时投资者的投资组合没有实现最优化,投资者可以继续买卖以建立

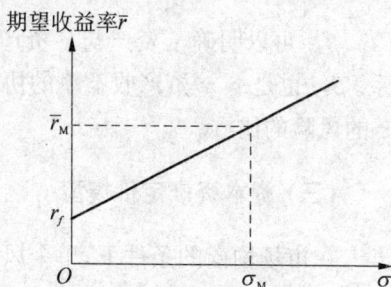

图 3-3 资本市场线

更优的投资组合。只有当投资者的投资组合位于资本市场线上时,投资者才实现最优化投资,同时市场也达到均衡。

第三节 资本资产定价模型

威廉·夏普、约翰·林特纳(John Lintner)和杰克·特雷诺(Jack Treynor)等金融经济学家在投资组合理论基础之上创建了资本资产定价模型(Capital Asset Pricing Model, CAPM)。由于资本资产定价模型研究最优投资组合中单个风险性金融资产与市场组合的关系,因此,资本资产定价模型是贴现率的理论基础。

一、单个金融资产的期望收益率

(一)风险分散的局限性和单个资产(证券)的风险

在马柯维茨投资组合风险分散的论述中,我们认识到风险分散的效应,也体会过风险分散的局限性。组合中的资产数量越多,分散化效果越好,直至将组合中的非系统性风险消除,仅留下系统性风险。投资组合分散风险的效应给我们的启示是:任何投资都可视为一种组合投资,当某种资产(证券)和其他资产(证券)构成组合时,该资产的不确定性会部分地得到分散和对冲。因此,投资者不再关心该资产收益率的方差,他感兴趣的是组合中该资产对投资组合方差的贡献和作用,或对投资组合风险变化的敏感度,这种敏感度就是贝塔值或贝塔系数。

(二)β系数

若将投资组合扩展至市场组合,我们就能够确认组合中单个资产相对于市场组合的贝

塔值,即在计算单个资产收益与市场组合收益的协方差、市场组合收益的方差以后,确认单个资产收益相对于市场组合收益的贝塔值。

设两种金融资产的收益率 x 和 y,β_{xy} 的公式为:

$$\beta_{xy} = \frac{Cov(y,x)}{Var(x)} = \frac{\sigma_{xy}}{\sigma_x^2} \tag{3-22}$$

β_{xy} 可以明确 y 资产与 y 资产的期望收益率与 x 资产与 x 资产的期望收益率之间的关系。β_{xy} 也是 x、y 资产收益率的协方差,表示收益率 y 和收益率 x 风险相关的部分占收益率 x 的风险的比重。

(三) 资本资产定价模型

在市场均衡的条件下,单个风险性金融资产与市场组合在期望收益率与风险上存在以以下关系:

$$r_i = r_f + \beta_i(r_m - r_f) \tag{3-23}$$

式中,β_i——风险性金融资产 i 的 β 系数;

r_i——风险性金融资产 i 的期望收益率;

r_m——市场组合的期望收益率;

r_f——无风险资产的收益率。

此模型需要有五个假设条件:

(1) 投资者厌恶风险假设。

(2) 投资者可以按无风险利率借入或贷出资金。

(3) 共同期望假设[①]。

(4) 考虑单个资产对投资组合风险的贡献。因为当某资产(证券)和其他资产(证券)构成组合时,该证券收益的不确定性部分地被分散。

(5) 用贝塔值描述单个资产对投资组合价值变化的敏感度。

二、证券市场线

CAPM 模型揭示了在市场均衡状态下,单一风险性资产(也可以是风险性资产的组合)与市场组合在期望收益率与风险(系统性风险或 β 系数)上所存在的关系。证券市场线(Security Market Line)是 CAPM 模型的图形形式,图 3-4 中的斜线就是证券市场线。"合理定价"的证券一定会落在证券市场线上,这

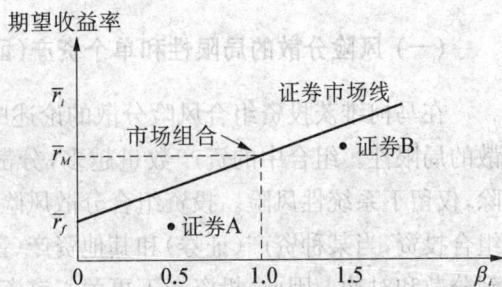

图 3-4　证券市场线

样,它的期望收益才会与其具有的风险匹配;如果证券位于证券市场线的上方或下方,则表

①　在信息对称条件下,投资者对期望收益、标准差和相关系数的估计是一致的,也就是说,投资者都会持有市场组合。

明证券市场处于非均衡状态。

第一,纵轴式期望收益率,横轴为 β 系数表示。

第二,无风险资产的贝塔值为零,因此,r 成为证券市场线在纵轴上的截距。

第三,由于 β_i 表明了风险性资产 i 的风险中与市场组合风险(市场风险)相关的部分占市场风险的比重,或者是以市场组合风险(市场风险)为基准衡量单位而测算出的风险性资产 i 具有的系统性风险。因此,β_i 越大,表明在风险性资产 i 的总风险中,系统性风险越大,投资者所要求的风险溢酬越大。

第四,在一个完善市场中,资产被正确定价,因此,任何投资的预期净现值为零,套利机会消失,这意味着所有的投资都将位于证券市场线上。投资者是否愿意投资证券市场线下方的证券 A 和 B 呢(见图 3-4)? 答案是都不会。

首先,有比购买证券 A 更好的投资。投资者可以将资金按 5∶5 分别投资于无风险资产和市场组合,为此,在风险(β 值为 0.5)一定的情况下,可以得到更高的期望收益。其次,也有比购买证券 B 更好的投资,投资者可以按自有资金的 1/2 借入资金,连同自己原有的资金,全部投资于市场组合,就能在风险(β 值为 1.5)一定的情况下,得到更高的期望收益。因此,如果投资者购买位于证券市场线下方的证券,就意味着他们持有的证券的期望风险溢酬低于 $\beta_i(r_M - r_f)$。 在信息对称的条件下,不可能存在位于证券市场线下方的证券投资。

本 章 小 结

(1) 在现实经济中,有两类资产或投资项目的贴现率相对来说较易认定:一是无风险资产或无风险项目,二是具有市场平均风险的资产或项目。

(2) 平均收益率通常有两种计算方法:一种是算术平均法(Arithmetic Averaging);另一种是几何平均法(Geometric Averaging)。

(3) 期望收益率(Expected Rate of Return)是指人们对未来投资所产生的投资收益率的预期。在未来的经营中,存在着诸多不确定性因素,资产或目标项目的投资收益率并不会是一个确定的值。

(4) 要求收益率(Required Rate of Return)是指投资者在进行某一项投资时所要求的回报率。要求收益率是投资者在主观上提出并要求的,因而具有主观性。而期望收益率是由市场的客观交易条件决定的,具有客观性。

(5) 在度量投资风险时,人们常常依据投资收益率的最终可能实现值偏离期望值的程度来判断投资的风险大小。度量风险的方法有很多,方差和标准差是最常见的量度工具。

(6) 当投资者的投资目标是多个或一组资产时,表示投资者在进行组合投资,投资者所拥有的金融资产称为投资组合(Portfolio)。由于风险是有害的,投资者厌恶风险。因此,在期望收益率一定的情况下,投资者偏好风险最低的投资组合;或者在风险一定的情况下,偏好期望收益率最大的投资组合。

(7) 当投资组合中既包含风险性金融资产又包含无风险性金融资产时,投资组合的有效集将会发生变化。我们可以将投资组合看作是由两项资产构成的，一种是无风险资产，另一种是由 n 种风险性资产构成的风险性资产组合。

（8）威廉·夏普、约翰·林特纳（John Lintner）和杰克·特雷诺（Jack Treynor）等金融经济学家在投资组合理论基础之上创建了资本资产定价模型（Capital Asset Pricing Model，CAPM）。由于资本资产定价模型研究最优投资组合中单个风险性金融资产与市场组合的关系，因此，资本资产定价模型是贴现率的理论基础。

（9）投资者不再关心该资产收益率的方差，他感兴趣的是组合中该资产对投资组合方差的贡献和作用，或对投资组合风险变化的敏感度，这种敏感度就是贝塔值或贝塔系数。

关 键 术 语

期望收益率　风险　方差　标准差　协方差　投资组合　相关系数　贝塔值
资本资产定价模型　无风险利率　市场组合风险溢价　资本市场线　证券市场线

思 考 题

1. 什么是期望收益率和要求收益率？它们在什么情况下是相同的？
2. 什么是风险？如何度量与评估风险？
3. 什么是投资组合？分散化的局限性指什么？
4. 在单一风险性金融资产的风险—收益分析中，为什么用贝塔值取代方差？
5. 资本市场线和证券市场线的差别是什么？
6. 公司资本成本在什么情况下可以作为投资项目的贴现率？
7. 假如国库券年利率为 3%，市场组合的期望收益率为 15%。根据资本资产定价理论解释：
(1) 市场风险溢酬为多少？
(2) 贝塔值为 0.7 时，该资产的风险溢酬为多少？投资者要求的收益率为多少？
(3) 如果投资者希望股票的期望收益率为 12%，则其贝塔值为多少？
8. 设有 A，B 两种股票。A 股票收益率为 10%，标准差为 6%；B 股票收益率为 7%，标准差为 4%。两只股票的相关系数为 0.1。又假如投资者拟同时投资 A、B 股票，投资比例分别为 20% 和 80%。
(1) 请在坐标图中标出该投资组合的点。
(2) 请结合不同的可能投资比例，画出投资组合的有效集。
9. 证券甲和乙构成一组合，投资者对证券甲和乙的投资比例分别为 65% 和 35%。两者的期望收益率分别是 10% 和 20%，标准差分别是 31.5% 和 58.5%，相关系数为 0.2。求该投资组合的方差？如果证券甲与组合的协方差和证券乙与组合的协方差分别为 7.74% 和 14.37%。求甲、乙证券相对于组合的贝塔值？
10. A 股票的贝塔值为 0.45，其标准差为 30%。市场组合的标准差为 20%。请问该股票收益率与市场组合收益率之间的相关系数为多少?

11. 设市场组合仅由股票 C 和 D 构成,两者的收益率相互独立(提示:不相关)。股票 C 的价格为 60 元/股,股票 D 的价格为 40 元/股(可据此计算投资者的资金配置比例)。股票 C 和 D 的期望收益率分别是 7.9%和 18.15%,它们的标准差分别是 18%和 42%。要求:

(1) 计算市场组合的收益率和标准差。

(2) 若无风险利率为 4%,计算股票 C 的贝塔值,以及股票 C 和市场组合的相关系数。

12. 李四拟投资股票 A 和 B。它们的期望收益率分别是 10%和 15%,相应的标准差分别是 8%和 12%,两只股票的相关系数为 0.2。该投资者在 A 和 B 两种股票上的投资比例分别是 80%和 20%。请问该投资者组合的期望收益率和方差各是多少?

第四章 资本成本

【本章学习目标】

- 理解资本成本的含义。
- 区分普通股成本和债务成本。
- 掌握普通股成本和债务成本的估算方法。
- 掌握加权平均资本成本的估算方法。

导入案例

波音公司资本成本及资本结构分析

一、背景资料

总部位于华盛顿西雅图的波音公司,按照销售额来算是世界上最大的航空公司,商用飞机的领先制造商,军用飞机的领头羊,美国 NASA 的最大承包商。波音公司是美国最大的出口商,1999 年海外销售超过 260 亿美元。波音的细分市场主要有三类:商务飞机、军用飞机和导弹、航天及通信设备。目前生产的喷气式飞机包括波音家族的 717、737、747、757、767、777,以及 MD－11、MD－80、MD－90。波音也制造直升机、军用飞机、电子系统、导弹以及提供和航天有关的通信服务,是空间站的主要承包商。20 世纪 90 年代后期是很多航空公司的黄金时期,他们都是波音公司的主要客户。较好的成本管理、较低的燃料费用以及不断增加的旅客收益对航空业来讲,产生了相当好的经营利润。在过去的 5 年里,客流量增加了约 6％,波音预计在今后 20 年中客流量将增加 4.7％,货运量将增加 6％。

二、财务数据

波音公司发行在外的股本有 799 280 000 股,1997 年 12 月其股价是 48.94 美元/股,债务账面价值 2 250.71 亿美元,1998 年股价是 32.63 美元/股,债务账面价值 243.56 亿美元,1990 年股价是 41.44 美元,债务账面价值 246.85 亿美元。波音公司的股票 β 值是 0.95,美国国债的利率是 9.00％,波音公司优先级债务的信用等级是 AA,其他信用等级为 AA 的公司债券收益率是 9.70％,波音公司的税率是 20.10％,历史上股票的风险溢价是 5.5％。波音公司没有发行债券,如果按照波音公司收入利息保障倍数,波音公司发行债券的等级应为 AA 级,年利率为 9.70％。

（资料来源:郑雄伟,卢侠巍.财务管理案例教程.北京:经济科学出版社,2004:145－148.）

案例导学

　　结合本章所学知识,试分析波音公司应如何调整资本结构才能使资本平均成本最低,公司价值最大?

　　资本成本具有两面性。投资者将其视为资本机会成本,或视为同等风险条件下可获得的最大期望收益率;融资者则将其视为资金使用成本,或视为使用资本的代价。可见,资本成本的界定和测度对公司的融资决策和投资决策至关重要。本章介绍资本成本的定义以及相应的测度方法。

第一节　资本成本概述

　　资本成本是公司金融一个很重要的概念。尽管其不易估算,但它却是公司投资决策和融资决策的重要基础。

一、资本成本的两面性

(一)资本机会成本

　　从投资者来说,资本成本是投入资本的机会成本,是指投资者在同等风险投资中所能获得的最大的期望收益率。例如,崇德公司拟购买中国银行股票,假设与中国银行具有相同风险水平的上市银行还有三家——中国工商银行、中国农业银行和中国建设银行,投资者对这三家上市银行的平均期望收益率分别为10%、8%和9%。

　　显然,中国工商银行是崇德公司的一个最佳投资选项,因此,中国工商银行的期望收益率就是崇德公司投资中国银行的机会成本,是崇德公司投资中国银行所放弃的其他投资机会的最大预期收益。也就是说,崇德公司对中国银行投资的期望收益率不应低于10%,否则,它会舍弃中国银行而改投中国工商银行。从这个意义上说,中国工商银行的期望收益率可以视为崇德公司最低可接受的回报率。

(二)资金使用成本

　　从融资者来说,资本成本是资金的使用成本。融资者或举债融资,或发新股融资,前者须支付利息,后者须发放股息,利息和股息均为融资者使用资本的代价。假设崇德公司为解决资金缺口,决定分别使用发放公司债券和发行新股的方式进行融资。假如公司债券的年利息率为10%,股利发放率为20%(预计每股净收益为2元)。

　　简单来说,10%可视为崇德公司使用债务资本的代价,每股支付0.4元现金股利可视为崇德公司使用权益资本的代价。如果崇德公司新增资金的预计投资收益(或期望收益)不能超过资金使用成本,就不值得进行新增投资。可见,资本成本既是投资者的机会成本,又是融资者的资金使用成本。资本的两面性给投资决策和融资决策提供了决策基础和决策依据。

二、公司资本成本

根据资本成本的两面性,公司资本成本也有两说:一是指公司投资者的平均期望收益率,二是指公司应承担的平均资本使用成本。

(一) 公司资本的来源

公司资本或由债券投资者投入,或由股东投入,但是,公司债权人和股东的要求收益率和期望收益率各不相同。第一,债权投资者的期望收益率。商业银行和公司债券投资者是公司最主要的债权投资者,前者是公司的贷款者,后者是公司债券的购买者。他们以规定利率或约定利率向公司提出收益要求,其要求收益或期望收益与公司风险水平和债务期限长短有关。由于利率事先通过签订契约的方式约定,因此,债权投资者的要求收益率或期望收益率相对易于观察和估算。

第二,股东的期望收益率。股东的期望收益通常由股利和资本利得两部分组成,股利与公司盈利高低以及公司未来投资机会大小有关,资本利得与股票价格上升幅度有关。由于公司股价的波动性大,公司盈利状况也具有不可预见性,因此,股东的期望收益具有不确定性。根据收益与风险匹配原则以及债权人求偿权优先原则,股东的期望收益率应该高于债权投资者的期望收益率。

(二) 平均期望收益率

公司投资者由债权投资者和权益投资者(股东)组成,他们有各自的期望收益率或要求收益率。因此,公司资本成本就可以理解为是两类投资者对公司的平均期望收益率或平均要求收益率。

一般来说,可以先分别估计出债权投资者和股东对公司的要求收益率,然后,以各类资本在总资本中所占的比例作为权重,计算出平均要求收益率或期望收益率。在无套利均衡的条件下,投资者的平均要求收益率就是该公司的平均期望收益率或平均资本机会成本。

【例 4 - 1】 设崇德公司目前的总资本为 1 亿元,其来源见表 4 - 1。公司债券票面利率为 10%(设为债权人的期望收益率),股东的要求收益率为 15%,不考虑税收等因素。

表 4 - 1　崇德公司资本来源　　　　　　　　　　　　　　　　单位:亿元

资本来源	资本结构
公司债券	0.5
普通股	0.5
合计	1

根据题意,崇德公司债权投资者和股东的要求收益率分别为 10% 和 15%,又由于公司债务资本和权益资本各占 50%,因此,公司资本成本可以理解为是投资者对公司的加权平均

期望收益率。即：

公司资本成本＝10％×50％＋15％×50％＝12.5％

三、目标项目的资本成本

目标项目资本成本就是目标项目所需投入资本的机会成本，或称为目标项目投资者的期望收益率，或称为项目投入资本的使用成本。目标项目资本成本和公司资本成本之间究竟有何关系？

第一，一致性情形。如果公司新项目的风险与公司现有资产的整体风险一致。例如，沃尔玛公司拟开设新店，开设新店可以视为公司现有业务的拓展，新店风险与沃尔玛现有资产的整体风险一致，因此，我们可以简单地将公司的资本成本视作开设新店项目的资本机会成本。

第二，非一致性情形。如果公司新项目的风险与公司现有资产整体风险差异很大。例如，某钢铁公司拟开发一款软件，新项目的期望收益率就不宜采用该钢铁公司的资本成本，否则，将低估新项目的期望收益率。如果该钢铁公司拟开设一家零售店，新项目的期望收益率也不便采用公司资本成本，否则，将高估新项目的期望收益率。在这种情况下，软件开发项目的资本成本应该以软件企业（相同风险）的资本成本为参考，而开设新店项目的资本成本应该以零售企业（相同风险）的资本成本为参照。任何新项目的价值都应该根据其自身的资本成本来进行估计。从本质上讲，目标项目的资本成本由其自身风险决定，而不是由持有项目的公司的风险决定。因此，对任何目标项目来说，草率地选用项目持有公司的资本成本，并据此进行投资决策，其结果可能会拒绝一些好项目，而接受一些坏项目。

第二节 普通股成本

普通股成本是指股票投资者的期望收益率，或是指公司发放普通股融资所需承担的成本。普通股成本的估算办法不少，资本资产定价模型、股利增长模型是最常见的估算办法。在实践中，资本资产定价模型使用最为广泛。无风险利率估算、贝塔值的估算和风险溢酬估算是 CAPM 定价法的三个关键内容。下面详细介绍资本资产定价模型在普通股成本估算中的运用。

一、无风险利率估算

在现实经济中，我们不难找到无风险资产的替代品，国债或政府债券就是合适的无风险资产的替代品。国债通常被视为没有违约风险的资产，其利率可以视为无风险利率。但是，为慎重起见，还需权衡国债期限、收益率和通胀。

（一）如何选择国债期限

国债有短期和长期之分，那么，究竟选择多长期限的国债利率作为无风险利率呢？理论上讲,应该选择同期国债利率作为无风险利率。也就是说,如果是1年期投资,就应该选择1年期国债利率;如果是5年期投资,就应该选择5年期国债利率。股票投资一般来说是一种长期投资,显然,应选择长期国债利率作为无风险利率。鉴于期限过长的国债存在流动性缺陷,因此,在发达资本主义国家的实践中,最常见的做法是选用10年期国债利率作为无风险利率。

(二) 如何选择收益率

国债有平息债券和零息债券两种形式,通常,短期国债采用零息债券形式,而1年期(不包括1年期)以上的国债采用平息债券形式。第一,票面利率。既然长期国债采用平息债券形式,其计息期、付息方式等就会存在很大差异,致使同风险、同期国债的票面利率存在差异。因此,将长期国债的票面利率作为无风险利率是不太合适的。第二,到期收益率。到期收益率是指国债的内含报酬率,即无套利均衡条件下的贴现率。以上市国债为例,同风险、同期国债的票面利率可能存在较大的差异,但是,到期收益率是一致的,或存在很小的差异。因此,应该选用已上市交易的长期国债到期收益率作为无风险利率。

【例4-2】 设2年期国债的票面利率为10%,面值为100元/张。若发行价为100元/张。该国债的到期收益率为多少?

设到期收益率为r,根据无套利均衡原理,可得下式:

$$100 = \frac{10}{1+r} + \frac{110}{(1+r)^2}$$

运用内插法计算,该国债的到期收益率为10%,可见,如果发行价低于面值,则到期收益率会高于10%;反之,则低于10%。

(三) 如何对待通胀

我们将含通胀的利率称为名义利率,将不含通胀的利率称为实际利率。那么,究竟应该使用名义利率还是实际利率呢?

根据估值原则,贴现率需与现金流对应。含通胀的现金流应该使用名义利率进行贴现,实际现金流应该使用实际利率进行贴现。名义利率和实际利率存在下列关系:

$$1 + r_{名义} = (1 + r_{实际}) \times (1 + 通胀率) \tag{4-1}$$

在实践中,我们通常按含有通胀的名义货币进行预测,并据此确定未来现金流。国债的未来现金流均按照含通胀的货币支付,到期收益率其实是含通胀的利率。因此,在实践中,无风险利率一般采用名义利率。值得注意的是,学界和业界对名义利率和实际利率孰优孰劣的争论一直没有停止过。但有一点可以肯定,即当存在恶性通胀等情况时,应使用实际现金流和实际利率。

二、贝塔值的估算

如果能够获知公司未来的权益收益率以及未来市场指数的分布,我们就可以基于未来收益来估算普通股成本的贝塔值。事实上,我们在当下无法获悉股票 i 未来收益率(r_i)和股票市场未来收益率(r_w)的分布,因此,只能用它们已经发生的历史收益数据(假设未来是公司过去的延续)进行线性回归(见第四节),估计出 β。

如何获取这些历史收益率数据呢? 公司股票的历史收益率数据不难获取,股票市场的历史收益率可借助一些简单易行的办法进行估算:

第一,计算股票指数的市盈率,然后用其倒数计算股票市场的历史收益率。第二,运用公式"(年底股票指数—上年底股票指数)÷上年底股票指数"计算股票市场的历史收益率。值得注意的是,如果未来与过去和当下存在本质区别,基于历史收益的贝塔值估算就是不可取的。那么,如何判断未来与过去和当下存在重大区别呢? 可能的方法是,了解公司未来的经营特征和财务特征是否会发生根本性变化。

三、风险溢酬的估算

风险溢酬是指股票市场期望收益率与无风险利率之间的差额。上文已述,我们无法在当下获知股票市场未来收益率分布,因此,几乎无法计算出股票市场的期望收益率 r_m 即市场利率。如果我们以股票指数作为市场组合的替代,股票指数的历史收益率数据就可以用来估计市场组合的风险溢酬($R_m - R_f$)。因此,股票市场收益率最常见的估算方法是对历史数据进行分析。

(一) 时间跨度的选择

为避免干扰因素的影响,应选择较长的历史时间跨度,以真实反映一般投资者的预期投资收益率水平。例如,在中国内地,可选择 1990 年以来的历史数据计算股票市场平均收益率;在美国,可以选择 1928 年以来的历史数据计算股票市场平均收益率。但是,需要注意一个问题:在新兴市场国家,股票市场的历史平均收益率往往很高,据此产生的股票市场期望收益率大大高估了股票投资者一般的预期投资收益率水平,同时高估了风险溢酬。

(二) 平均收益率的计算方法

在获取股票市场的历史收益率之后,我们可以运用算术平均或几何平均的方法计算股票市场的平均收益率。那么,究竟哪种方法估计出来的年平均收益率更接近正确的贴现率? 经验显示,如果资本成本是从历史收益或风险溢酬中估计出来的,则算术平均法更合适。

第三节　债务成本

为防止借款人利用信息优势侵害债权人利益以及实现财富转移,债权人通常以契约(合同)的方式对债务人在未来某一特定日期归还本金以及支付利息的数量和支付方式等进行约定。因此,债权人具有本息优先求偿权,其收益仅限于契约规定的利息。

一、债务成本的特点

债务成本是指债权人的期望收益率,或是指债务人的借款利息(假如不考虑发行费等交易成本)。

(一) 承诺收益和违约风险的考量

鉴于本息偿还是债务人的契约义务,因此,债权人所得收益是事前约定的,或者说是债务人承诺的。在不考虑违约风险的情况下,债权人的期望收益率等于合同约定收益率或承诺收益率。根据债务合约,若债务人运用所借之款获得巨大成功,债权人也不能分享高于契约规定利息之外的任何收益。但是,若债务人经营失败,债权人很可能无法完整地获取契约所约定的本息,甚至血本无归,债权人只能承受债务人的违约风险。

由于存在违约风险,债务人事实上不仅存在违约意愿,而且可以违约,因此,债务人实际承担的成本可能低于其承诺的义务,致使债权人的实际收益可能低于承诺收益。那么,债权人的期望收益率究竟是以实际收率估算还是以承诺收益率为准呢?

在实践中,常常将承诺收益作为债务成本。理由有两个:

第一,尽管债务人存在违约意愿,也可以违约,但事实上,大多数债务人或债务总体上的违约概率还是比较小的;

第二,违约风险很难估算,因此,实际收益率难以测度,而契约所约定的收益率(承诺收益)较易获取。值得注意的是,如果债权人面临巨大违约风险时,如面临经济危机、投资高风险债券,以契约所约定的利率作为债务成本的估计值就不恰当了。

(二) 长债成本和短债成本

有息债务有长债(包括长期银行借款和公司债券)和短债(包括短期银行借款和商业票据等)之分。因此,对进行多元化债务融资的公司而言,广义的债务成本应该是指各类长债和短债的加权平均债务成本。

在实践中,债务人融资的目的是为了解决资金缺口,满足长期投资或短期投资之需。根据资金合理配置的原理,切忌短债长投。因此,就长期投资来说,在资金配置时应避免违约风险,使用长期债务解决长期投资的资金缺口。

显然,为合理评价长期投资的价值,在计算债务成本时,应剔除短期债务成本,只考虑长期债务成本。但若该长期投资项目滚动使用短期债务,那么,该短期债务可视为长期债务,不应在计算债务成本时剔除。

二、债务成本估算法

(一) 投资级债务成本的估算方法

到期收益率适用于对投资级债务成本的估算。理由是:若公司债务为投资级,就说明公司没有违约风险或风险很小,债权人的期望收益率与债务契约所约定的到期收益率(承诺收益率)基本上没有区别。因此,对投资级债务而言,到期收益率是债务资本成本的合理估计或一种好的"替代"。然而,投资级债务也有风险,存在违约事件,应该如何应对呢? 这里主要介绍风险调整法。

风险调整法是通过同期国债利率加上风险补偿率来进行估算债务成本的方法。债务成本可按下式进行估算:

$$税前债务成本＝同期国债利率＋目标公司信用风险补偿率 \qquad (4-2)$$

同期国债利率应该换算成同期国债到期收益率,目标公司信用风险补偿率可使用比照法,其计算过程为:

第一,目标公司根据自身的信用等级,选取与其信用等级相似的上市长期债券;

第二,分别计算出这些上市长期债券的到期收益率;

第三,将它们分别与同期国债到期收益率进行比较,计算出利差,并用利差表示信用风险补偿率;

第四,计算平均信用风险补偿率。

如果目标公司自身没有上市长期债券,但拥有关于自身信用评级资料,那么,风险调整法不失为一种好的债务成本估算方法。

(二) 非投资级债务成本的估算方法

不同公司在信用等级、债券交易的流动性等方面存在差异。也就是说,公司债券到期收益率所表达的平均贴现率信息只能够对期限相同、风险相同的公司债券适用。如果公司的风险不同,即便公司债券的期限相同,它们的到期收益率也是会存在差异的,非投资级债务存在较大的违约风险。对违约风险大、信用等级低的非投资级债务来说,其期望收益率和约定到期收益率(承诺收益率)一定存在区别,承诺收益率会大大偏离债务成本,因此,用约定到期收益率(承诺收益率)来估算非投资级债务成本是不妥的。

那么,我们应该如何进行调整呢?

我们可以使用 CAPM 模型来估算非投资级债务成本,具体步骤如下:

第一,估算非投资级债务的贝塔值(参照上一节贝塔值的估算方法)。

第二,结合国债贝塔值,估算非投资级债务的风险溢价。例如,非投资级债务的贝塔值为 0.4,国债的贝塔值为 0,风险溢酬为 9%,那么,非投资级债务的期望收益率比国债到期收益率多了 3.6%$[=(0.4-0)\times9\%]$的风险溢价。

第三,根据 CAPM 模型,估算非投资级债务成本。如果国债到期收益率为 5%,那么,非投资级债务成本为 8.6%(＝5%＋3.6%)。在实际操作过程中,鉴于约定支付的利息已考虑到了债务违约风险,为此,可将非投资级债务的约定到期收益率视为债务成本。

(三) 债务成本的表述

1. 税后债务成本

以上方法所取得的债务成本均为税前债务成本。对债务人来说,由于债务成本在税前列支,即在应税收入中予以扣除,债务人的税收支出相应减少,因此,利息的省税作用使得债务税后成本远低于债务税前成本,公司实际的债务成本应该是税后债务成本。

2. 税前债务成本

但对债权人而言,其期望收益率不是税后债务成本,仍旧是税前债务成本。理由是尽管债务人因支付利息费用而减少了纳税额,但债务人并没有减少利息的实际支付额,他们仍需按债务契约的约定(即税前债务成本)支付给债权人利息,因此,债权人的期望收益率仍旧是税前债务成本。

第四节　加权平均资本成本

若融资者为一家公司,其资本的来源就会呈现多元化态势,因此,该公司的资本成本应该是加权平均资本成本,或可理解为债权投资者和权益投资者对该公司的平均期望收益率。那么,如何估算公司的加权平均资本成本?

一、无负债企业的资本成本

当公司拥有超额现金时,可以发放现金股利,再由股东将现金股利投资于和公司同等风险的金融资产(股票或债券),或由公司将多余现金投资于和公司同等风险的盈利项目。对公司股东而言,只有当项目投资的期望收益率大于或等于同等风险金融资产的期望收益率时,他们才愿意放弃获得现金股利的机会。因此,项目贴现率等于同等风险水平的金融资产的期望收益率。

可见,如果公司100％权益融资,即公司所需资金完全通过发行股票进行融资,公司的资本机会成本就是权益资本成本,权益资本成本就是股票期望收益率。于是,公司资本机会成本的估计演变成了投资者对公司股票要求收益率的估计。在公司金融实践中,许多公司就是利用资本资产定价模型来估计公司的资本机会成本。根据资本资产定价模型,即:

$$股票期望收益率 = r_f + \beta(r_m - r_f) \tag{4-3}$$

由上式可知,我们需要估计公司股票的贝塔值、无风险利率、风险溢价。

【例4-3】　设崇德公司为无杠杆公司,100％权益融资。假如崇德公司股票最近4年的收益率与标准普尔500指数的收益率如表4-2所示。为满足市场供应,2015年,公司准备增加一条生产线。又假设无风险利率为3.5％,市场风险溢酬为9.1％。这个新项目的贴现率是多少?

表4-2　崇德公司收益率

年　份	崇德公司	S&P500 指数收益率
1	−9％	−30％
2	4％	−20％
3	20％	10％
4	13％	20％

新项目属崇德公司生产能力的拓展,因此,新项目和公司风险相同,其贝塔值等于崇德公司的贝塔值(见表4-3)。

表4-3 崇德公司的贝塔值

年份	崇德公司收益率	崇德公司收益离差	S&P500 指数收益率(%)	S&P500 指数收益率离差	崇德公司收益离差乘以 S&P500 指数收益离差	S&P500 指数收益率离差的平方
1	−9	−0.16	−30	−0.25	0.04	0.062 5
2	4	−0.03	−20	−0.15	0.004 5	0.022 5
3	20	0.13	10	0.15	0.019 5	0.022 5
4	13	0.06	20	0.25	0.015	0.062 5
	平均=7		平均=−5		协方差=0.019 75	方差=0.042 5

崇德公司的贝塔值为:

$$\beta = \frac{Cov(y,x)}{Var(x)} = \frac{\sigma_{xy}}{\sigma^2} = 0.464\ 7$$

无风险利率可以参照当年国债利率,如 2015 年美国 1 年期国债利率约为 3.5%。市场风险溢酬可以根据历史资料进行估计,如美国 2000 年至 2015 年间平均的风险溢酬为 9.1%。该公司的机会成本估计如下:

$$r_s = 3.5\% + 0.464\ 7 \times 9.1\% = 7.73\%$$

二、负债企业资本成本

如果我们再将上文中 100% 权益融资的假设条件释放,那么,公司的资本结构中将包括部分的债务资本。我们在计算公司资本机会成本时,必须考虑债务融资对公司资本成本的影响,假定公司的部分资金通过举债融资加以解决,借款成本为 r_b,并按权益成本 r_s 获得权益资本。公司的资本机会成本应该以加权平均资本成本的方式表达,即:

$$r_{\text{WACC}} = \frac{S}{S+B} \times r_s + \frac{B}{S+B} \times r_b \tag{4-4}$$

式中,r_{WACC}——公司加权平均资本成本;

S——权益资本;

B——债务资本;

$\dfrac{S}{S+B}$——权益资本在总资本中所占的比重;

$\dfrac{B}{S+B}$——债务资本在总资本中所占的比重。

如前所述,债务利息具有减税作用,那么债务成本应为税后的债务成本。这样,公司的加权平均资本成本的计算公式就表示为:

$$r_{\mathrm{WACC}} = \frac{S}{S+B} \times r_s + \frac{B}{S+B} \times r_b \times (1-T_c) \qquad (4-5)$$

式中，r_{WACC}——公司加权平均资本成本；

T_c——公司所得税率。

【例 4-4】 某公司当前每股股价为 10 元，流通在外的股票数为 5 亿股，其债务的市场价值为 8 亿元。假定公司新借入债务的利率为 6%，贝塔值为 1.05，公司的所得税率为 25%。另外，市场风险溢价为 7.5%，目前国债的收益率是 5%。那么，该公司的加权平均资本成本是多少？

首先，运用资本资产定价模型计算权益资本成本，即：

$r_s = r_f + \beta(r_m - r_f) = 5\% + 1.05 \times 7.5\% = 12.875\%$

其次，确定债务和权益的权重。由于股票的市场价值为 50 亿元（=10 元/股×5 亿股），债务的市场价值为 8 亿元，所以债务与权益的比重分别为 13.79% 和 86.21%。

因此，该公司的加权平均资本成本为：

$$r_{\mathrm{WACC}} = \frac{S}{S+B} \times r_s + \frac{B}{S+B} \times r_b \times (1-T_c)$$
$$= 86.21\% \times 12.875\% + 13.79\% \times 6\% \times (1-0.25)$$
$$= 11.72\%$$

如果公司考虑投资某一项目，该项目具有与公司现有业务相同的风险，那么此项目的贴现率就与公司的加权平均资本成本相同。

三、影响公司资本成本的主要因素

在现实生活中，影响公司资本成本的因素众多，它们或推高资本成本，或抑制资本成本。下面介绍影响公司资本成本的主要因素。

（一）利率市场化

市场利率的变化是影响资本成本的最直接和最重要的因素。在利率市场化的条件下，利率波动成为常态，对公司资本成本的影响也呈常态化。一方面，当市场利率上升后，对债务成本的影响是直接的。市场利率提高之后，由于债权人的资本机会成本提高，其要求收益率或期望收益率也随之提高。因此，债务人的债务成本自然就由此提高。另一方面，市场利率的变化同样会影响权益资本成本。鉴于国债利率与存款利率具有相关性，因此，市场利率上升之后，将推升无风险利率，从而推升权益资本成本，提高股东的期望收益率。

（二）税收政策

投资者的期望收益会因税收政策的调整而变化，税收政策的调整可能涉及公司所得税税率、股利税税率、资本利得税税率、利息税税率等的调整。可见，税率调整对资本成本的影响是多方面的。

如果调整公司的所得税税率，它将会直接影响公司的债务的成本，并间接影响权益资本成本。如果调高公司的所得税税率,税后债务成本将下降,权益资本成本也有所下降,债权人和股东的期望收益率都将降低。如果一方面调高股利和利息所得税税率,另一方面调低资本利得税税率,将会直接或间接影响投资者的投资偏好或取向,并影响他们的期望收益率。

(三) 投资策略

公司投资可能会改变公司现有的风险水平,公司风险水平的预期变化将改变投资者对公司的平均要求收益率。若公司投资仅限于对现有业务的简单再生产或扩大再生产,那么,此类投资并不会改变公司整体的风险水平。此类投资对公司资本成本几乎没有影响。若公司投资高风险项目,公司整体的风险将提升,投资者对公司的平均要求收益率也将提高。

(四) 融资偏好

在上例中,我们引入了债务融资,并据此计算了公司的资本机会成本。但是,在计算权益资本成本时,我们所选用的贝塔值是公司原先无杠杆条件下的贝塔值(即在没有引入债务融资前的贝塔值)。那么,当公司的资本结构发生改变时,公司的风险是否会随着其引入债务融资而有所改变呢? 在100%权益资本融资的公司(即无杠杆公司),公司全部资产的贝塔值就是公司股票的贝塔值。

$$\beta_{公司总资产} = \frac{S}{S+B} \times \beta_{权益资本} + \frac{B}{S+B} \times \beta_{债券资本} \qquad (4-6)$$

在引入债务资本融资之后,公司全部资产的贝塔值为由于债权人承担的风险小于股东所承受的风险,债务的贝塔值很小。例如,美国大型蓝等企业的债务贝塔值一般在0.1~0.3。因此,财务分析人员常常将债务的贝塔值假设为零。若债务贝塔值为零,则公司全部资产的贝塔值为:

$$\beta_{公司总资产} = \frac{S}{S+B} \times \beta_{权益资本} \qquad (4-7)$$

通过变形得到:

$$\beta_{权益资本} = \beta_{公司总资产} \times \left(1 + \frac{B}{S}\right) \qquad (4-8)$$

由式可知,在公司存在债务融资的情况下,公司全部资产的贝塔值一定小于权益资本的贝塔值。因此,债务融资将提升公司股票的贝塔值,即增加权益资本成本。将原先公司的贝塔值作为资本结构改变后公司股票的贝塔值的近似,会低估权益资本成本。

本 章 小 结

(1) 根据资本成本的两面性,公司资本成本也有两说:一是指公司投资者的平均期望收益率,二是指公司应承担的平均资本使用成本。

（2）目标项目资本成本就是目标项目所需投入资本的机会成本，或称为目标项目投资者的期望收益率，或称为项目投入资本的使用成本。

（3）普通股成本的估算办法不少，资本资产定价模型、股利增长模型是最常见的估算办法。在实践中，资本资产定价模型使用最为广泛。无风险利率估算、贝塔值的估算和风险溢酬估算是 CAPM 定价法的三个关键内容。

（4）如果能够获知公司未来的权益收益率以及未来市场指数的分布，我们就可以基于未来收益来估算普通股成本的贝塔值。

（5）如果我们以股票指数作为市场组合的替代，股票指数的历史收益率数据就可以用来估计市场组合的风险溢酬（$R_m - R_f$）。

（6）债务成本是指债权人的期望收益率，或是指债务人的借款利息（假如不考虑发行费等交易成本）。

（7）风险调整法是通过同期国债利率加上风险补偿率来进行估算债务成本的方法。

（8）对公司股东而言，只有当项目投资的期望收益率大于或等于同等风险金融资产的期望收益率时，他们才愿意放弃获得现金股利的机会。因此，项目贴现率等于同等风险水平的金融资产的期望收益率。

（9）在公司存在债务融资的情况下，公司全部资产的贝塔值一定小于权益资本的贝塔值。因此，债务融资将提升公司股票的贝塔值，即增加权益资本成本。

关 键 术 语

资本成本　机会成本　期望收益率　要求收益率　加权平均资本成本　债券资本
权益资本　资本资产定价模型　到期收益率

思 考 题

1. 什么是资本成本的两面性？

2. 无息负债是否存有资本成本？

3. 某房地产公司的普通股总市值为 600 万元，其负债总价值为 100 万元，年利率 6%。公司股票当前贝塔值为 1.5，市场组合的期望收益率为 9%，国库券利率为 4%。

(1) 该公司股票要求的收益率为多少？

(2) 估计公司的资本成本。

(3) 该公司拓展现有业务时的贴现率是多少？

(4) 假设公司想分散经营，涉足其他行业，当无负债时眼镜制品的贝塔值为 1.2，请问估计新投资所要求的收益率为多少呢？

4. 下表为某公司的账面资产负债表。公司既有以公司为不动产担保的长期债券，也有银行短期借款。已知公司担保债券的利率为 9%，银行短期贷款的利率为 8%。此外，公司还有 1 000 万股股票发行在外，每股市价 90 元，股票的期望收益率为 18%。假设该公司债券的市场价值与其账面价值相等,公司的边际所得税税率为 35%,试计算该公司的 WACC。

某公司的账面资产负债表 单位:100 万元

现金及有价证券	100	应付账款	280
应收账款	200	短期借款	120
存货	50		
不动产	2 100	公司债券	1 800
其他资产	150	权益	400
合　计	2 600	合　计	2 600

5. 某公司 2018 年的相关资料如下:

(1) 公司净资产为 10 元/股(公司仅发行普通股,没有发行优先股);

(2) 每股净利率(EPS)为 1 元;

(3) 每股股利为 0.3 元;

(4) 目前每股市价为 12 元;

(5) 预计未来不增发新股,并保持经营效率和财务政策不变;

(6) 国债年利率为 5%,股票市场的平均收益率为 8%,该公司股票与股票市场的相关系数为 0.5,A 公司股票的标准差为 1.5,证券市场的标准差为 1。要求通过 CAPM 模型计算该股票的资本成本并运用股利增长模型计算该公司股票的资本成本?

6. 从在上海证券交易所挂牌的 A 股上市公司中任选一家公司,并查阅以下相关数据:

(1) 该公司过去 5 年的历史收益率;

(2) 上证综合指数过去 5 年的历史收益率为 5%。

求:

(1) 计算该上市公司的风险溢价;

(2) 计算该公司的贝塔值;

(3) 计算该公司股票的期望收益率。

7. A 公司 2015 年相关材料如下:公司净资产为 10 元/股,每股净利润(EPS)为 1 元,第一期期末每股股利为 0.4 元,股利增长率为 6%,目前股票价格为 15 元/股。国债利率为 3%,股票市场平均收益率为 9%,A 公司股票与股票市场的相关系数为 0.5,A 公司股票的标准差为 1.96,证券市场标准差为 1。

(1) 运用资本资产定价模型计算该股票的资本成本(期望收益率)。

(2) 运用股利增长模型计算该公司股票的资本成本。

第二篇

投资决策

第五章　资本预算

【本章学习目标】

- 掌握资本预算的五种基本方法。
- 掌握不同资本预算方法的优缺点和适用情形。
- 了解净现值法是最准确的资本预算方式。
- 掌握净现值法的实际运用。

导入案例

万向集团的投资决策

　　鲁冠球领导的万向集团已经走过了 35 个年头。1999 年,是万向集团新的一页的开始。三十而立的鲁伟鼎从美国学成归来,接任万向集团 CEO 一职,而鲁冠球则退居集团董事局担任主席。与此同时,万向的第三个"十年规划"开始。从 1999 年至 2004 年,正好是中国商界从低谷到奋起爬升、到遭遇宏观调控而略显沉寂的又一轮。产业升级、兼并整合、多元化和国际化,过去 6 年来这一轮商业周期的所有主旋律,万向一样也没有错过,万向集团营业收入和利润也从 1999 年的 60 亿元和 1.6 亿元,增加到 2004 年的 208 亿元和 18 亿元。考虑到中国小企业的平均寿命是 2.9 年,大企业的平均寿命为 7~8 年,今天仍然是家族式管理的万向活得比绝大多数中国企业都要长寿而且健康。

　　万向投资做什么不做什么的原因归根结底是两条:第一,产业符合不符合社会需要;第二,自己有无足够的能力(资金、人才、管理)去做。在过去的 6 年里,万向集团投资部提交到鲁冠球那里的投资计划书里,100 份里难得有 1 份通过。即使是跟踪调查多年,鲁伟鼎认为收购方案已经十分成熟的项目,身为董事局主席的鲁冠球也常在最后一刻行使决定性的否决权。鲁伟鼎曾经用"小气"来形容万向的投资风格,对此鲁冠球表示:"什么叫小气,什么叫大方? 这个不是标准,投资的标准是看这个项目合理不合理。应该花的钱你就大笔地花;不应该花的钱,一分都不花。"当外界为万向这些失之交臂的机会抱憾时,鲁冠球释然一笑说:"不遗憾。有什么遗憾的。可以做的事情太多了。"

　　在万向,父亲鲁冠球坐的是 VOLVO S80——全球安全系数最高的轿车。儿子的选择是讲求速度与驾驶快感的 BMW 745,车如其人。鲁伟鼎讲速度、有闯劲,冲在第一线;鲁冠球则经常往后拉一拉,严格地掌控着企业的安全系数。两人的经营风格,鲁冠球更加保守稳健,视实业为生命;鲁伟鼎有着"海归派"的味道,崇尚现代投资管理理念。

　　(资料来源:刘涛.鲁冠球常青的智慧.中国企业家,2005(11).)

案例导学

结合本章将要学到的知识,分析比较在资本预算中运用的几种分析方法,对万向集团的投资决策理念做出分析。

资本预算是公司进行投资决策的重要环节,指公司对长期资产投资进行分析、筛选和计划的过程。长期资产投资一般具有周期长、成本高等特点,错误的投资决策将很大程度上影响公司的财务状况甚至未来的发展前景。因此,一家公司的长期资本投资决策是否正确会对公司的生存与发展造成直接影响。本章将介绍公司财务分析师在制定此类决策的资本预算时所需要运用到的一系列方法,这些方法使用的注意事项,并且解释为什么净现值法是一项正确的方法。

第一节　资本预算的基本方法

公司财务分析师在做资本预算时会根据项目的复杂程度做不同的处理,但通常完整的资本预算过程分为以下四个步骤:

第一步,寻找投资机会。是否需要引进新设备增加员工工作效率,是否需要扩展一条新的生产线,是否有兼并收购的需要。寻找公司存在哪些投资的可能和投资的机会,得以获取盈利,是做资本预算的根本目标和首要工作。

第二步,预测投资项目的现金流。这一步需要收集信息,以合理预测目标投资项目在执行过程中的现金流情况。

第三步,项目分析评估。对项目进行可行性分析,评估本项目的盈利能力、对公司策略和发展的影响等。

第四步,投资后管理。检验实际结果是否与既定的计划相同,如每一个投资期的收入、库存、现金流、回报收益等是否符合预期,有无需要调整的地方等。除此以外,做投资后管理与分析有利于公司积累投资经验,有利于公司长远发展。

另外,除了分析项目的盈利能力,初始投入成本的多少在实际项目评估中也很关键。除了分析单个项目之外,在实际项目评估中也需要考虑项目之间是否具有关联。例如,评估的项目是否可以同时启动,是相互独立项目还是互斥项目(如在同一块地上是建商业中心还是建居民楼);又或者不同项目之间是否有先后影响,比如对 A 项目成功投资后会促进 B 项目的成功投资等(如商业中心项目是否会促进本公司同地区的其他项目)。

公司实际投资方案的组合采纳比本节介绍的方法要复杂得多,本节重点讨论如何运用投资项目的预测现金流量等基本数据,分析单个投资方案的成本和收益,并做出正确的投资决策。因此本节的讨论均假定公司投资资本充足且项目之间没有互补作用,预测的投资项目未来现金流量已知,且根据对应的风险等级调整了公司的资本成本或要求的报酬率。资本预算的基本方法有净现值法、内部收益率法、回收期法、折现回收期法、盈利指数法等。本节将对这五种基本方法逐一进行介绍。

一、净现值法

在第二章我们学习了货币的时间价值。净现值（Net Present Value，NPV）是指以资本成本或公司要求达到的报酬率作为贴现率，将投资项目投入使用后所取得的净现金流量折为现值，减去初始投资的差额。用公式表示为：

净现值＝未来净现金流量现值－初始投资

$$NPV = \frac{NCF_1}{(1+i)^1} + \frac{NCF_2}{(1+i)^2} + \cdots + \frac{NCF_n}{(1+i)^n} - NCF_0 \qquad (5-1)$$

$$= \sum_{t=1}^{n} \frac{NCF_t}{(1+i)^t} - NCF_0$$

式中，NPV——净现值；

NCF_t——第 t 年的净现金流；

i——贴现率，即公司的资本成本或要求达到的报酬率；

n——项目年限。

NPV 法决策原则：对独立项目而言，NPV 为正的项目可以增加公司财富，具有投资价值，反之则不具备投资价值；而对互斥项目而言，应当在 NPV 大于零的项目中取 NPV 最大者进行投资。

【例 5-1】 表 5-1 展示了项目 A 和项目 B 在未来 4 年内的预测净现金流，假设投资者要求项目达到的收益率为 10％，试帮助投资者做出合理决策。

表 5-1 项目 A 和项目 B 未来 4 年内的预测净现金流

第 t 年	项目 A（万元）	项目 B（万元）
0	-2 000	-2 000
1	1 000	200
2	800	600
3	600	800
4	200	1 200

根据式（5-1）计算：

$$NPV_A = \frac{1\,000}{(1+10\%)^1} + \frac{800}{(1+10\%)^2} + \frac{600}{(1+10\%)^3} + \frac{200}{(1+10\%)^4} - 2\,000$$

$$= 157.64（万元）$$

$$NPV_B = \frac{200}{(1+10\%)^1} + \frac{600}{(1+10\%)^2} + \frac{800}{(1+10\%)^3} + \frac{1\,200}{(1+10\%)^4} - 2\,000$$

$$= 98.36（万元）$$

项目 A 和项目 B 的 NPV 都为正。若两者是独立项目，则 A 和 B 都应该被投资；若两者是互斥项目，则公司应考虑 NPV 更大的项目 A。

二、内部收益率法

内部收益率(Internal Rate of Return，IRR)是指令投资项目未来预期的净现金流量现值恰好等于项目初始投资成本的贴现率，即式(5-1)中 $NPV=0$ 的贴现率 i。类似地，用公式表示为：

$$NPV=\frac{NCF_1}{(1+IRR)^1}+\frac{NCF_2}{(1+IRR)^2}+\cdots+\frac{NCF_n}{(1+IRR)^n}-NCF_0 \tag{5-2}$$

$$=\sum_{t=1}^{n}\frac{NCF_t}{(1+IRR)^t}-NCF_0=0$$

式中，NPV——净现值；

NCF_t——第 t 年的净现金流；

IRR——内部收益率，即投资项目所具有的真实收益率；

n——项目年限。

但在计算 IRR 时需要注意，由于式(5-2)是一个 IRR 未知的一元 n 次方程，因此，若每一年的净现金流不同，则在计算 IRR 时需要用试错法进行逐次测算，可通过专业的金融计算器或 Excel 内嵌函数解决问题。同时，也有可能算出多个 IRR 的解或无解的情况，此时 IRR 方法是失效的，在本章第二节对比各个方法时，将详细讲述这一点。

IRR 法决策原则：当用 IRR 法来确定独立项目是否值得投资时，若计算出的 IRR 比投资要求的必要回报率高时，代表其效益比期望值更好，具有投资价值，反之则不然；若在多个互斥项目中选择，则 IRR 最高者获得投资。

【例5-2】 依然以表5-1展示的两个项目 A 和 B 为例，假设一切条件不变，若利用 IRR 法帮助公司进行决策，则：

$$项目A:\frac{1\,000}{(1+IRR_A)^1}+\frac{800}{(1+IRR_A)^2}+\frac{600}{(1+IRR_A)^3}+\frac{200}{(1+IRR_A)^4}-2\,000=0$$

$$IRR_A=14.49\%$$

$$项目B:\frac{200}{(1+IRR_B)^1}+\frac{600}{(1+IRR_B)^2}+\frac{800}{(1+IRR_B)^3}+\frac{1\,200}{(1+IRR_B)^4}-2\,000=0$$

$$IRR_B=11.79\%$$

若项目 A 和项目 B 为独立项目，由于其 IRR 计算结果都比投资者要求的收益率10%高，两者都应该被投资；若 A 和 B 为互斥项目，则 IRR 大于10%且更高的项目 A 获得投资。

在上例中，内部收益率法和净现值法得出的结论相同。在本章第二节，会详细论述这两种方式得出的结果有可能产生背离的原因及解决方案。

三、回收期法

相比于净现值法和内部收益率法，回收期法是使用最久、应用最广泛、计算方式最简单粗略的一种投资决策指标。投资回收期(Payback Period，PBP)是指公司用投资项目所产生的现金流入收回初始投资成本所需要的时间。人们日常也使用此种方法进行快速的项目评估,如办理某便利店会员卡需要工本费30元,假设每天凭此卡消费都可以便宜5元,则6天就可收回成本。公司在运用回收期法时,投资回收期一般以年为单位,用公式表示为:

$$投资回收期=现金完全回收之前的最后一年+\frac{最后一年期初累计尚未回收额}{最后一年现金回收额} \qquad (5-3)$$

回收期法决策原则:回收期是用于衡量项目流动性的投资决策指标。回收期越短,项目所承受的流动性风险越小,投资越有利;反之亦然。对独立项目而言,若利用回收期法决定项目是否值得投资,则需与市场同等项目投资期相比,短于市场平均水平则值得投资;对互斥项目而言,回收期最短者应当获得投资。

【例5-3】 同样以表5-1所示项目A和项目B为例,其累积现金回收情况分别如表5-2所示。

表5-2 项目A和项目B累积现金回收情况

	第 t 年	0	1	2	3	4
项目A	净现金流	-2 000	1 000	800	600	200
	累积净现金流	-2 000	-1 000	-200	400	600
项目B	净现金流	-2 000	200	600	800	1 200
	累积净现金流	-2 000	-1 800	-1 200	-400	800

项目A的投资回收期=2+200÷600=2.33(年)
项目B的投资回收期=3+400÷1 200=3.33(年)

若A和B为独立项目,则应与市场同等项目平均回收期对比,假设市场平均回收期为5年,则两个项目都该获得投资;若A与B为互斥项目,则回收期更短的A项目应当获得投资。

四、折现回收期法

然而,回收期法这种粗略的计算方法显然并没有考虑到货币的时间价值。折现回收期(Discounted Payback Period,DPP)法在之前的计算基础上对现金流进行了折现再累计。其公式为:

$$折现回收期=\frac{贴现后现金完全回收}{之前的最后一年}+\frac{贴现后最后一年期初累计尚未回收额}{贴现后最后一年现金回收额} \qquad (5-4)$$

【例5-4】 同上例,依然以公司要求的项目投资回报率10%为贴现率,其贴现后累积现金回收情况分别如表5-3所示(贴现值保留整数)。

表5-3 项目A和项目B贴现累积现金回收情况

	第 t 年	0	1	2	3	4
项目A	净现金流	-2 000	1 000	800	600	200
	贴现后净现金流	-2 000	909	661	451	137
	贴现后累积净现金流	-2 000	-1 091	-430	21	158

	第 t 年	0	1	2	3	4
	净现金流	$-2\,000$	200	600	800	1 200
项目 B	累积净现金流	$-2\,000$	182	496	601	820
	贴现后累积净现金流	$-2\,000$	$-1\,818$	$-1\,322$	-721	99

项目 A 的折现回收期 $=2+430\div451=2.95$(年)

项目 B 的折现回收期 $=3+721\div820=3.88$(年)

折现回收期法同回收期法的决策原则相同。此外,从上例的对比中亦可得知,由于贴现率的影响,调整过后的折现回收期期限比不考虑货币时间价值的回收期算法得出的期限长。

五、盈利指数法

盈利指数(Profitability Index,PI)是指投资项目投入后未来收益的净现金流量现值与初始投资成本之比。一般而言,盈利指数也可以看成每单位初始投资期望获得的未来收益的现值。用公式表示为:

$$\mathrm{PI}=\frac{\dfrac{NCF_1}{(1+i)^1}+\dfrac{NCF_2}{(1+i)^2}+\cdots+\dfrac{NCF_n}{(1+i)^n}}{NCF_0} \tag{5-5}$$

$$=\frac{\displaystyle\sum_{t=1}^{n}\dfrac{NCF_t}{(1+i)^t}}{NCF_0}=1+\frac{NPV}{NCF_0}$$

由公式不难看出,盈利指数(PI)与净现值(NPV)联系紧密。净现值是未来现金流入的贴现总和与期初现金流出现值之差,而盈利指数是未来现金流入的贴现总和与期初现金流出现值之比。当一个项目的 $NPV>0$ 时,其 $PI>1$;当 $NPV<0$ 时,其 $PI<1$。

因此,与净现值法得出的结论类似,对独立项目而言,$PI>1$ 时接受该项目,$PI<1$ 时拒绝该项目;对互斥项目而言,取 PI 最高且大于 1 的项目进行投资。

【例 5-5】 依然以[例 5-1]中项目 A 和项目 B 为例,所有条件相同,项目 A 和项目 B 的盈利指数分别为:

$$PI_A=\left[\frac{1\,000}{(1+10\%)^1}+\frac{800}{(1+10\%)^2}+\frac{600}{(1+10\%)^3}+\frac{200}{(1+10\%)^4}\right]\div 2\,000=1.079$$

$$PI_B=\left[\frac{200}{(1+10\%)^1}+\frac{600}{(1+10\%)^2}+\frac{800}{(1+10\%)^3}+\frac{1\,200}{(1+10\%)^4}\right]\div 2\,000=1.049$$

直接利用之前计算的各项目 NPV 及衍生公式 $PI=1+\dfrac{NPV}{NCF_0}$ 也能得出相同的结果。项目 A 和 B 都值得投资且项目 A 相对更优。

第二节 资本预算方法的比较

上一节介绍了五种基本的资本预算方法,并分别针对独立项目和互斥项目确定了使用每种方法的投资决策原则。然而,使用上述五种方法对投资项目进行分析时的侧重点不同,各有优劣。本节主要对比这几种资本预算方法的优缺点,并最终做出平衡选择。

【例5-6】 假设投资者要求的必要收益率为10%,两年内各项预期净现金流(单位:万元)如表5-4所示。

表5-4 各项目预期净现金流及各资本预算方法计算结果

	第0年	第1年	第2年	NPV	IRR	PBP	DPP	PI
项目A	-2	3	1	0.65	78%	0.67	0.73	1.33
项目B	-2 500	3 000	200	392.56	26%	0.83	0.92	1.16
项目C	-2 000	3 000	0	727.27	50%	0.67	0.73	1.36
项目D	-20 000	22 800	0	727.27	14%	0.88	0.96	1.04
项目E	-100	230	-132	0.00	10%或20%	2.00	2.00	1.00
项目F	-2 500	3 000	2 000	1 880.17	68%	0.83	0.92	1.75
项目G	-5 000	6 000	2 000	2 107.44	47%	0.83	0.92	1.42
项目H	-2 500	4 500	100	1 673.55	82%	0.56	0.61	1.67
项目I	-2 500	100	6 000	2 549.59	57%	1.40	1.49	2.02

经过分析可以得出,运用不同方法做资本预算时,若项目存在互斥性,有可能得出不同的决策结果。比如运用NPV法决策原则将选择投资的项目I,在运用回收期法进行资本预算时并不具有优势。这很明显是由于NPV法重在分析项目的盈利性而回收期法重在分析项目回收成本的流动能力。

一、净现值法的优缺点

净现值法的优点是:① 净现值利用现金流直接反映了投资方案的净收益,理论上最符合公司价值最大化的要求;② 计算包含了项目的全部现金流量,因而作为收益衡量依据更为准确;③ 充分考虑了货币的时间价值,并通过合理的贴现率反映了项目的投资风险,这是因为作为贴现率的资本成本或投资者要求的必要收益率本身已经包含了风险。

净现值法的缺点是:① 由于净现值是一个绝对数指标,因而不能反映初始投资规模大小,如上例项目C和项目D,净现值计算结果都为727.27万元,初始投资成本为2 000万元的项目C显然比初始投资成本为2亿元的项目D更具有吸引力;② 不能反映投资项目本身可能达到的收益率,如上例项目F和项目G,虽然项目G的NPV更大,但投入成本也大,实际上其内部收益率是没有项目F高的。在有多个备选方案且投资金额不等的情况下,只计算NPV难以进行有效对比。

二、内部收益率法的优缺点

内部收益率法的优点是：① 考虑了货币的时间价值；② 以相对数形式真实反映了每单位投资金额带来的收益，便于不同项目之间的对比；③ 由于 IRR 反映的刚好是 NPV 为零时的收益率，便于及时看到市场贴现率与投资项目内部收益率之间的差别，提供了项目获得收益的临界值。

内部收益率法的缺点是：① 需采用试错法进行计算，过程复杂，需要借助计算工具；② 内部收益率法假设中途所获收益仍能以内部收益率进行再投资，现实中很难做到；③ 通过计算有可能算出很多个 IRR 的解（如项目 E 所示），此时 IRR 方法失效；④ 有时 NPV 高的项目反而 IRR 低，是以 IRR 法有可能得出与 NPV 法相悖的结论，如项目 F 和项目 G，项目 H 和项目 I，都展现了相悖的结果；⑤ 忽略投资规模导致的绝对收益不足，如项目 A 的 IRR 高达78%，然而绝对收益其实只有 0.65 万元，这是由于项目 A 的初始投资规模相对其他几个项目都要小很多。

为何在互斥项目中 NPV 和 IRR 会出现相悖的结论，NPV 大的项目 IRR 反而小？这与折现率有关。

时间序列问题：如上例项目 H 和项目 I，假设现金流不变，表 5-5 计算了不同折现率的情况下项目 H 和项目 I 的 NPV。

表 5-5 不同折现率对应的项目 H 和项目 I 的 NPV

i	H - NPV	I - NPV
0%	2 100.00	3 600.00
20%	1 319.44	1 750.00
40%	765.31	632.65
60%	351.56	−93.75
80%	30.86	−592.59
100%	−225.00	−950.00

根据上表可以分析两个项目的净现值随折现率的变化而变化的趋势，并绘制 NPV 曲线如图 5-1 所示。

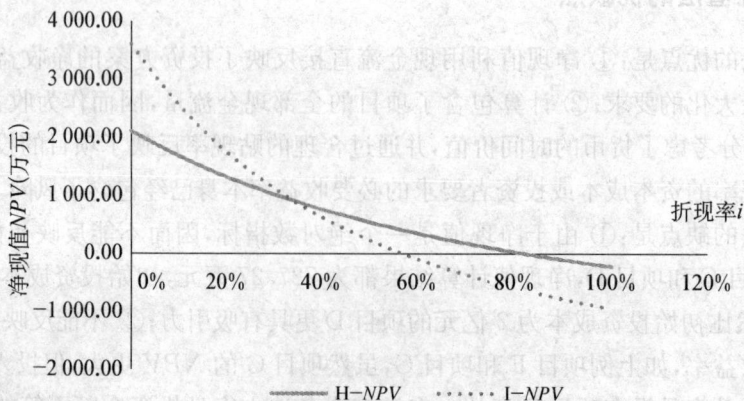

图 5-1 互斥项目的净现值与内部收益率

在图 5-1 中,各项目的 *NPV* 曲线与 x 轴相交的点即为各项目的内部收益率 *IRR*
(*NPV* 等于 0 时的折现率),与 y 轴的交点即为折现率为 0% 时各项目的净现值。由图可
以看出:当折现率比较小时,项目 I 的净现值比较高;当折现率比较大时,项目 H 的净现值
比较高。这是由于折现率越大,越早有现金流入便越有优势,而项目 H 的大额现金流入
早于项目 I;反之,若折现率较小,项目 I 的净现值便相对较高。当折现率为 0% 时,只要把
各期的现金流量直接加总,项目 I 的净现值大于项目 H 的净现值;随着折现率由小到大地
升高,在 *NPV* 曲线中则表现为项目 I 净现值的下降速度比项目 H 更快,最终有一个较小
的内部收益率。在两条曲线相交的交点以左,便会出现项目 *NPV* 与 *IRR* 结论相悖的
情况。

当 *NPV* 法和 *IRR* 法结论相悖时,*NPV* 法利用了更合乎实际的折现率,且能够更直接
地对互斥项目进行投资收入估算,应选取 *NPV* 更高的项目。

当折现率为多少时项目 H 和项目 I 的 *NPV* 相同?利用增量现金流便可解决这个问
题。将项目 H 和项目 I 的每一期现金流对应相减,计算增量现金流如表 5-6 所示。

表 5-6　增量现金流的 *NPV* 和 *IRR*

$i=10\%$	第 0 年	第 1 年	第 2 年	*NPV*	*IRR*
项目 H	−2 500	4 500	100	1 673.55	82%
项目 I	−2 500	100	6 000	2 549.59	57%
项目 I−项目 H	0	−4 400	5 900	876.03	34%
项目 H−项目 I	0	4 400	−5 900	−876.03	34%

当项目 H 和项目 I 的 *NPV* 相同的时候,便是项目 I 减去项目 H(如此使得计算时首期
现金流为负)增量现金流的 *NPV* 等于 0 时,即求得增量现金流的 *IRR* 即可,最终得出该增
量 *IRR* 为 34%。

计算增量现金流的 *NPV* 和 *IRR* 得知:在折现率为 10% 时,项目 I 减去项目 H 的增
量现金流的净现值大于 0,是以项目 I 优于项目 H;而项目 I 减去项目 H 的增量现金流的
内部收益率为 34%,优于折现率 10%,同样也能得出项目 I 优于项目 H 的结果。反之,若
计算出的增量现金流先正后负(项目 H 减去项目 I),*NPV* 法仍能直接得出相同的项目
H 劣于项目 I 的结果;此时 *IRR* 为 34% 大于 10%,然而由于是先产生资金流入后产生
资金流出的情况,此时 *NPV* 正如前述实际为负值不可取,因此也应知道项目 H 是劣于
项目 I 的。为符合计算习惯,避免决策失误,在计算增量现金流时可注意使得首期现金
流为负。

规模问题:除了时间序列问题外,规模问题也常常导致 *NPV* 和 *IRR* 方法得出相悖的结
论,如上例中项目 A 和项目 B。虽然项目 A 的内部收益率更高,但其投资额太小,其高收益
率掩盖了其获取的"收益"绝对值偏低的不足。同样,也可以用增量现金流的方法来探讨增
加投资规模的合理性:若增量投入能得出正的增量净现值,则说明增加投资规模是明智的;
若增量内部收益率高于折现率,亦可说明情况。项目 A 和项目 B 对比如表 5-7 所示。

表 5－7 对比项目 A 和项目 B

$i=10\%$	第 0 年	第 1 年	第 2 年	NPV	IRR
项目 A	－2	3	1	0.65	78%
项目 B	－2 500	3 000	200	392.56	26%
项目 B－项目 A	－2 498	2 997	199	391.01	26%

本节利用项目 H 和项目 I,以及项目 A 和项目 B 为例,分别探讨了由时间序列问题和规模问题带来的互斥项目的 NPV 法和 IRR 法结论相悖的原因和解决方法。然而实际生活中这两个问题通常同时存在,可以利用类似方法分析项目 B 和项目 D,项目 F 和项目 G。总体来说,决策互斥项目可以直接利用 NPV 法得出结论,或者利用增量现金流法(计算增量 NPV 和增量 IRR 并沿用对应方法的决策原则),结论都是一致的,但是绝对不能直接对比两者的 IRR,否则由于折现率的不同很可能会得出有悖实际的结论。

三、回收期法与折现回收期法的优缺点

回收期法反映了项目的流动性风险,且计算尤为简便,但其存在至少三个明显的概念性错误:① 完全忽略了货币的时间价值;② 忽略了回收期以后的现金流;③ 没有体现项目的盈利能力。

折现回收期法在回收期法的基础上对现金流做了折现处理,然而依旧忽视了回收期以后的现金流,且没有体现项目的盈利能力,反而使得计算也变得相对复杂。其实回收期之前的现金流已经做了贴现,为何不把之后的现金流也作贴现处理考察项目的盈利能力呢?

但即使回收期法犯了概念性错误,不少企业仍然会用这种方法筛选一些小型投资项目,如为每个办公室花 1 800 元换一台打印机是否划算?假设管理人员推算:换新打印机后每年每个打印机由于效率增加可增加公司效益 1 000 元,这样不到两年就可以收回成本。当一个公司每月需要处理几十上百起这样的项目投资决策时,回收期法显得简便而高效。生活中人们也经常用简单的回收期法合计成本与效益,如办一张电影城的会员卡需要 30 元,每张电影票可以减 9 元,那么只要买够四张电影票便划算。决策并不重要时,回收期法是一个快速简便的方法。但当项目的重要性越来越强时,回收期法的问题也越来越应该重视,此时便不再适合采用回收期法(或折现回收期法)进行项目决策了。

四、盈利指数法的优缺点

盈利指数法的优点:① 考虑了货币的时间价值,能够真实地反映投资项目的盈亏程度;② 由于盈利指数是一个相对数指标,因而同 IRR 类似,可以根据盈利指数对不同初始投资规模的项目进行有效对比,如项目 C 和项目 D。

盈利指数法的缺点:① 没有直接反映投资方案的净收益;② 不能反映投资项目本身可能达到的收益率;③ 与 IRR 一样,忽略投资规模对绝对收益的影响(如项目 A 和项目 B 的 PI 对比,项目 A 的盈利指数比项目 B 大,NPV 却是相反结果)。

第三节 净现值法的实际运用

通过第二节的对比我们知道,净现值法能够最直接地表明公司投资一个项目之后预计的价值增长有多少。这使得净现值法在投资决策中始终具有特别重要的意义。事实上,公司的资本预算决策就是要寻找能产生正的净现值的投资机会,并且尽可能长时间地去保持它。下面将介绍净现值法在实际中常见的一些运用情形。

一、增量现金流方法

【例5-7】 清泉饮料公司正考虑购买一条新的装瓶流水线替换现有的装瓶流水线。采用新流水线预期可使每年的销售收入从现在的100万元增加到110万元,付现成本从现在的70万元降低到50万元。新的装瓶流水线的购置安装费用支出为100万元,预计使用寿命为10年,预计残值为零,采用直线法折旧。公司目前使用的装瓶流水线是5年前购置的,价值75万元,按15年的寿命直线法提取折旧,目前已累计提取折旧25万元,账面净值为50万元,但若现在出售,其售价只有10万元。清泉饮料公司的边际税率为34%,公司的税后资本成本为10%。请问公司是否应该用新的装瓶流水线替换现有的装瓶流水线?

分析:这是一个固定资产更新的决策。解决这个问题的直接办法是分别计算继续使用旧流水线和采用新流水线的净现值然后进行比较,选择净现值大者。

但我们也可以用第二节提到过的增量现金流的方法,使计算过程更简便。具体过程如下:

(1)估计采纳新流水线所引起的初始现金流出的增加量。若采纳新流水线,旧流水线的售价只有10万元(比正常出售少40万元),从而带来公司税收流出减少13.6万元。于是有:

$$采纳新流水线的初始增量现金流量 = 新流水线投资额 - 出售旧流水线收入 - 节税收入$$
$$= 1\,000\,000 - 100\,000 - 136\,000 = 764\,000(元)$$

(2)估计采纳新流水线与继续使用旧流水线各期净现金流量的差量(见表5-8)。

表5-8 新流水线与旧流水线各期净现金流量及其增量　　　　单位:元

项　目	新流水线(1)	旧流水线(2)	新旧之差 (3)=(1)-(2)
销售收入	1 100 000	1 000 000	100 000
付现成本	-500 000	-700 000	200 000
折旧	-100 000	-50 000	-50 000
税前利润	500 000	250 000	250 000
所得税(34%)	-170 000	-85 000	-85 000
税后利润	330 000	165 000	165 000
经营净现金流量	430 000	215 000	215 000

（3）利用各期净现金流量的差量计算净现值。

$$\Delta NPV = \frac{215\,000}{(1+10\%)^1} + \frac{215\,000}{(1+10\%)^2} + \frac{215\,000}{(1+10\%)^3} + \cdots + \frac{215\,000}{(1+10\%)^{10}} - 764\,000$$

$$= 557\,028(元)$$

由于采纳新流水线的增量净现值大于零，因此，应该采用新的流水线替换现有的流水线。

二、等年值法

相比而言，等年值法计算更为简便。此法是把项目总的净现值转化为项目等年值（相当于年金）后再进行比较。可用求解年金的计算公式来解出等年值，即：

$$PMT = \frac{NPV}{\dfrac{1}{(1+i)^1} + \dfrac{1}{(1+i)^2} + \cdots + \dfrac{1}{(1+i)^n}} \qquad (5-6)$$

其中，$\left[\dfrac{1}{(1+i)^1} + \dfrac{1}{(1+i)^2} + \cdots + \dfrac{1}{(1+i)^n}\right]$ 又被称为年金现值系数，通常用 PVIFA（Present Value Interest Factors of Annuity）表示，可以通过查年金现值系数表快速获得。所以该式可简化为：

$$等年值 = \frac{项目的净现值}{年金现值系数} \qquad (5-7)$$

【例 5-8】 大鹏公司需要在 A、B 两个设备中选取一个。半自动化的 A 设备需要 160 000 元的初始投资，每年能够产生 80 000 元的净现金流量。A 设备的使用寿命为 3 年，3 年后必须更新且无残值。全自动化的 B 设备需要初始投资 210 000 元，使用寿命为 6 年，每年产生 64 000 元的净现金流量，6 年后必须更新且无残值。大鹏公司的资本成本为 16%。请问大鹏公司该选用哪个设备呢？

分析：这是关于两个寿命期不等的互斥项目的决策。容易计算出两个项目寿命期内的净现值分别为：

$$NPV_A = \frac{80\,000}{(1+16\%)^1} + \frac{80\,000}{(1+16\%)^2} + \frac{80\,000}{(1+16\%)^3} - 160\,000 = 19\,680(元)$$

$$NPV_B = \frac{64\,000}{(1+16\%)^1} + \frac{64\,000}{(1+16\%)^2} + \cdots + \frac{64\,000}{(1+16\%)^6} - 210\,000 = 25\,840(元)$$

如果直接对比两个设备的净现值，大鹏公司似乎应该选择设备 B。但是，这样的对比显然毫无意义，因为这两个设备有着不同的寿命期。为了使比较更合理，可以采用等年值法进行计算。

可以求出采纳设备 A 的等年值为 $\dfrac{19\,680}{PVIFA_{16\%,3}} = 8\,762.63(元)$。

采纳设备 B 的等年值为 $\dfrac{25\,840}{PVIFA_{16\%,6}} = 7\,012.78(元)$。

应该采纳设备 A。

于是，我们得到了一条简单的法则：两个或更多个发生时间长短不同或时间结构不同的现金流量，可以将其净现值转化为等年值后进行对比。

实际中,净现值往往是与上市公司股价涨跌联系最为紧密的标准之一。理论上,公司投资了一个净现值为正的项目时,公司股价会成比例上涨。然而,实际中公司股价的涨跌因素比例题所示要复杂得多。股价是投资者对公司未来收益的预期,因此,当投资者对公司净现值为正的投资项目产生预期时便已然会使得公司股价发生变动。当公司正式将项目投入产出时,股价只会随着项目实际情况和预期情况之间的不同而产生变化。本节重点介绍了净现值法在公司实际决策中的运用,并希望通过实际案例的运用让同学了解净现值法决策的重要性。

本 章 小 结

(1) 本章介绍了常用的五种投资决策方法:净现值法、内部收益率法、回收期法、折现回收期法和盈利指数法,并对五种方法的优劣进行了对比和分析。

(2) 尽管每一种方法都有其自身的优劣属性,但从公司角度出发,只有净现值法是最直接体现项目盈利数值的决策方案,因此也体现出其在公司决策方法中的主导地位。

(3) 内部收益率法优于回收期法,且当独立项目为首期现金流出后续均为现金流入时,内部收益率法可以得出和净现值法完全相同的结论。但内部收益率法可能会出现多解或无解的情况。

(4) 当使用内部收益率法和净现值法使互斥项目得出不同结论时,可能是由于时间序列问题和规模问题,可以由增量现金流来解决矛盾,或直接以净现值法为准。

(5) 在实际中运用净现值法时,要注意项目期限的不同和资本限量等常见情形。

关 键 术 语

净现值法　内部收益率法　回收期法　折现回收期法　盈利指数法　增量现金流
等年值法　资本限量

思 考 题

1. 独立项目与互斥项目的区别是什么?

2. 在存在资本限量的情况下,如何在几个互斥项目中进行选择?

3. 某项目需投资 100 万元,预计今后 3 年每年税前现金流入为 50 万元,公司承担 30% 的所得税率,公司要求收益率为 10%,不考虑通胀因素。

(1) 计算该项目的净现值;

(2) 计算内含报酬率。

4. 根据项目 A 和项目 B 的现金流量表,回答问题。

项　目	0	1	2	3	4
A	−2 300	600	750	800	1 000
B	−2 300	1 100	950	500	450

(1) 计算项目 A 和 B 的回收期。

(2) 如果折现率为 14%,那么项目 A 的折现回收期是多少? 项目 B 的折现回收期又是多少?

(3) 计算项目 A 和 B 的内部收益率(*IRR*)。

(4) 如果项目 A 和 B 是互斥项目,且必要回报率是 5%,哪个项目可以接受?

5. 如果折现率为 14%,且项目 A 和项目 B 是互斥项目,哪个项目可以接受? 当折现率为多少时,选择项目 A 与选择项目 B 对我们来说无差异?

6. 某罐头水果公司的出纳员预测了项目 A、项目 B 以及项目 C 的现金流,列示如下:

单位:元

年	项目 A	项目 B	项目 C
0	−200 000	−400 000	−200 000
1	140 000	260 000	150 000
2	140 000	260 000	120 000

假设相关的折现率为每年 12%。

(1) 分别计算三个项目的盈利指数。

(2) 分别计算三个项目的净现值。

(3) 假定这三个项目是独立的,那么基于盈利指数法,公司应该选择哪个或哪几个项目?

(4) 假定这三个项目是互斥的,请问基于盈利指数法,此公司应该选择哪个项目?

(5) 假定此公司在这些项目上投入的预算为 600 000 元,项目不可拆分。那么此公司应该接受哪个或哪几个项目?

7. 你是波音航空公司的高级经理,现被授权将 500 000 美元用于项目投资。你所考虑的三个项目的基本信息如下:

项目 A:初始投资为 280 000 美元。第 1 年的现金流为 190 000 美元,第 2 年的现金流为 170 000 美元。这是一个厂房扩建项目,必要收益率为 10%。

项目 B:初始投资为 390 000 美元。第 1 年的现金流为 270 000 美元,第 2 年的现金流为 240 000 美元。这是一个产品改进项目,必要收益率为 20%。

项目 C:初始投资为 230 000 美元。第 1 年的现金流为 160 000 美元,第 2 年的现金流为 190 000 美元。这是一个市场拓展项目,必要收益率为 15%。

假定公司折现率为 10%,请根据你的分析提供你的建议。

	项目 A	项目 B	项目 C	含 义
投资回收期				
IRR				
PI				
NPV				

第六章　期权定价和实物期权

【本章学习目标】

- 了解实物期权的含义。
- 理解金融期权的定价原理。
- 运用 BSM 模型进行期权定价。
- 掌握实物期权在资本预算中的运用。

导入案例

迪士尼公司的错误决策

1836 年,得克萨斯州圣安东尼奥的阿拉莫守卫者经历了 13 天的种种磨难,"记住阿拉莫"(Remember the Alamo)成为美国历史的一部分。相反,2004 年,由迪士尼公司制作、比利·鲍勃·桑顿(Billy Bob Thornton)出演戴维·克罗克特(Davy Crockett)的影片《阿拉莫》(The Alamo)在电影票房榜上却没能持续一周。迪士尼公司的管理者最后想做的一件事情就是记住这次特殊的大失败。迪士尼公司耗资近 1 亿美元制作该部影片,除此之外还有数百万美元的营销和分销费用。但是这部影片却只为公司带来了 250 万美元的票房收入。事实上,尽管 DVD 的销售能够在一定程度上减少亏损,但仍有大约 40%的影片在电影票房收入上是亏本的。当然,也有不少影片表现得相当不错。同样在 2004 年,梦工厂(Dream Works)制作的影片《怪物史瑞克 2》(Shrek 2)就为公司带来了大约 4.36 亿美元的票房收入,而它的制作成本仅为 7 500 万美元。

(资料来源:斯蒂芬·A.罗斯,等.公司理财:原理与应用.北京:中国人民大学出版社,2007.)

案例导学

很明显,迪士尼公司并不希望在《阿拉莫》上丢掉 8 000 万美元,甚至更多。但这却实实在在地发生了。《阿拉莫》短暂的生命告诉我们,投资项目的表现并不总是如公司所愿。即使资本预算提案中的论证令人印象深刻,现金流预算精确到每年(甚至每月)几千美元(甚至几美元),实际的现金流也可能与预算的现金流不相符,导致公司的投资项目以巨额损失而告终。请用本章所学知识,对该案例进行分析。

1977 年,美国麻省理工学院金融学教授迈尔斯(Stewart Myers)首先认识到期权在项目投资中的价值和应用前景,用实物期权这个术语来区分金融期权。实物期权概念的提出对传统项目评估或资本预算有革命性的影响。利用实物期权理论可以对嵌入在项目上的新投资机会的价值评估进行合理解释。尤其在学完第二节金融期权的定价原理后,当能够利用期权的定价方式对项目具备的可能性进行定价时,对整个项目的评估或资本预算将更加准确。

事实上,任何投资项目都嵌入允许项目持有人在未来改变原先投资计划的期权。在对嵌入在项目上的期权的价值评估上,传统的净现值法已经很难对此进行合理的估计,否则将会对投资决策产生误判。本章引入的实物期权理论便是为了对嵌入在项目上的新投资机会的价值评估进行合理解释。

第一节　实物期权的基本概念

在对项目进行评价时,不仅要考虑项目直接带来的现金流,还要充分考虑项目可能提供的灵活性和可用信息,这种使项目具备灵活性或可能性的能力,可以看成是某种意义上的"期权"。其与普通的金融期权区分开来,被称为"实物期权"(Real Option),"嵌入"在实物资产或项目中。例如,苹果公司专利的申请使得苹果公司具有一份延迟期权,可待日后将新研发的专利技术运用到新生代产品中,扩张了未来的投资机会。又如,微软公司操作系统的开发对其他应用办公软件等关联产品的销售渠道有战略性的意义,相当于微软公司拥有了一份企业扩张期权。

实物期权主要包括延迟期权(Option to Defer)、扩张期权(Option to Expand)、收缩期权(Option to Contract)、放弃期权(Option to Abandon)、转换期权(Option to Switch)等。

延迟期权,也称为等待期权,是指为了解决当下投资项目所面临的不确定性,项目持有人推迟对项目进行投资的权利。例如,油田开采项目、房地产开发项目,虽然特别有价值,但是,这些项目投资额大、周期长、不确定性强,待不确定得到解决或确认后,投资者才会实施投资。开发商拥有推迟投资的权利,可以根据市场的情况决定何时动工。这种选择权可以减少项目失败的风险,被称为延迟期权。

扩张期权是指项目持有人在项目未来存续期内扩大项目投资规模的权利。投资于某一目标项目后,在项目的存续期内,当市场条件向好时,投资者可以扩大投资规模。一方面,投资者目前的投资是为了获得当下的投资收益;另一方面,是为了获得未来的一些投资机会。例如,对于一个价格波动比较大、产品供应结构不明朗的不成熟的房地产市场而言,开发商通常会先投入少量资金买入未曾开发的土地、试探市场情况。这种为了进一步获得市场信息的投资行为而获得的选择机会便是扩张期权。

相反,收缩期权则是指项目持有人在未来存续期内减少项目投资规模的权利。开发商在面临市场实际环境比预期相差较远的状况下,拥有缩减原有投资的权利,这样可以减少损失。

放弃期权指如果项目的收益不足以弥补投入的成本或市场条件变坏,则投资者有权放弃对项目的继续投资,并可能收回成本。投资于某一个项目后,在项目存续期内,投资者可以根据市场的变化,随时放弃该投资项目。假定某项目的有效期为若干年,项目持有者可以随时将项目的继续经营价值与放弃价值相比较,如果前者更高,投资者应该继续持有目标项目;如果前者更低,投资者应该考虑放弃目标项目。例如,开发期长、不确定性很高的制药项目以及软件项目通常嵌入有放弃期权。

转换期权使得持有者在项目的实施过程中,可以根据外部环境的变化进行投入要素或产品的转换。例如,根据市场需求,房地产开发商的楼盘可以在工业、商业、写字楼、住宅用途之间进行转换。显然这为企业的项目营运提供了机动性,为企业适应市场或竞争环境变化提供有利工具。同理,投资可使用多种能源的设备、投资通用性的生产线等,投资者也将为此获得转换期权。由于所投资的设备具有通用性,项目持有人可以根据能源价格的变动,灵活地选择成本低廉的能源满足生产;同样,由于所投资的生产线具有通用性,项目持有人可以生产不同的产品。转换期权增加了项目持有人在项目存续期内的决策灵活性。

然而,实际生活中,对这种选择权的量化并不容易,这也是为什么传统资本预算方法没有将实物期权的量化定价考虑进来的主要原因。值得庆幸的是,金融期权定价理论给难以估值的实物期权提供了一种值得借鉴的定价方法。本章将在第二节介绍金融期权的定价原理,并试图据此对实物期权进行定价。

第二节 金融期权的定价原理

期权(Options)赋予其持有者(即期权的购买者)一种权利,使其可以(但不必须)在未来一定时期内以约定的价格向期权的出售者买入或卖出一定数量的商品或金融资产。当然,持有人为了获取这一权利必须支付一定的代价,即期权费。

其中,购买权利方称为期权合约的多头方,其头寸称为多头。对手方称为空头方,其头寸称为空头。合约中确定的价格称为交割价格,也称执行价格或敲定价格。合约到期日称为交割日期,也称到期日、执行日或期满日。

根据期权行权方式的不同,期权分为美式期权和欧式期权。美式期权在期权到期日之前的任何交易日都可以执行,欧式期权是仅仅在期权到期日才可以执行的期权。还有一种百慕大期权则介于两者之间,是在期权到期日之前所规定的一段时间内可以执行的期权。比如,期权有 2 年的到期时间,但只有在 2 年中每一年的最后一个月才能被执行。

按买方的权力,期权可以分为看涨期权和看跌期权。看涨期权赋予买方在到期日或到期日之前以事先确定的价格买入一定标的资产的权利。看跌期权与其相反,买方有权在到期日或到期日之前以事先确定的价格卖出一定标的资产。

如果我们记 S_T 为期权合约标的资产价格,T 为合约到期时间,K 为期权的执行价格,则欧式期权合约在到期日的损益如图 6-1 和

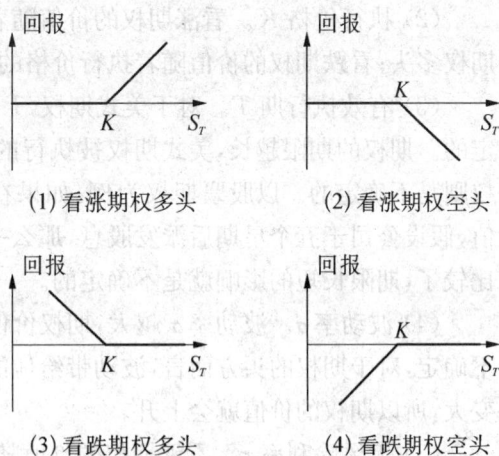

(1) 看涨期权多头

(2) 看涨期权空头

(3) 看跌期权多头

(4) 看跌期权空头

图 6-1 看涨期权与看跌期权到期日的损益

表 6-1 所示。

表 6-1 欧式期权的损益

	看涨期权	看跌期权
多头	$\max(S_T-K,0)$	$\max(K-S_T,0)$
空头	$-\max(S_T-K,0)=\min(K-S_T,0)$	$-\max(K-S_T,0)=\min(S_T-K,0)$

期权的内在价值是指多方立即行使期权时可以获得的收益的现值。对于看涨期权,当期权的执行价格低于市场价格时,内在价值为正,反之为零。对于看跌期权,当期权的执行价格高于市场价格时,内在价值为正,反之为零。如表 6-1 所示内在价值为正的期权称为实值期权,内在价值为负的期权则是虚值期权。期权除了内在价值之外,还有一个时间价值,期权的内在价值和时间价值之和构成了期权的价值。

在期权的具体运用中,往往是将基本的期权合成在一起,构造出结构复杂的期权。利用期权构造的金融衍生品是相当多的,因此期权的应用也就相当广泛。本书将在第七章介绍金融衍生工具的应用时重点探讨。

另外需要说明的是,期权的价格或者说期权的价值不是标的资产的价格,而是期权费。标的资产的价格会影响到期权的价格,但两者是不同的,标的资产的价格仅仅是影响期权价值的一种因素。

一、期权价值的影响因素

期权价值的影响因素有很多,最主要的影响因素有以下几种:

(1) 标的资产的市场价格 S_T。看涨期权的价值随市场价格的上升而上升,看跌期权的价值随市场价格的上升而下降。以股票期权为例,看涨期权的盈利是 $\max\{S_T-K,0\}$(在这里计算盈利时,暂不考虑期权费的影响),S_T 越高,买方的盈利就越大,那么所要支付的期权费用也就越高。相反,看跌期权的盈利是 $\max\{K-S_T,0\}$,S_T 越高,买方盈利就越少,那么期权费用也就越低。

(2) 执行价格 K。看涨期权的价值随着执行价格的上升而下降,因为买价变高,不利于期权多头;看跌期权的价值随着执行价格的上升而上升,因为卖价变高更利于期权多头。

(3) 有效执行期 T。对于美式期权,T 越长,价值越高;对于欧式期权,T 的影响是不确定的。期权的期限越长,美式期权被执行的机会就越大,价值就相应地变大;但对于欧式期权则是不确定的。以股票期权为例,如果在执行期限内公司派发股息,就会降低期权的价值,假设公司于五个星期后派发股息,那么一个月期的期权和两个月期的期权的价值就很难比较了,期限长短的影响就是不确定的。

(4) 波动率 σ。波动率 σ 越大,期权价值就越高。σ 越大,标的资产未来价格的变动就越不确定,对于期权的买方而言,波动带给他的损失是有限的,即期权费;而获取的收益可能会变大,所以期权的价值就会上升。

(5) 无风险利率 r。看涨期权的价值随 r 的上升而上升,看跌期权的价值随 r 的上升而下降。看涨期权的购买者仅在他们执行期权时才支付执行价格,当 r 上升时,因延迟支付而可以获得利差收益,因而看涨期权的价值会变大,看跌期权的价值会变小。然而另一方面,利率的上升还会使股票价格下降,这又提高了看跌期权的价值,降低了看涨期权的价值。因此在考虑无风险利率 r 对期权价值的影响时,必须综合考虑。只有在其他条件都不变的情况下,才能说无风险利率 r 对看涨期权是正影响,对看跌期权是负影响。

对于股票期权,还有一种影响因素:期权有效执行期内预计可获得的股息收入。红利会降低看涨期权的价值,增加看跌期权的价值。因为在除息日股票的价格会下降,这就使得看涨期权的价值减少,看跌期权的价值增加。

用 c、p 表示欧式看涨、看跌期权,C、P 表示美式看涨、看跌期权,则用表格显示各因素对期权价值的影响如表 6-2 所示。

表 6-2　各因素对期权价值的影响

变量	c	p	C	P
S_T	+	−	+	−
K	−	+	−	+
T	?	?	+	+
σ	+	+	+	+
r^*	+	−	+	−
D	−	+	−	+

注:+代表当这一变量增加时,期权价值增加或保持不变;−代表当这一变量增加时,期权价值减少或保持不变;? 代表变化关系不明确。* 代表当 r 发生变化时,假定其他变量保持不变。

二、期权估价方法

如果允许自由买空卖空资产,没有交易费用,也没有税收,所有证券都是完全可分离的,在有效期内股票没有红利支付,市场不存在无风险套利机会,证券交易是连续的,无风险利率是常数,于是,Black-Scholes 和 Merton 给出了欧式看涨、看跌期权的定价公式(BSM 模型)。如果我们用 c 表示欧式看涨期权的价格、p 表示欧式看跌期权的价格,则:

$$c = SN(d_1) - Ke^{-rT}N(d_2) \tag{6-1}$$

$$p = KN(-d_2) - SN(-d_1) \tag{6-2}$$

式中,$d_1 = \dfrac{\ln\left(\dfrac{S}{K}\right) + \left(r + \dfrac{\sigma^2}{2}\right)T}{\sigma\sqrt{T}}$;

$d_2 = \dfrac{\ln\left(\dfrac{S}{K}\right) + \left(r - \dfrac{\sigma^2}{2}\right)T}{\sigma\sqrt{T}} = d_1 - \sigma\sqrt{T}$;

r——无风险利率;

T——期权的到期时间;

K——期权的执行价格;

S——期权标的资产的当前价格；

σ——S 的波动率；

$N(x)$——均值为零、标准差为 1 的正态随机变量的分布函数(查表见附录二标准正态分布表)。

如果期权的标的资产在期权有效期内支付红利,而且红利与基础资产的价格呈比例(连续红利),支付的连续红利率记为 q,则 Black-Scholes-Merton 期权定价公式应改为：

$$c = Se^{-qT}N(d_1) - Ke^{-rT}N(d_2) \qquad (6-3)$$

$$p = Ke^{-rT}N(-d_2) - Se^{-qT}N(-d_1) \qquad (6-4)$$

其中，
$$d_1 = \frac{\ln\left(\frac{S}{K}\right) + \left(r - q + \frac{\sigma^2}{2}\right)T}{\sigma\sqrt{T}} \qquad (6-5)$$

$$d_2 = \frac{\ln\left(\frac{S}{K}\right) + \left(r - q - \frac{\sigma^2}{2}\right)T}{\sigma\sqrt{T}} = d_1 - \sigma\sqrt{T} \qquad (6-6)$$

第三节　实物期权和资本预算

对某个独立项目而言,其价值依赖于其未来产生的现金流,但对于企业来说,其决定投资的项目往往很有可能具有战略意义。实物期权对传统资本预算和投资评价都具有革命性的影响。如果考虑以实物资产为标的物的实物期权的价值,那么,净现值为负值的项目也有可能被接受。本节介绍实物期权对资本预算的影响。

项目的价值应在传统的净现值的基础上,加上嵌入在项目上的期权的价值。用公式表示为：

$$项目价值 = NPV + 实物期权价值 \qquad (6-7)$$

下面将运用期权定价公式来估计几种实物期权的价值。

【例 6-1】　(延迟期权)假设一家公司拥有 20 年的某药品专利权。但是,目前投产的生产成本高且市场规模小。假定药品开发的初始投资是 1.5 亿元,生产新药后产生的现金流量的现值为 1 亿元。鉴于生产技术与市场是波动的,该项目未来的前景是可观的。假定不考虑新技术的出现和外部竞争者的进入,通过模拟估计的现金流量现值的方差为 0.03。假设 20 年期的无风险利率为 10%,请分析这个专利的价值。

分析：是否进行新药的生产,即公司延迟项目的期权,就是一个看涨期权。在这个期权中,基础资产就是进行新药的生产,延迟期权定价的已知条件如下：

标的资产价值(S)=如果现在就开始生产的项目现金流量的现值=1(亿元)；

该期权的执行价格(K)=进行新药项目的初始投资=1.5(亿元)；

基础资产的方差(σ^2)=现金流量现值的方差=0.03；

期权的有效期(t)=专利的 20 年期限=20(年)；

市场无风险利率$(r)＝10\%$；

将项目延迟到净现值为正时才执行会产生成本，这个成本是由项目权利的时限决定的，每推迟一年就意味着获得现金流量的年份少了一年。如果项目未来每年的现金流量是相同的，则推迟执行项目的成本为$0.05(＝1/20$，是项目期限的倒数)，这个成本可以解释为期权基础资产的红利支付，于是，延迟期权的连续红利率$q＝5\%$。

根据 Black-Scholes-Merton 定价公式，可以计算出：

$$d_1＝\frac{\ln\left(\frac{1}{1.5}\right)＋\left(10\%－5\%＋\frac{0.03}{2}\right)\times 20}{\sqrt{0.03\times 20}}＝1.15$$

$$d_2＝d_1－\sigma\sqrt{T}＝0.38$$

因此，推迟项目的期权价值为：

$$c＝1.0\times e^{-0.05\times 20}N(d_1)－1.5\times e^{-0.1\times 20}N(d_2)＝0.19(亿元)$$

该药品项目的净现值为-0.5亿元，因此，根据 NPV 法则，应该永远地拒绝该项目。但是，由于现金流量现值方差的存在，延迟期权仍然有较高价值。也就是说，当考虑期权价值时，药品生产不但可行，而且在若干年后可能生产较高利润。因此，不能轻易放弃，而是值得等待。

【例 6-2】 (扩张期权)假设一家百货连锁公司计划在上海开设一家小分店，开设小分店的成本是 1 亿元，预期这个店的现金流量的现值为 0.8 亿元。开设这家小分店后，百货公司拥有在未来 5 年内任何时间将其扩大为大型百货商店的期权，扩张的成本为 2 亿元。仅仅当预期现金流量的现值超过 2 亿元时，公司才会进行扩张。目前扩张产生的预期现金流量仅为 1.5 亿元，项目扩张产生的现金流量的方差为 0.08。市场 5 年期无风险利率为 6\%。请分析这个扩张期权的价值。

分析：这个扩张期权是看涨期权，期权的标的资产就是项目扩张后产生现金流量的现值，如果立即执行，则现金流量的现值为 1.5 亿元，方差为 0.08。期权的执行价格就是扩张成本 2 亿元，期权的有效期就是扩张期权的 5 年期限，无风险利率为 6\%，这里没有延迟成本。根据 Black-Scholes-Merton 定价公式，可以计算出：

$$d_1＝0.34,d_2＝-0.30$$

因此，扩张期权价值为：

$$c＝1.5N(d_1)－2.0\times e^{-0.06\times 5}N(d_2)＝0.38(亿元)$$

这个期权价值可以加到初始项目的净现值中。

分店项目的初始净现值为$0.8－1.0＝-0.2(亿元)$；

具有扩张期权的分店的净现值$＝-0.2＋0.38＝0.18(亿元)$。

可见，尽管该项目的净现值为-0.2亿元，但是，由于投资该项目可以得到一份价值很大的期权，该项目的价值主要由扩张期权的价值决定。因此，该项目是有价值的，值得在当下进行投资。

公司利用扩张期权使采纳净现值为负值的项目成为合理化行为,因为这种项目可以为开发市场或出售新产品创造更大的机会。扩张期权对那些拥有较高项目收益并且本身波动大的行业更有价值。

【例 6 - 3】 (放弃期权)假设一家公司正在考虑投资一个 10 年期的房地产项目,初始投资是 1 亿元,项目预期现金流量的现值为 1.1 亿元,在未来的 10 年时间里公司拥有随时将项目转让给合伙人的权利。如果公司放弃这个项目,可以获得 0.5 亿元的收入,项目现金流量现值的方差为 0.06,10 年期无风险利率为 7%。请分析这个放弃期权的价值。

分析:这个放弃期权是个看跌期权,我们且假设公司仅仅在第 10 年末决定是否放弃这个项目,这样,这个放弃期权是欧式看跌期权。当房地产项目收益不理想时,公司主动放弃这个项目。期权的基础资产是这个项目的现金流量,当前基础资产的价值为 1.1 亿元,基础资产的方差是 0.06,期权的有效期是 10 年,根据 Back—Scholes—Merton 定价公式,可以计算出 $d_1 = 2.31, d_2 = 1.53$,因此,放弃期权的价值为:

$$p = 0.5 e^{-0.06 \times 10} N(-d_2) - 1.1 N(-d_1) = 0.01(亿元)$$

于是,具有放弃期权的项目当前价值为 0.11 亿元。

但必须指出的是,这种做法存在缺陷,因为实物期权并不完全满足 BSM 模型的定价要求,即实物期权并不等同于欧式金融期权,其具体区别如下:

(1) 通常,实物期权可以在项目存续期内的任何一个时间点行权,因此,实物期权具有美式期权的属性,除非有特殊规定。如果实物期权只能限定在将来某一时点上行权,则实物期权又具有欧式期权的属性。延迟期权、扩张期权、转换期权属于看涨期权(或称买权),收缩期权、放弃期权属于看跌期权(或称卖权)。一旦这些期权行权,就会在相应的时间内产生现金流,因此,它们常常被视为发放红利的美式期权。

(2) 与金融期权相比较,实物期权主要有以下四个特点:

第一,标的资产不参与交易。对于以股票为标的物的金融期权来说,假设标的资产参与交易。这一假设对金融期权来说是合理的,因为理论上可以利用标的资产(股票)和无风险借贷构建一个资产组合来计算金融期权价值。但是,对实物期权而言,标的资产不参与交易。

第二,资产价格的变化是不连续的。BSM 模型基于资产价格变化连续的前提假设之上。在运转良好的股票市场上,股票交易活跃,股票价格可以视为连续变化。由于实物资产缺乏发达的二级市场,因此,大多数实物期权存在价格跳跃现象。

第三,方差难以在存续期内保持不变。方差已知且在有效期内保持不变的特征适合于以交易股票为标的物的金融期权(短期期权)。但是,当期权理论应用于实物期权(长期期权)时,方差在长时间内难以保持不变。

第四,行权不可能在瞬间完成。行权在瞬间完成假设适用于金融期权,但该假设在实物期权行权时,就很难成立。例如,项目扩张期权行权时,可能会持续很长一段时间。

实物期权的诸多特点暗含这样的推论,即 BSM 期权定价理论并不能够直接用于实物期权价值估计。事实上,实物期权定价非常困难。迄今为止,在实物期权定价方面,仍留有许多未解之"谜"。

根据净现值法则,如果目标项目的净现值小于零,应该拒绝该项目。但是,由于"嵌入"在目标项目上的实物期权拥有价值,因此,该目标项目也许是一个"有价值"或"好"的项目。根据实物期权理论,目标项目价值应该等于净现值与相关实物期权价值之和。因此,即便目标项目的净现值为负,我们也不该就此拒绝该项目。也就是说,实物期权的引入,使我们有了介于接受和拒绝之间的第三种投资选择。

本 章 小 结

(1) 事实上,任何投资项目都嵌入允许项目持有人在未来改变原先投资计划的期权。

(2) 实物期权主要包括延迟期权(Option to Defer)、扩张期权(Option to Expand)、收缩期权(Option to Contract)、放弃期权(Option to Abandon)、转换期权(Option to Switch)等。

(3) 根据期权行权方式的不同,期权分为美式期权和欧式期权。美式期权在期权到期日之前的任何交易日都可以执行,欧式期权是仅仅在期权到期日才可以执行的期权。

(4) 如果考虑以实物资产为标的物的实物期权的价值,那么,净现值为负值的项目也有可能被接受。

(5) 实物期权可以在项目存续期内的任何一个时间点行权,因此,实物期权具有美式期权的属性,除非有特殊规定。

(6) 项目的价值应在传统的净现值的基础上,加上嵌入在项目上的期权的价值。用公式表示为:项目价值=NPV+实物期权价值。

(7) 实物期权的诸多特点暗含这样的推论,即BSM期权定价理论并不能够直接用于实物期权价值估计。

关 键 术 语

实物期权　延迟期权　扩张期权　放弃期权　收缩期权　转换期权　BSM模型
欧式期权　美式期权　看涨期权　看跌期权

思 考 题

1. 实物期权的类型有哪些?

2. 什么是看涨期权?什么是看跌期权?什么是欧式期权?

3. 影响期权价值的因素有哪些?

4. 请举例说明资本预算中的延迟期权、扩张期权和放弃期权。

5. Black-Scholes-Merton 期权定价公式的条件是什么?

6. 假设一家公司拥有20年的某新产品专利权。新产品开发的初始投资是500万元,生产新产品的现金流量的现值为350万元。现金流量现值的方差为0.05。假设20年期的无风险利率为7%,请分析这个专利的价值。

7. 假设某公司拟投资一项目,需投资1 500万元,该项目的预期现金流量的现值为800万元。未来5年中,假定任何时间内,该项目的投资者均拥有扩大该项目投资的期权,扩张成本为200万元。目前扩张产生的预期现金流量为1 500万元,鉴于这一估计有很大的不确定性,方差高达0.8。5年期无风险利率为6%。请分析这个扩张期权的价值。

8. 假设一家公司正在考虑投资一个10年期的房地产项目,初始投资是2亿元,项目预期现金流量的现值为2.5亿元,在未来的10年时间里公司拥有随时将项目转让给合伙人的权利。如果公司放弃这个项目,可以获得0.8亿元的收入,项目现金流量现值的方差为0.06,10年期无风险利率为7%。请分析这个放弃期权的价值。

9. 试从以下项目中识别出最有可能存在的实物期权:

(1) 某公司推迟下一个大型工厂的扩建。现金流贴现计算表明,该扩建项目的净现值大于0,但最高管理当局想等产品需求旺盛起来后再进行扩建项目。

(2) 中国电信开始了针对欧洲市场的数字切换设备的生产。尽管项目净现值为负,但考虑到需要在快速发展且具有盈利潜力的市场中占据有利位置,该投资依然合理。

(3) 南方航空购买了一架喷气式飞机,该机安装有客运、货运相互切换的特别设备。

(4) 中铁公司就南京一条地铁达成一项谅解备忘录:若"技术条件成熟,经济状况容许……而交通分流不至于使第一条(铁路)枢纽的期望收益受损",双方将在2019年筹划再建一条"直通道路"。2029年之前,所有其他公司都无权进行这种海底通道建设。

第七章 金融衍生工具的应用

【本章学习目标】

- 了解金融衍生工具的类型和应用。
- 熟悉远期、期货、期权和互换合约的特点。
- 掌握金融衍生工具在风险管理中的作用。

导入案例

蒙牛缘何豪赌大摩?

2004 年 6 月 10 日上午 9 点 30 分,刚过 5 岁生日的内蒙古蒙牛乳业集团股份有限公司在香港主板挂牌上市,并在低迷的香港股市创出了 19 倍市盈率(招股价相当于该公司 2003 年每股净收益的 19 倍),募集资金 13.74 亿港元的好成绩。

而蒙牛上市中的一个插曲也引发了人们普遍的兴趣。这个小插曲便是以蒙牛董事长兼总裁牛根生为首的蒙牛管理层向摩根士丹利等外资股东正式发出"挑战书":未来三年,如果蒙牛每年每股盈利复合增长率低于 50%,牛根生等蒙牛管理层要向摩根士丹利为首的 3 家外资股东赔上 7 800 万股蒙牛股票,或者以等值现金代价支付;如果管理层可以完成上述指标,3 家外资股东会将 7 800 万股蒙牛股票赠予以牛根生为首的蒙牛管理团队。那么蒙牛为何要豪赌大摩?

蒙牛副总裁孙先红透露,蒙牛管理层这么做既是自加压力,更主要的是表明对企业发展的信心。有数据显示,蒙牛这几年的增长率全都超过 50% 的指标,2004 年蒙牛公司的纯利预计将不少于 3 亿元。以此发展速度,2006 年前实现复合增长 50% 将不存在问题。

而摩根等外资股东愿参与其中,则更透露其精明的投资眼光。摩根在这场"赌局"中几乎没有什么风险,若是蒙牛达标,摩根等外资股东也无须拿出真金白银,而可以用股权形式兑现承诺。更何况由于蒙牛业绩的飙升,其作为投资者三年里早已赚了个盆满钵满。若是蒙牛到时未能达标,摩根同样可以坐收 7 800 万股票或是等值现金。

从现实情况来看,这一"赌局"对增强投资者的信心也起到了相当作用。公开招股期间,国际认购反应热烈,原先设定的招股价不得不上调。在价格区间的最高端定价,即每股 3.925 元,更创造出今年第二季度全球发行最高的散户投资者和机构投资者超额认购率,并拥有了均衡和长期的投资者群体。全球最顶尖的 6 家机构投资者都对蒙牛的发行下了大额订单并成为蒙牛的核心投资者。这在近期香港首次公开发行都在价格区间的低端定价的市场态势下,显得格外突出。

不仅如此,一夜之间,蒙牛还造就了中国最豪华的富翁团队:5个亿万富翁,10多个千万富翁,几十个百万富翁就此诞生。从蒙牛发起成立时第一批投入的900多万元资金,到如今的近40亿元市值,蒙牛创造了中国投资回报率最高纪录。

(资料来源:邵洁.青年参考,2004年6月14日.)

案例导学

蒙牛与大摩的"对赌协议"实际上就是期权的一种形式,是投资方与融资方在达成融资协议时,对于未来不确定的情况进行一种约定。通过条款的设计,对赌协议可以有效保护投资人利益。如果约定的条件出现,融资方可以行使一种权利;如果约定的条件不出现,投资方则行使一种权利。这种期权合约的设置在某种程度上既保障了投资方在投资未达到预期效果时获得其他方面的补偿(比如现金),又满足了融资方的融资需求,改善了市场参与者的生产、管理规模。请结合本章知识,对蒙牛与大摩的"对赌协议"发表自己的看法。

金融衍生工具是指其盈利与价值来源于或取决于某些其他事项的产品。我们常将衍生工具所依附的物品说成原品或标的。例如,在前一章节我们曾研究过期权的功用,而期权就是一种衍生工具,看涨期权的价值取决于其标的股票。远期合约、期货合约、互换合约和期权合约是四种最常见的衍生品。在本章,我们将对这些衍生工具逐一加以研究。

第一节 远期合约与期货合约

一、远期合约

一种比较简单的衍生产品是远期合约(Forward Contract),它是双方约定在未来的某一确定时间,按确定的价格买卖一定数量的某种标的资产的合约。远期合约可以与即期合约(Spot Contract)对照,即期合约是指立刻就要买入或卖出资产的合约,远期合约常常是金融机构之间或金融机构与其客户之间在场外市场进行的交易。

在远期合约中,同意在将来某一时刻以约定价格买入资产的一方被称为持有多头寸(Long Position,简称多头),远期合约中的另外一方同意在将来某一时刻以同一约定价格卖出资产,这一方被称为持有空头寸(Short Position,简称空头)。

远期合约可作为避险工具、投资工具和套利工具使用。在经济生活甚至日常生活中,我们也能够看到远期合约的运用。比如,公司使用外汇远期合约规避持有外币性资产或负债的汇率风险,顾客向商店按某一约定价格订购某一脱销产品等。尤其是外汇远期合约在市场上十分流行。

【例7-1】 假定2019年7月10日,某进口企业购买了一批货物,总额共计100万英镑,预计6个月后需要支付货款。为了规避人民币贬值风险,资金部主管当天与中国银行达成一个远期合约,中国银行远期结售汇牌价如表7-1所示。

表 7-1　中国银行远期结售汇牌价

货币名称	货币代码	交易期限	买入价	卖出价	中间价	汇率日期
英镑	GBP	一周	853.642 9	867.282 6	860.462 8	2019/7/10
		二十天	854.068	867.878	860.973	2019/7/10
		一个月	854.391	868.371 8	861.381 4	2019/7/10
		二个月	855.654 8	869.666 6	862.660 7	2019/7/10
		三个月	856.793 8	870.859 7	863.826 7	2019/7/10
		四个月	857.714 4	871.979 3	864.846 9	2019/7/10
		五个月	858.663 5	872.925 8	865.794 6	2019/7/10
		六个月	860.078 3	874.534 2	867.306 2	2019/7/10

注：1. 每 100 外币兑换人民币。

2. 以上人民币牌价系当日市场开盘价，仅作参考。我行交易报价随市场波动而变化，如需交易，价格以我行当时报价为准。

（资料来源：中国银行官网：http://www.boc.cn/sourcedb/ffx/.）

由于此进口企业 6 个月以后需要支付英镑，因此，它应该和银行签订一份 6 个月期、买入 100 万英镑的远期合约，交割价格为银行的英镑卖出价 8.745 342。也就是说，此合约约定在 6 个月后，2020 年 1 月 10 日这天，这家企业有义务以每英镑 8.745 342 元的价格买入 100 万英镑，共需花费 874.534 2 万元人民币。

考虑上述交易中企业持有的英镑多头头寸，远期合约在签署以后会产生什么样的结果呢？在这里的远期交易中，企业有义务在 6 个月后以每英镑 8.745 342 元的价格买入 100 万英镑。当汇率上涨时，假如在 6 个月后 1 英镑值 9 元，这时对企业来讲，远期合约价值为 +25.465 8 万元（=900-874.534 2）。远期合约保证企业可以按每英镑 8.745 342 元（而不是 9 元的价格）买入 100 万英镑。类似地，当在 6 个月后汇率降到 8.000 000 时，对企业来讲，远期合约价值为 -74.534 2 万元，这是因为由于持有远期合约而使企业比从市场直接购买英镑多花了 74.534 2 万元。

一般来讲，在合约到期时，对于远期合约多头方来讲，每 1 单位合约的收益为 (S_T-K)，这里 K 为合约的交割价格（Delivery Price），S_T 为资产在合约到期时的市场价格，合约中的多头方必须以 K 的价格买入价值为 S_T 的资产。同样，对于远期合约的空头方来讲，合约所带来的收益为 $(K-S_T)$。这两项收益均可正可负，这些收益表示在图 7-1 中。因为签订远期合约的费用为 0，所以合约的收益就是交易员所有的盈亏。

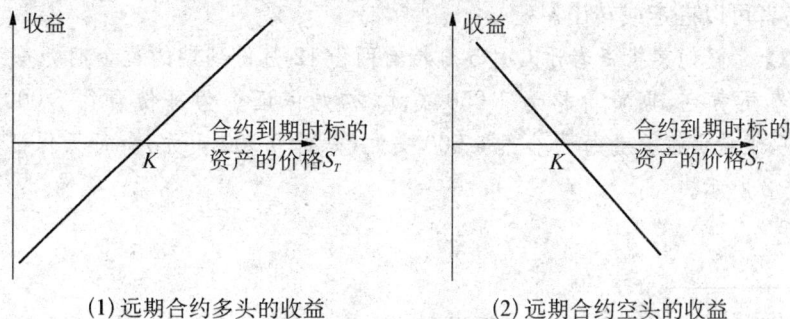

(1) 远期合约多头的收益　　　(2) 远期合约空头的收益

图 7-1　远期合约的收益

在上面例子中,$K=8.745\,342$,企业持有多头。当 $S_T=9.000\,000$ 时,每英镑的收益为 $0.254\,658$ 元;当 $S_T=8.000\,000$ 时,每英镑的收益为 $-0.745\,342$ 元。

远期合约的活跃性和流动性随合约到期日的增长而降低,合约到期日越长,远期合约市场交易的活跃性和流动性越低。以外汇远期合约为例,1 个月与 3 个月到期的远期合约交易最为活跃、流动性也最强。而 6 个月到期的远期合约的流动性则差得很远。因此,超过 1 年到期的远期合约市场几乎是不存在的。可以想象,一个缺乏流动性的远期合约市场会使合约双方承受高风险。那么,如何对较远期的风险进行规避呢? 可以滚动使用短期远期合约对较远期的风险进行规避。比如,公司有一笔 9 个月后到期的应收账款 100 万英镑,为了规避英镑贬值的风险,公司可以和银行签订第一个 3 个月到期 100 万英镑的远期合约,在第一个 3 个月到期合约终止时,再以第二个新的 3 个月到期、100 万英镑的远期合约续约避险,第二个合约到期时,第三个 3 个月到期、100 万英镑的远期合约将迅速跟上。

然而,远期合约存在一定的问题。首先,远期合约有信用风险。在远期合约未到期之前,合约双方均不得将其所承担的义务转让给第三方,除非以正常途径取消合约(反向交易或协商)。然而,远期合约到期时,遭受重大损失的一方可能违背事前对合约的承诺,致使盈利方蒙受损失。其次,远期合约由于在场外市场[①]交易,合约约定要素灵活性强,市场流动性不高,定价和转让成本高。

二、期货合约

与远期合约类似,期货合约(Futures Contract)也是在将来某一指定时刻以约定价格买入或卖出某一产品的合约。与远期合约不同的是,期货合约交易是在交易所进行的。为了能够进行交易,交易所对期货合约做了一些标准化。期货合约的交易双方并不一定知道交易对手,为了保证期货交易协定义务的履行以及无信用风险,期货结算所订有期货交易所会员和交易者的交易准则。

期货交易通过交易所完成,一旦交易确定后,期货结算所(Clearing House)要求交易双方在结算所各自设立保证金账户,由结算所保管。(保证金制度)每个交易日收盘时,由结算所根据当日和前日期货价格清算交易双方的损益,将损失一方的损失金额转入获益一方的账户,保证了双方履行期货合约的义务。(逐日盯市制度)在期货合约到期前,如果某一方的保证金余额降至维持水准(Maintenance Level)以下时,交易者必须补足。超过维持水准以上部分,交易者可以提走或转出。

【例 7-2】 假如某投资者于 6 月 5 日持有两份 12 月份到期的黄金期货多头合约,合约规模为 100 盎司黄金,期货价格为 1 250 美元,初始保证金为每份合约 6 000 美元(总计 12 000 美元),维持保证金为每份合约 4 500 美元(总计 9 000 美元)。每天保证金账户余额显示如表 7-2 所示。

----

① 由于交易没有集中的统一交易制度和场所,因而统称为场外交易市场,又称柜台交易或店头交易市场,指在交易所外由证券买卖双方当面议价成交的市场。

表 7-2 黄金期货多头保证金账户

交易日	交易价格	结算价格	日收益(亏损)	累计收益(亏损)	保证金余额	催付保证金
1	1 250				12 000	
1		1 241.00	−1 800	−1 800	10 200	
2		1 238.30	−540	−2 340	9 660	
……		……	……	……	……	
6		1 236.20	−780	−2 760	9 240	
7		1 229.90	−1 260	−4 020	7 980	4 020
8		1 230.80	180	−3 840	12 180	
……		……	……	……	……	
16	1 226.90		780	−4 620	15 180	

如表 7-2 所示,该投资者于第七天保证金余额不足 9 000 美元时补足了保证金,于第 16 天进行了平仓①交易,可取出剩余保证金 15 180 美元。

正是由于期货合约的标准化,使得期货市场流动性强;同时期货市场的保证金制度和逐日盯市制度管理了交易中的信用风险,解决了远期合约交易中可能存在的两大问题。期货合约和远期合约的区别可以总结如表 7-3 所示。

表 7-3 远期合约与期货合约的比较

远期合约	期货合约
交易双方间的私下合约	交易所内的标准合约
非标准化	标准化
通常只有单一交割日	有一系列的交割日
在合约到期时结算	每日结算
通常会发生实物或现金交割	合约通常在到期前会被平仓
有信用风险	几乎没有信用风险

世界上最大的期货交易所是芝加哥交易所(CBOT)和芝加哥商业交易所(CME),这两个交易所已经合并成为 CME 集团。在这两个以及世界各地其他交易所中,期货交易的标的资产包括各种商品和金融资产。商品包括农产品、金属、能源产品等,金融资产包括股指、货币和国债等。金融媒体会定期公布期货价格。目前我国期货交易所共有 4 家:上海期货交易所、郑州商品交易所、大连商品交易所和中国金融期货交易所。

---

① 期货投资者在同一期货交易所内通过买入或卖出相同交割月份的期货合约,用以了结先前卖出或买入的期货合约。

第二节 互换合约

如果把远期合约理解为交易者双方达成的在约定的时间互换一次现金流的合约,那么互换是指两家公司之间达成的在约定的多个时间点互换一系列现金流的合约。因此,互换合约可以看作是一系列远期的组合。在合约中,双方约定现金流的交换时间与现金流的计算方法。通常对于现金流的计算会涉及利率、汇率及其他市场变量在将来的值。本节我们将主要讨论标准利率互换和货币互换。

一、利率互换

利率互换(Interest Rate Swap)是指双方同意在未来的一定时期内根据同种货币的同样的名义本金交换现金流,其中一方的现金流根据浮动利率计算,而另一方的现金流根据固定利率计算。互换的期限通常在 2 年以上。

【例 7-3】 假定 A、B 公司都想借入 5 年期的 1 000 万元的借款,双方在固定利率和浮动利率市场上各自具有比较优势。A 想借入与六个月期 SHIBOR 相关的浮动利率借款,B 想借入固定利率借款。但是两家公司信用等级不同,故市场向它们提供的利率也不同,如表 7-4 所示。

表 7-4 市场提供 A、B 两公司的借款利率

	固定利率	浮动利率
A 公司	10%	六个月期 SHIBOR+0.3%
B 公司	11.2%	六个月期 SHIBOR+1%

从上表可以看出,A 的借款利率均比 B 低,即 A 在两个市场上都具有绝对优势。但在固定利率市场上,A 比 B 的绝对优势为 1.2%,而在浮动利率市场上,A 比 B 的绝对优势为 0.7%。这就是说,A 在固定利率市场有着比较优势,而 B 在浮动利率市场上有比较优势。这样,双方就可以利用各自的比较优势为对方借款,然后互换,以达到共同降低筹资成本的目的。即 A 以 10% 的固定利率借入 1 000 万元,而 B 以 SHIBOR+1% 的浮动利率借入 1 000 万元。由于本金相同,故双方不必交换本金,而只交换利息的现金流。即 A 向 B 支付浮动利息,B 向 A 支付固定利息。

通过发挥各自的比较优势并互换,双方总的筹资成本降低了 0.5%(=11.20%+6 个月 SHIBOR+0.30%-10.00%-6 个月 SHIBOR-1.00%),这就是互换利益。互换利益是双方合作的结果,理应由双方分享。具体分享比例由双方谈判决定。我们假定双方各分享一半,则双方都将使得筹资成本降低 0.25%,即双方最终实际筹资成本分别为:A 支付 SHIBOR+0.05% 的浮动利率,B 支付 10.95% 的固定利率。这样,双方就可以根据借款成本和实际筹资成本的差异计算各自向对方支付的现金流,即 A 向 B 支付按 SHIBOR 计算的利息,B 向 A 支付按 9.95% 计算的利息。

在上述互换中,每隔 6 个月为利息支付日,因此互换协议的条款应规定每 6 个月一方向另一方支付固定利率与浮动利率的差额。假定某一支付日需要付出的 SHIBOR 利率为 11%,则 A 应支付给 B 5.25 万元[=1 000 万元×0.5×(11.00%-9.95%)]。利率互换的流程图如图 7-2 所示。

由于利率互换只交换利息差额,因此信用风险很小。

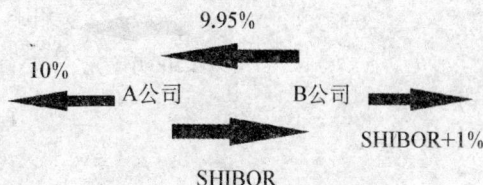

图 7-2 利率互换流程图

二、货币互换

货币互换(Currency Swap)是将一种货币的本金和固定利息与另一种货币的等价本金和固定利息进行交换。货币互换的主要原因是双方在各自国家中的金融市场上具有比较优势。

假定英镑和美元汇率为 1 英镑=1.500 0 美元。美国公司 A 想借入 5 年期的 1 000 万英镑借款,而英国公司 B 想借入 5 年期的 1 500 万美元借款。由于 A 的信用等级高于 B,两国金融市场对 A、B 两公司的熟悉状况不同,因此市场向它们提供的固定利率也不同,如表 7-5 所示。

表 7-5 市场向 A、B 公司提供的借款利率

	美 元	英 镑
美国公司 A	8%	11.6%
英国公司 B	10%	12%

从表 7-5 中可以看出,A 的借款利率均比 B 低,即 A 在两个市场都具有绝对优势,但绝对优势大小不同。A 在美元市场上的绝对优势为 2%,在英镑市场上只有 0.4%。这就是说,A 在美元市场上有比较优势,而 B 在英镑市场有比较优势。这样双方就可以利用各自的比较优势借款,通过交换得到自己想要的资金,并通过分享互换收益(1.6%)降低筹资成本。

于是,A 以 8%的利率借入 5 年期的 1 500 万美元借款,B 以 12%利率借入 5 年期的 1 000 万英镑借款。然后,双方先进行本金的交换,即 A 向 B 支付 1 500 万美元,B 向 A 支付 1 000 万英镑。假定 A、B 公司商定双方平分互换收益,则 A、B 公司都将使得筹资成本降低 0.8%,即双方最终实际筹资成本分别为:A 支付 10.8%的英镑利率,而 B 支付 9.2%的美元利率。

这样,双方就可根据借款成本与实际筹资成本的差异计算各自向对方支付的现金流,进行利息互换,即:A 向 B 支付 10.8%的英镑借款利息计 108 万英镑,B 向 A 支付 8%的美元借款利息计 120 万美元。经过互换后,A 的最终实际筹资成本降为 10.8%英镑借款利息,而 B 的最终实际筹资成本变为 8%美元借款利息加 1.2%英镑(相当于价值 1.2%的美元利息)借款利息。若汇率水平不变的话,B 最终实际筹资成本相当于 9.2%美元借款利息。若担心未来汇率水平变化,B 可以通过购买美元远期或期货来规避汇率风险。

在贷款期满以后,双方要再次进行借款本金的互换,即 A 向 B 支付 1 000 万英镑,B 向 A 支付 1 500 万美元。至此,货币互换结束,流程图如图 7-3 所示。

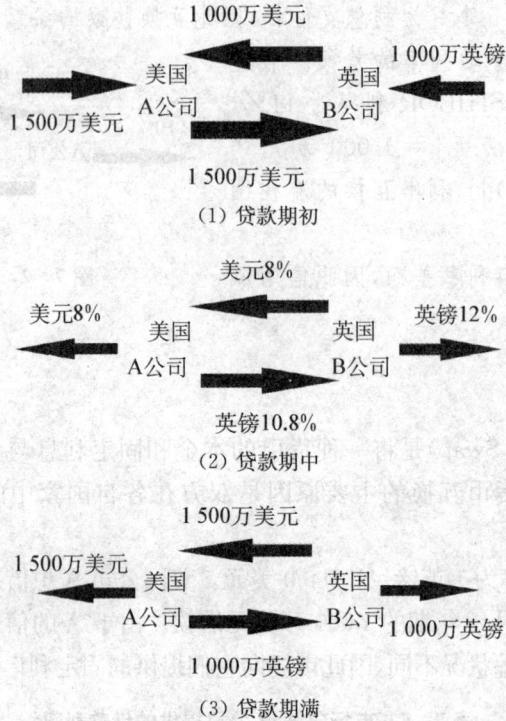

（1）贷款期初

（2）贷款期中

（3）贷款期满

图 7-3 货币互换流程图

由于货币互换涉及本金互换，因此当汇率变动很大时，双方就将面临一定的信用风险，但是这种风险仍然比单纯的贷款风险小得多。

第三节 期权的应用策略

在第六章中我们讨论了单个期权的损益状态，并且提到期权的应用广泛而灵活。事实上，为了回避风险，投资者在使用期权时大都会采取期权组合策略。

一、单个期权和标的资产的组合

我们在第六章学到，考虑看涨和看跌以及多头和空头，期权共有四种基本类型：多头看涨、多头看跌、空头看涨和空头看跌。相应地，标的资产有两种基本类型：多头和空头。因此，单个期权和单个标的资产的组合共有 8 个，如表 7-6 所示。

表 7-6 单个期权和标的资产的组合

	看涨期权		看跌期权	
	多头	空头	多头	空头
多头标的资产		(a)	(c)	
空头标的资产	(b)			(d)

其中,(a)(b)(c)(d)四种情况可以利用期权对冲一定的风险,另外四种实际上增加了投资者杠杆,此处不考虑。(a)(b)(c)(d)的损益状态如图7-4所示,图中,虚线代表单个资产的收益与标的资产市场价格之间的关系,而实线代表整个组合的损益与标的资产市场价格之间的关系。

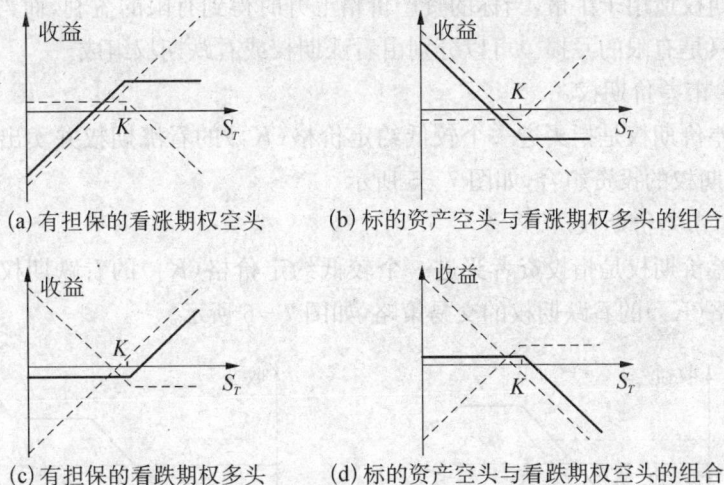

(a) 有担保的看涨期权空头　　　(b) 标的资产空头与看涨期权多头的组合

(c) 有担保的看跌期权多头　　　(d) 标的资产空头与看跌期权空头的组合

图7-4　单个期权和股票的组合收益

在图7-4(a)中,组合证券是由一个标的资产的多头加上一个看涨期权的空头组成,被称为出售一个"有担保的看涨期权"(Writing a Covered Call)。这是由于标的资产多头"轧平"或保护投资者免受标的资产价格急速上升带来的期权上的巨大损失。在图7-4(b)中,组合证券是由一个标的资产的空头加上一个看涨期权的多头组成。其损益状态与出售一个有担保的看涨期权的损益状态相反。在图7-4(c)中,投资策略包括一个标的资产的多头加上一个看跌期权的多头组成。这一策略被称为"有担保的看跌期权"(Protective Put)策略。在图7-4(d)中,组合证券由一个看跌期权的空头和一个标的资产的空头组成。其损益状态与有担保的看跌期权的损益状态相反。

从以上4个收益图中可以看出,这四个策略分别适用于不同的情况:

(a) 适用于预计未来市价变动不大或有一定程度的上升。这样在预计正确时会有盈利,如果市价意外下降,初始的期权费也会在一定程度上弥补标的资产的亏损。

(b) 适用于预计未来标的资产价格将有较大幅度的下降。在估计正确时会有盈利,如果市价意外地大幅上升,标的资产上的亏损会被买权的盈余抵消一部分,假定执行价格等于标的资产的初始价格,净亏损也只是初始的期权费。

(c) 适用于预计未来市价会有足够程度的上升。这样在预计正确时会有盈利,若市价大幅下跌,假定执行价格等于标的资产的初始价格,净亏损也只是初始的期权费。

(d) 适用于预计未来市价变动不大或有一定程度的下降。在预计正确时会有盈利,如果市价意外地大幅上升,初始的期权费也会在一定程度上弥补标的资产的亏损。

二、期权与期权的组合

除了将期权和标的资产构建组合外,期权与期权本身也可以构建出很多种符合投资者预期的组合,下面将对常见的四种类型进行介绍。

(一) 牛市差价组合

牛市差价期权适用于牛市,当标的资产价格上升时得到有限的盈利,而当标的资产价格意外下跌时也只是有限的亏损。可以分别由看涨期权或看跌期权组成。

(1) 看涨牛市差价期权。

看涨牛市差价期权是指买进一个较低约定价格(K_1)的看涨期权并卖出一个较高约定价格(K_2)看涨期权的投资组合,如图7-5所示。

(2) 看跌牛市差价期权。

看跌牛市差价期权是指投资者买进一个较低约定价格(K_1)的看跌期权的同时卖出一个较高约定价格(K_2)的看跌期权的交易策略,如图7-6所示。

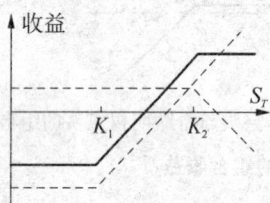

图7-5　看涨牛市差价期权　　　　图7-6　看跌牛市差价期权

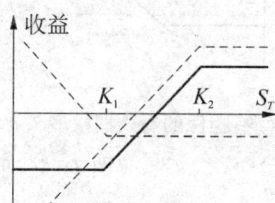

(二) 熊市差价组合

熊市差价期权适用于熊市,当标的资产价格下跌时获利,而当标的资产价格上升时亏损也不大。也可以分别由看涨期权或看跌期权组成。

(1) 看涨熊市差价期权。

看涨熊市差价期权是指投资者买进一个较高约定价格(K_2)的看涨期权,同时卖出一个较低约定价格(K_1)看涨期权。当投资者对市场行情看跌,而又不确定时可以应用该策略。其头寸将收益和损失都限定在一定范围之内,可减少风险,如图7-7所示。

(2) 看跌熊市差价期权。

看跌熊市差价期权是指买入一个较高约定价格(K_2)的看跌期权,同时卖出一个较低约定价格(K_1)的看跌期权的交易策略。看跌熊市差价期权就是看跌牛市差价期权的空头,因而两者的利润线关于x轴对称,如图7-8所示。

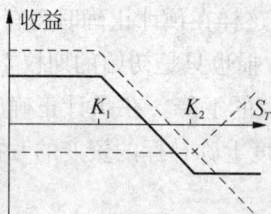

图7-7　看涨熊市差价期权　　　　图7-8　看跌熊市差价期权

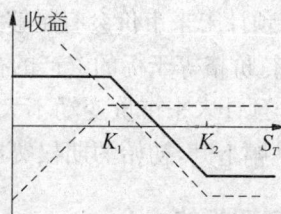

（三）蝶式差价组合

牛市差价期权的投资者预期股票价格会上升,熊市差价期权的投资者预期股票价格会下降。而实际中往往可以更为精确地预期股价将处于某个范围之内,为了更好地利用这种精确的判断,投资者可以投资于蝶式差价期权。图 7-9 和图 7-10 分别展示了由看涨期权和看跌期权构成的蝶式差价组合。

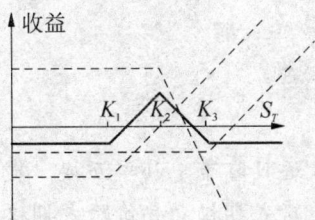
图 7-9　看涨蝶式差价期权

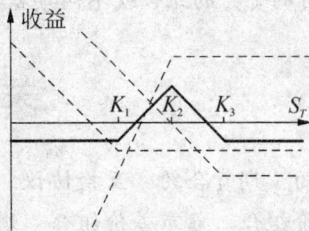
图 7-10　看跌蝶式差价期权

（四）跨式期权和异价跨式期权

除了看涨期权或看跌期权的组合可以构建投资者想要的收益外,即使只是简单的看涨期权和看跌期权的组合也可以达到目标。图 7-11 和图 7-12 分别展示了跨式期权和异价跨式期权的效果。

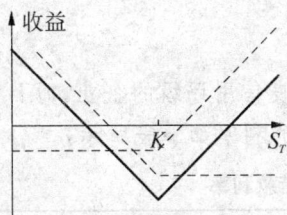
图 7-11　跨式期权

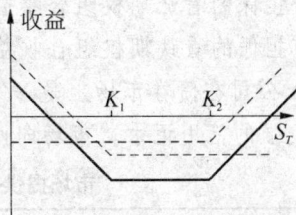
图 7-12　异价跨式期权

除了以上示例,事实上只要反向操作就能得到关于 x 为轴对称的组合收益图,满足有相反预期的投资者。本节只举了四种典型的例子,实际上利用不同价格、不同类型、不同期限的期权交叉构建投资组合,也能为公司带来保障或投资收益。

本 章 小 结

(1) 金融衍生工具包括远期、期货、互换和期权合约等,衍生工具的价值依附于其标的资产。为了进行有效的风险管理,公司越来越多地在金融市场上通过一种或多种衍生工具交易来减少或消除风险。

(2) 衍生品既可以用来套期保值对冲风险,也可以用来做杠杆投机,有时候会增加公司风险负担。同时,衍生品还可以作为套利工具使用。

(3) 远期合约广泛运用于经济生活和日常生活中,具有很大的灵活性,常见于外汇交易。但是,远期合约有较大的信用风险,并且市场流动性不足。期货合约的标准化场内交易及保证金制度和逐日盯市制度可以解决这些问题。

(4) 互换合约是交易双方之间在时间上交换现金流量的合约或协议,利率互换和货币互换是两种最主要的形式。互换合约市场在投资和融资领域,为市场参与者提供了降低利率和汇率风险的重要工具。

(5) 期权合约将期权买方和卖方的权利义务划分开来,使得期权得以用于不对称风险防范。期权与标的资产的组合或不同期权之间的组合均可以为公司规避风险或获取投资收益。

关 键 术 语

远期合约　期货合约　互换协议　保证金制度　逐日盯市　利率互换　货币互换
牛市差价组合　熊市差价组合　蝶式差价组合　跨式期权　异价跨式期权

思 考 题

1. 简述远期合约和期货合约的区别。
2. 简述蝶式差价组合期权的特征。
3. 简述跨式期权和异价跨式期权的特征。
4. 画出有担保的看涨期权组合收益图。
5. 画出有担保的看跌期权组合收益图。
6. 假定 A 公司在债券市场上是一家公认的有优良信用评级的企业,而 B 是一家新开办的公司,没有较强的信用记录。市场向两家公司提供的利率如下表所示:

市场提供 A、B 两公司的借款利率

	固定利率	浮动利率
A公司	11%	六个月期 SHIBOR+1%
B公司	10%	六个月期 SHIBOR+3%

问:两家公司有没有机会通过利率互换而获得收益?

7. 假设市场上有煤炭的看涨期权及远期合约,但没有看跌期权。如何合成一个看跌期权?

8. 2016 年 3 月,中介给出与 LIBOR 进行 2 年期利率互换的固定利率为 5%。当时,LIBOR 为 4.5%。假如某投资者与中介签订一份将 2 年期 100 万英镑的固定利率贷款换成等价浮动利率贷款的互换合约。问:

(1) 签订互换合约时,其价值为多少?

(2) 假如在签订合约后的很短时间内,利率上升了 1%,那么,交易双方的损益情况如何?

9. 假如一个外汇风险暴露很大的公司正试图寻求合适的套期保值工具来规避汇率风险。如果公司能够明确知道汇率风险的现金流量金额,那么,什么样的衍生工具可以提供最完全的套期保值? 如果公司仅仅想规避汇率变化引起利润下降的风险,但又不想放弃汇率变化所引起的潜在利润增长,那么,你会力荐哪种衍生产品?

第八章　资本预算的风险调整与控制

【本章学习目标】

- 掌握敏感性分析和情景分析方法的运用。
- 掌握盈亏平衡分析方法的运用。
- 区分会计盈亏平衡分析法和净现值盈亏平衡分析法。
- 掌握决策树分析方法的运用。
- 掌握确定性等值的计算方法。

导入案例

好时公司的资本预算风险控制

　　好时食品(HERSHEYS)是北美地区最大的巧克力及巧克力类糖果制造商,其任务是成为一家主要的、多元化的食品公司和一家在本行业各方面领先的公司。它要成为北美第一糖果公司,并向占有全球糖果市场份额的领先地位而迈进。但目前其市场基本上是在美国,而欧洲的巧克力市场竞争极其激烈,好时食品仅靠自己的牌子恐怕很难打响。而吉百利(Cadbury)是英国历史最悠久的巧克力品牌之一,也是英国最大的巧克力生产商,更是目前全球最大的糖果公司,因此吉百利受到了来自世界各地的大的食品厂商的青睐。从2009年开始,几大食品生产商都加入了对吉百利的收购中。2009年11月,好时食品公司股东推动公司竞购吉百利。在计划收购期间,好时食品针对此项目投资开展了一系列的资本预算工作。好时公司的大股东好时信托(Hershey Trust)基金,准备对吉百利公司出资170亿美元收购。好时食品公司经由美国银行业筹得70亿美元,将与卡夫争夺英国吉百利。好时的170亿美元出价超出卡夫的162亿美元。但是,在进行了一系列的后续分析的基础上,好时放弃了收购案,把此次机会给了卡夫,在2010年1月20日召开的董事会会议上好时就做出了不发起要约的决定。做出上述决定的好时食品,其在资本预算方面主要考虑如下几个方面:① 制订计划或预算,针对好时想要扩大其销售市场,好时公司股东考虑吉百利的欧洲市场影响力,准备对其出资170亿美元收购。② 评价其中利和弊,利有各自持有对方的许可证,可以在国外市场营销对方的产品。好时食品并购吉百利,市场会积极支持,股票将会升值。而弊则有吉百利规模比好时食品大1倍,好时食品会因收购吉百利而背负上债务,预计其公司债评级可能会降至投资级评级以下。③ 对从美国银行筹资70亿美元进行财务可行性分析。

（资料来源:http://www.hersheyschina..com/.）

案例导学

结合本章将要学到的知识,分析比较在资本预算中运用的几种不确定性分析方法,对好时食品公司的决策做出分析。

资本预算的风险调整与控制是指对决策方案受到各种事前无法控制的外部因素变化与影响所进行的研究和估计。通过分析可以尽量减少不确定性因素对经济效益的影响,预测项目投资对某些不可预见的政治与经济风险的抗冲击能力,从而把握项目投资的可靠性和稳定性,避免投产后不能获得预期的利润和收益,以致使企业亏损。在资本预算中进行不确定性分析的方法主要包括敏感性分析、情景分析、盈亏平衡点分析以及决策树分析。

第一节 敏感性分析

敏感性分析是指在其他经济解释变量保持不变时,改变分析中的一个经济解释变量给项目造成的影响以及影响程度的一种分析方法。

一、敏感性分析的步骤

敏感性分析是研究 NPV 对项目假设条件变动敏感性的一种分析方法。其分析步骤如下:

(1) 基于对未来的预期,估算基础状态分析中的现金流量。

(2) 找出基础状态分析中的主要假设条件。

(3) 改变分析中的一个假设条件,保持其他假设条件不变,然后估算该项目在发生条件变化后的净现值。

(4) 把得到的消息与基础状态分析相联系,从而决定项目是否可行。

【例 8-1】 假设有一个投资方案,设备初始投资为 500 万元,使用期为 10 年,期末无残值。该投资的一些基本数据见表 8-1,贴现率为 10%。

表 8-1 投资方案的基本数据　　　　　　　　单位:万元

项　　　目	第 0 年	第 1~10 年
初始投资	500	
销售收入(5 元/件,销售量 100 件)		500
销售费用		250
管理费用		20
折旧		50

项　　目	第 0 年	第 1～10 年
税前利润		180
所得税(税率 25%)		45
税后利润		135
现金流量		185

该项目的净现值：

$$NPV = \sum_{t=1}^{10} \frac{185}{(1+10\%)^t} - 500 = 636.75$$

根据上述数据，我们可以看出，由于单位价格的变动，产品的销售收入、管理费用等都会发生相应的变化。单位价格变动引起的净现值的变化如表 8-2 所示。

表 8-2 销售价格变动的敏感性分析

销售价格变动	−30%	−20%	−10%	0%	10%	20%	30%
销售价格	3.5	4.0	4.5	5.0	5.5	6.0	6.5
销售收入	350	400	450	500	550	600	650
销售费用	250	250	250	250	250	250	250
管理费用	17	18	19	20	21	22	23
折旧	50	50	50	50	50	50	50
税前利润	33	82	131	180	229	273	327
所得税(25%)	8.25	20.5	32.75	45	57.25	68.25	81.75
税后利润	24.75	61.5	98.25	135	171.75	204.75	245.25
现金流量	74.75	111.5	148.25	185	221.75	254.75	295.25
投资总额	500	500	500	500	500	500	500
净现值	−40.69	185.12	410.94	636.75	862.57	1 065.34	1 314.19

由表 8-2 可以看出，单位价格变动越大，净现值的变动也越大，净现值与单位价格呈相同方向变化。同样，我们也可以计算销售量、销售费用中的变动成本等的变动对净现值的影响。

二、敏感性分析的局限性

(1) 在进行敏感性分析时，只允许一个假设条件发生变动，其他假设条件不变，而实际上，这些假设条件会相互影响，同时变动。比如，通货膨胀推动产品销售价格上升，而产品成本可能已上升到相当高的程度，在此情况下，仅仅分析销售价格变动对 NPV 的影响是欠全面的。

(2) 对敏感性分析结果的应用也存在主观性。影响 NPV 的假设条件有多个，显然，仅仅依靠单一因素对 NPV 的影响而决定是接受还是放弃某一项目将导致决策的主观性。

第二节 情景分析

情景分析是一种变异的敏感性分析,该分析描绘了项目将来的情景概况,并分析了每一种情况下项目投资的运用情况。对情景概况的分析可以基于宏观经济因素(如总体经济增长率、利息率或通货膨胀),产业结构因素(如竞争机制),或公司因素(如营运资本政策或营业毛利率)。

一、情景分析的步骤

第一步,选择建立情景概况所需要的因素,通常基于公司经营业务的类型和影响项目未来成功的最大不确定性因素。

第二步,估算每一种情景下所发生的投资分析变量(收入、增长率、营业毛利率)的价值。

第三步,估算每一种情景下项目的净现值。

第四步,基于所有情景下(而不仅仅在基础状态中)的项目净现值分析,进行项目决策。

【例8-2】 某公司正考虑投入150万元生产一种电动自行车。估计正常情况下的市场规模为10万辆,公司的市场占有率为10%。由于石油价格的上升,公司的市场份额将增加3%,而石油价格上升可能导致经济衰退,同时引起通货膨胀。在此情形下,估计市场规模将达到20万辆,产品销售价格和成本也可能上升15%。表8-3列示了不同场景下的项目现金流量。

表8-3 不同场景下的现金流量预测

	基础情形	油价上升、经济衰退情形
市场规模(万辆)	10	20
市场份额	0.1	0.13
单位价格(元)	2 000	2 300
单位变动成本(元)	1 500	1 725
固定成本(万元)	25	28.75
销售收入(万元)	2 000	5 980
变动成本(万元)	1 500	4 485
固定成本(万元)	25	28.75
折旧(万元)	15	15
税前利润(万元)	460	1 451.25
所得税(25%)(万元)	115	362.81
税后利润(万元)	345	1 088.44
现金流量(万元)	360	1 103.44
投资总额(万元)	150	150
净现值(10%)(万元)	2 062.06	6 630.2

由表8-3的计算结果可以看出,石油价格上升最终可能会对公司的投资有益。

二、情景分析的优缺点

(一) 情景分析的优点

(1) 全面考察了各个经济解释变量的变动给项目造成的综合影响。

(2) 在考察经济解释变量的变动时,从这些变量之间内在经济联系去认识与确定相应的变动,更直观地将项目分析对象表现出来。

(二) 情景分析的局限性

(1) 大多数情景分析假设未来的情况可以被清楚地描绘,但是在公司金融实践中,未来是模糊的、不够清晰的。

(2) 在情景分析时,确定每一个情景下经济解释变量的相应组合是非常困难的。

(3) 与敏感度分析为投资者提供明确的建议相比较,情景分析并不能为项目投资决策提供明确的建议。

第三节　盈亏平衡点分析

盈亏平衡点分析(Break-Even Point Analysis)考察的经济变量只有业务量或销售量,即考查什么样的业务量(或销售量)将导致项目开始出现亏损,这个业务量就是盈亏平衡点。

一、会计盈亏平衡

会计盈亏平衡分析确定某一产品或公司的销售量,在该销售量上收入正好弥补成本,该产品或公司的净收益为零。

$$会计盈亏平衡点 = \frac{(固定成本 + 折旧)(1 - T_c)}{(销售单价 - 单位变动成本)(1 - T_c)} \qquad (8-1)$$

【例 8-3】　假如甲公司对自行车零件项目进行投资,对每个变量的正常估计为:初始投资 10 万元,市场规模为每年 50 万件,公司的市场份额为 10%,单位售价 2 元,单位变动成本 1 元,固定成本 2 万元,所得税税率为 50%,投资者的要求收益率为 10%。假定该项目有效期为 10 年,按直线折旧法进行折旧,不考虑残值。

$$QA = \frac{20\,000 + 10\,000}{2 - 1} = 30\,000(件)$$

可见,在会计盈亏平衡点处,目标项目的经营收入能够支付项目的经营成本,并通过折旧的回收将期初的投资也全部收回,但目标项目的收入不足以支付投资人的资本机会成本,如图 8-1 所示。如果初始投资额 10 万元的资本机会成本为 10%,总机会成本为 1 万元,等价年度机会成本为 0.163 万元(=1÷6.145)。也就是说,如果在计算会计盈亏平衡点时多考虑 0.163 万元的机会成本,那么,处于会计盈亏平衡点上的项目事实上是个亏损项目。

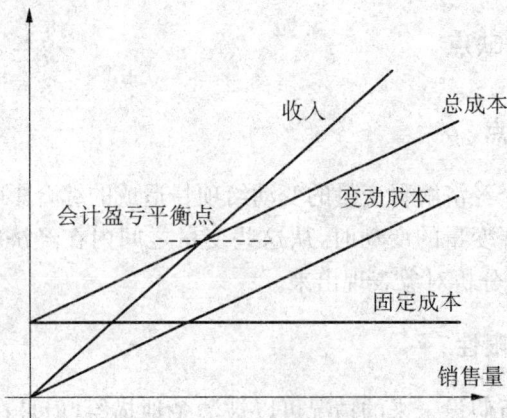

图 8-1 会计盈亏平衡点

二、净现值盈亏平衡

净现值盈亏平衡分析是需要寻求该项投资未来的现金流入正好弥补现金流出时的销售量,即寻求项目的净现值为零时所必需的销售量。

$$净现值盈亏平衡点 = \frac{投资额的等价年度成本 + 固定成本 \times (1 - T_c) - 折旧 \times T_c}{(销售单价 - 单位变动成本)(1 - T_c)}$$

(8-2)

$$NPV(Q_F) = \sum_{t=1}^{N} \frac{OCF}{(1+r)^t} - CF_0 = 0 \Rightarrow OCF \times (P_A/A, r, N) = CF_0 \quad (8-3)$$

净现值盈亏平衡点如图 8-2 所示。

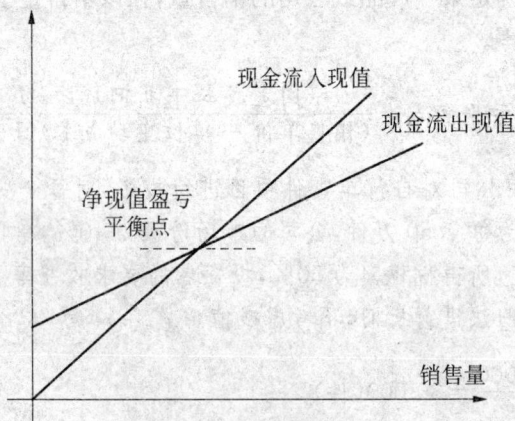

图 8-2 净现值盈亏平衡点

【例 8-4】 假如甲公司对自行车零件项目进行投资,对每个变量的正常估计为:初始投资 10 万元,市场规模为每年 50 万件,公司的市场份额为 10%,单位售价 2 元,单位变动成本 1 元,固定成本(包括利息费用 20%)2 万元,所得税税率为 50%,投资者的要求收益率为 10%。假定该项目有效期为 10 年,按直线折旧法进行折旧,不考虑残值。

$$等价年度成本=\frac{初始投资额}{(P/A,r,N)}=\frac{10}{6.144\ 6}=1.63(万元)$$

$$Q=\frac{1.63+2\times(1-50\%)-1\times50\%}{(2-1)\times(1-50\%)}=4.26(万件)$$

第四节　决策树分析

在项目决策分析中,有一系列的决策需要做出,此时运用决策树分析方法。

一、决策树分析的运用

事实上,在资本预算实践中,项目持有人往往会根据未来的新机遇,及时对投资项目做出调整,投资者不会不折不扣地执行当下制订的投资计划。由于未来存在不确定性,因此,从动态的角度看,当下的投资项目可能存在多种成长路径,需要我们用动态分析法对项目的有效性进行分析。决策树分析(Decision Trees)就是一种传统的动态分析方法,该方法将项目未来可能的成长路径均考虑在内,并作为当前投资决策的依据。决策树分析法首先描述项目可能的成长路径以及发生的概率,然后估算各成长路径下的 NPV,最后结合每种成长路径的联合概率来评估项目的可行性。

决策树分析法是一种用图表或列表的方式列示一个项目产生的现金流序列的方法。因此,运用决策树分析法时,首先要描述项目各种可能的成长路径,即绘制决策树。决策树由若干节点和枝干组成,节点分为决策节点和机会节点两种,相应的枝干分为决策枝干和机会枝干。决策节点用□表示,表明此时可以进行决策,选择未来的投资方案。由决策节点延伸出去的枝干是决策枝干,代表在特定投资方案下的投资路径。机会节点用○表示,表明此时可以产生多种经营状态。由机会节点延伸出去的枝干称为机会枝干,它代表着各种可能出现的经营状态,同时在每条机会枝干上还应注明在此经营状态下,所实现的经营业绩以及该经营状态出现的概率。

【例 8 - 5】　天创公司拟对其一条生产线进行改造,初始投资估计 1 000 万元。假设该单位生产线有效期为 2 年,投资者要求收益率为 10%,未来两年,该生产线的贡献和概率如图 8 - 3 所示。

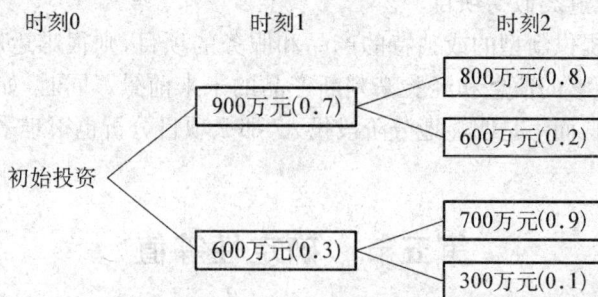

图 8 - 3　两种投资路径

如图 8-3 所示,第 1 年年末的现金流入有 900 万元和 600 万元两种情况,其概率分别是 70% 和 30%,第 1 年的两种可能的现金流入预期都不低,这样,会诱导投资者第 2 年继续运营,不会终止该项目。第 2 年年底有四种现金流入预期。如果第 1 年现金流入为 900 万元,则第 2 年年底的现金流入有两种可能,分别为 800 万元和 600 万元,其概率分别为 80% 和 20%;如果第 1 年现金流入为 600 万元,则第 2 年年底的现金流入有两种可能,分别为 700 万元和 300 万元,其概率分别为 90% 和 10%。从投资末梢看,该项目的成长路径有四条,每条路径的现金流和概率如表 8-4 所示。

表 8-4　项目各成长路径的现金流和概率

第 1 年年末		第 2 年年末		
概率	现金流(万元)	概率	现金流(万元)	联合概率
0.7	900	0.8	800	0.56
		0.2	600	0.14
0.3	600	0.9	700	0.27
		0.1	300	0.03

按 10% 进行贴现,目标项目的四条成长路径的净现值分别为:

第 1 路径:$NPV1 = 800 \div 1.21 + 900 \div 1.1 - 1\,000 = 479.3$(万元)
第 2 路径:$NPV2 = 600 \div 1.21 + 900 \div 1.1 - 1\,000 = 314.0$(万元)
第 3 路径:$NPV3 = 700 \div 1.21 + 600 \div 1.1 - 1\,000 = 123.9$(万元)
第 4 路径:$NPV4 = 300 \div 1.21 + 600 \div 1.1 - 1\,000 = -206.6$(万元)

根据加权平均法,按决策树分析法得出的项目净现值为:

$NPV = 479.3 \times 0.56 + 314 \times 0.14 + 123.9 \times 0.27 - 206.6 \times 0.03 = 339.6$(万元)

二、决策树分析的局限性

决策树方法明确了当前决策与未来决策间的联系,可以帮助管理者把握未来的可能选择,可以明晰项目的现金流量与风险,但决策树并没有告诉我们应该如何针对风险的变化采用不同的折现率。

另外,决策树要求被分析的项目可以被区分为几个明确的阶段,要求每一个阶段的结果必须是相互独立的,而且结果发生的概率及其对现金流量的影响可以被事先预测,这意味着公司在过去已经进行过类似的项目。

然而,对于某些提供新型的或独特的产品和服务的项目,则很难运用决策树进行分析,这是因为公司缺乏足够的信息和经验来判断产品的未来前景。同时,如果项目的投资发生在期初或是逐渐投入,而不是明显地分阶段投入,那么项目分析也很难采用决策树来进行。

第五节　确定性等值

确定性等值是指不含风险的未来现金流量,某时间点的确定性等值是该时间点现金流贴现值与相应的货币时间价值之和。投资项目进行资本预算时,我们假定投资项目的风险不会随时间推移而变化,项目风险具有稳定性。于是,我们使用单一贴现率对目标项目不同时点的现金流进行贴现。但是,由于公司面临的风险始终在变化,因此,前文中关于单一贴现率的假定在现实经济中并不完全靠谱。那么,我们什么时候可以对目标项目使用单一贴现率,以及什么时候不能使用单一贴现率呢?

一、使用单一贴现率的情形

如果将目标项目所有含风险的现金流转换成确定性等值,那么,我们可以将无风险利率作为单一贴现率对目标项目进行估值。但是,对于含风险的现金流我们是否可以使用单一贴现率计算其现值呢?

除确定性等值之外,我们也可以用单一贴现率(即与目标项目具有相同风险投资机会的资本机会成本)对目标项目不同时间点的不确定现金流进行贴现。如果使用单一贴现率对投资项目不同时点的含风险现金流进行贴现,那么,我们可以这样看待投资项目未来现金流的风险:即未来现金流的风险以一个确定的比率积聚,现金流的发生时间越靠前,该现金流积聚的风险越小,而现金流发生的时间越靠后,该现金流积聚的风险越大。通过使用单一贴现率,可对前期现金流进行较少的扣减,而对后期现金流进行更多的扣减。

事实上,我们既可以使用无风险利率作为单一贴现率对目标项目不同时点的现金流进行贴现,也可以用与项目同风险的贴现率对不确定性现金流进行贴现。两种方法求得的贴现值应该是一致的。

【例8-6】 假如A公司投资某一项目,项目的存续期为2年,投资额为100万元。该目标项目假如天创公司拟投资某一项目,项目的存续每年年底给公司带来200万元的现金净流量。无风险利率为5%,市场风险溢酬为10%,贝塔值为0.7,见表8-5。

表8-5 A公司目标项目现金流 单位:万元

时 刻	现金流	现值(按12%贴现)
0	-100	-100
1	200	178.57
2	200	159.44

$NPV(12\%)=238.01$。

表8-6 A公司目标项目现金流确定性等值 单位:万元

时 刻	现金流确定性等值	现值(按12%贴现)
0	-100	-100
1	187.50	178.57
2	175.78	159.44

$NPV(12\%)=238.01$。

由表8-5和表8-6可知,时点1含风险现金流和确定性等值分别是200万元和

187.50万元,时点2含风险现金流和确定性等值分别是200万元和175.78万元。可见,确定性等值随风险的积聚而逐步降低。如果目标项目风险不变,对前期现金流和后期现金流就应该采取单一贴现率进行贴现。

二、不能使用单一贴现率的情形

在现实经济中,确实会出现不能使用单一贴现率对目标项目不同时间点的现金流进行贴现的情形。比如,如果目标项目须经过试验性生产和市场测试后才能决定是否投资,那么,只有试验性生产和市场测试获得成功,目标项目才能正式启动。在这种项目投资案例中,试验性生产和市场测试的风险与目标项目正式投资后的风险是不同的,因此,就需要使用两种不同的贴现率分别对两个阶段的现金流进行贴现。再比如,如果在项目存续期内,持有目标项目公司的风险等级产生变化,那么,使用单一贴现率进行贴现也是不妥当的。

【例8-7】   A公司正在试生产一种新产品,预计投资10万元,期限1年。如果试生产成功,则投资2 000万元建设生产线,进行批量生产,预计每年可产生自由现金流400万元。成功和失败的概率各50%。公司的资本成本为10%,无风险利率为5%。如果试生产不成功,那么,时点1的净现值为:

$$NPV1 = -2\,000 + 400 \div 0.1 = 2\,000(万元)$$

如果试生产不成功,那么,时点1的净现值为:

$$NPV1 = 0$$

由于成功和失败的概率各50%,因此,时点1的加权平均净现值为:

$$NPV1 = 2\,000 \times 50\% + 0 \times 50\% = 1\,000(万元)$$

由于加权平均净现值为确定性等值,应该按无风险利率进行贴现,即:

$$NPV = 1\,000 \div (1 + 5\%) = 952.4(万元)$$

可见,如果还是按照10%进行贴现,会高估现金流的风险,低估该项目的净现值。

本 章 小 结

本章探讨了进行项目风险分析的几种方法:

(1)敏感性分析法是在变量取值乐观和悲观的前提下估计项目的净现值,由此得到可能的范围。情景分析法考虑了在不同场景下不同变量的联合变动对净现值的影响。

(2)盈亏平衡分析法是计算出项目盈亏平衡时所应实现的销售量,这有助于经营者了解在项目亏损前错误预测的危害性。盈亏平衡分析法可以采用会计利润,也可采用净现值进行分析,但运用净现值进行盈亏平衡分析更加合理准确。

(3)决策树方法为研究项目的不确定性提供了有价值的信息,但并不是对所有的项目都能够提供所需要的庞大信息量。

(4)由于公司面临的风险始终在变化,因此,单一贴现率在现实经济中并不完全靠谱。

关 键 术 语

敏感性分析　情景分析　会计盈亏平衡点　净现值盈亏平衡点　决策树分析

思 考 题

1. 什么是敏感性分析法？敏感性分析法的重要性体现在哪里？

2. 什么是情景分析法？情景分析和敏感性分析的本质区别是什么？

3. 什么是盈亏平衡分析？会计盈亏平衡与净现值盈亏平衡的区别是什么？

4. 什么是决策树？运用决策树方法时应注意什么问题？

5. 为什么说决策树分析法是传统资本预算中的动态分析法？

6. 某饮料公司正在分析一种新型饮料项目的可行性。项目的初始投资为 100 万元，预计项目寿命期为 10 年。每年的广告费用预计为 10 万元，产品成本为每瓶 1.5 元，预期收入为每瓶 4 元。假设折现率为 12%，公司所得税率为 25%。

(1) 预计该项目必须生产多少瓶饮料才能达到会计盈亏平衡？

(2) 预计该项目必须生产多少瓶饮料才能达到净现值盈亏平衡？

7. 某石油公司正在考虑一个海上钻探计划。勘探机井的初始投资预计为 500 万元，成功的概率为 75%。1 年后进行油井钻探，其投资成本为 1 000 万元，投资进行后的下一年，会出现三种情况：高产量油井，20 年中每年生产 4 万桶原油，概率为 30%；普通产量油井，20 年中每年生产 2 万桶原油，概率为 40%；低产量油井，20 年中每年生产 0.5 万桶原油，概率为 30%。

当前公司每桶原油的售价为 300 元。年固定成本为 50 万元。同时，采用直线折旧法在 20 年里对机井进行折旧。资本成本为 14%，公司所得税率为 25%。

(1) 给出该投资的决策树。

(2) 该石油公司是否应该进行投资？

8. 设某项目产生的预计现金流如下表：

时　刻	0	1	2
金额(万元)	200	500	600

项目的贝塔值估计为 1.5，市场收益率 r_m 为 10%，无风险利率 r_f 为 4%。

(1) 估计资本机会成本和项目的现值(对每笔现金流使用相同的贴现率)。

(2) 每年的确定性等值为多少？

(3) 每年的确定性等价现金流对期望现金流的比值是多少？

(4) 解释比值下降的原因。

9. 假设投资者投资一项目，投资额为 1 000 万元，该项目有两种路径，即成功和失败，概率分别是 70 和 30%。成功时，项目产生的现金流入现值为 1 500 万元，失败时，现金流入现值只有区区 300 万元。

（1）用决策树分析法分析是否投资该项目。

（2）如果该项目失败时，项目持有人能够以 800 万元的价格出售该项目，那么投资者当下是否会进行投资？

10. 某公司拟引进一项目，投资额为 100 万元，有效期为 4 年，直线折旧，不考虑残值。公司所得税率为 30%。投资者要求收益率为 12%。未来存在不确定性，销售量等变量可能的估值见下表：

	不景气	正 常	繁 荣
销量（万件）	40	50	70
单位变动成本（元/件）	6	4	3
售价（元/件）	9	10	12
固定成本（万元）	20	20	20

请对引进项目进行敏感性分析。

11. 某公司拟建设一项固定资产，预计有 A、B 两种方法，其净现金流量如下表：

项 目 ＼ 时 期	0	1	2	3	4	5
A	−80 000	25 000	25 000	25 000	25 000	25 000
B	−100 000	30 000	25 000	35 000	20 000	35 000

（1）根据投资报酬率指标，判断哪个方案可行。

（2）求两个方案的投资回报期。

（3）计算两方案的净现值，假设资本成本为 10%。

（4）计算两个方案的盈利指数。

12. B 公司在研究一项生产能力扩张计划的可行性，需估计资本成本，相关资料如下：

公司现有长期负债：面值 1 000 元/张，票面利率 8%，每年付息一次，债券还有 5 年到期，目前市价 1 000 元/张（不考虑发行成本）。

公司现有普通股：当前市价为 50 元/股，最近一次支付的股利为 4.19 元/股，估计股利的永续增长率为 5%，该股票的贝塔值为 1.2。公司不准备增发新股。

资本市场：国债利率为 5%，市场组合平均风险溢酬为 6%。公司所得税率为 30%。

（1）计算债务成本（提示：债务成本用到期收益率表示）。

（2）计算普通股成本。

（3）假如公司债务资本比重为 30%，权益资本比重为 70%，计算公司 WACC。

第三篇

融资决策

第九章 债务融资

【本章学习目标】

- 掌握短期借款成本的计算方法。
- 掌握商业票据的概念和类型。
- 掌握商业信用的概念和成本的计算方法。
- 了解短期融资券的发行方式和特点。
- 了解长期融资的种类及优缺点。

导入案例

保利地产的债务融资

保利房地产(集团)股份有限公司为了偿还借款,优化公司债务结构,补充公司流动资金,于 2008 年 7 月 8 日公布了有关公开发行公司债券的公告,公告详述了本次公司债券发行的发行对象、发行方式、发行总额及票面利率等。其中发行方式分为两种:网上和网下。网上面向社会公众投资者公开发行;网下面向机构投资者询价配售。发行总额为 430 000 万元,发行价格为 100 元,票面利率为 7%,每年附息一次。

2008 年 7 月 16 日,保利房地产(集团)有限公司公布了本次债券的发行结果,网上一般社会公众投资者的认购数量为 4.30 亿元人民币,占本期公司债券发行总量的 10%。网下机构投资者认购数量为 8.70 亿元人民币,占本期公司债券发行总量的 90%。

2011 年 5 月 9 日,中信证券股份有限公司公布了对"08 保利债"的信用状况分析,经过对保利房地产的行业、业务营运、财务状况及担保实力进行全面分析后,审定债券的信用等级为 AAA,说明发行主体有一定能力对债券进行偿付。另外,债务融资还存在筹资数量有限和存在限制条件的不足,但是本案例中的债券,存在较少的限制性条款,对公司的经营决策不会产生较大影响。

(资料来源:郭丽虹,王安兴.公司金融学.上海:上海财经大学出版社,2014.)

案例导学

结合本章将要学到的知识,分析比较不同的融资政策,并对案例中用到的融资政策的优缺点进行分析。

第一节　短期债务融资

短期负债即流动负债,是指在1年内或者超过1年的一个营业周期内偿还的债务,包括短期借款、应付票据、应付账款、预收账款、应付职工薪酬、应付股利、应交税金、其他暂收应付款项、预提费用和一年内到期的短期借款等。充分利用短期负债,投入企业生产经营活动中,可以增加企业资金使用量,获得更多利润。

一、短期负债的特点

(1)筹资速度快,容易取得。短期负债偿还时间短,在企业存续的周期也较短。此外短期负债较易取得,如应付账款、应付票据等,因企业正常生产经营活动而产生,与长期负债相比,不需进行烦琐的程序。

(2)筹资成本低。通常情形下,短期负债的利率会低于长期负债的利率水平,即短期负债成本低于长期负债下的资金成本,而因商业信用取得的短期负债中有相当部分没有利息要求,不用考虑融资成本。

(3)灵活性强。相比与长期融资,短期负债中的债务人与债权人之间,可就融资额、融资时间及融资利息等条件进行磋商,而不需经过严格的审查过程,是一种弹性更大、灵活性强的融资方式。

(4)筹资风险高。短期负债数额波动大、偿还期限短,对企业短期资金筹措有压力,若资金周转不灵或筹措不到位,会陷入财务困境,甚至有可能出现更为严重的影响。

二、短期债务融资的类型

(一)商业信用

商业信用又称"自然筹资",是指企业在商品交易过程中,因延期付款或预收货款而形成的企业间的借贷关系。一般来说是非金融企业之间发生的信用,是企业日常经营中最常采用的方式,因此也是企业短期资金的最大来源。商业信用筹资包括应付账款、应付票据、预收账款等。

1. 应付账款

(1)应付账款的含义。

应付账款是指企业购买货物形成的应付而未付的款项。买方企业因赊购政策,无须即时付款,只要在卖方企业规定的期限内付款,成为实际占用资金方。

应付账款所涉及的信用条件包括付款期限、折扣等。根据不同的付款时点和享有的折扣,应付账款分为:免费信用,即买方企业在规定的折扣期限内享受折扣而获得的信用;代价信用,即在规定的信用期间内,买方企业放弃折扣付出代价而获得的信用;展望信用,即买方企业超过规定的信用期推迟付款而强制获得的信用。应付账款决策就是通过比较不同的信用成本,选择成本最低的方案,即为最优方案。

(2)应付账款的成本。

应付账款的成本是指买方企业因丧失现金折扣而承受的资金成本,即买方企业没有享受信用折扣而付出的代价。计算公式为:

$$放弃现金折扣的资金成本=\frac{折扣百分比}{1-折扣百分比}\times\frac{360}{信用期-折扣期} \qquad (9-1)$$

由上式可知,放弃现金折扣的资金成本与折扣百分比的大小、折扣期的长短同方向变化,与信用期的长短反方向变化。因此企业在放弃现金折扣时,推迟付款的时间越长,成本就会越小。

【例 9-1】 某企业按"1/10,n/30"的信用条件赊购 30 万元货物。由条件可知,免费信用期为 10 天,即该企业在 10 内付款,可获得折扣 0.3 万元(=30×1%),假设该企业放弃折扣,在 30 天内付款(超过 10 天),就要承受因放弃现金折扣而形成的资金成本(即将折扣率视为利息率,由此产生的隐含利息成本)。

$$放弃现金折扣的资金成本=\frac{1\%}{1-1\%}\times\frac{360}{30-10}=18.18\%$$

假设该企业将付款时间延长到 60 天,则有:

$$放弃现金折扣的资金成本=\frac{1\%}{1-1\%}\times\frac{360}{60-10}=7.3\%$$

2. 应付票据

应付票据是企业进行赊购交易时开具的反映债权债务关系的票据。根据承兑人不同,应付票据分为商业承兑汇票和银行承兑汇票,支付期一般在 1 个月以上,最长不超过 6 个月。商业承兑汇票是由收款人开出,经付款人承兑,或由付款人开出并承兑的汇票。银行承兑汇票是由收款人或承兑申请人开出,由银行审查并同意承兑的汇票。

应付票据可以带息,也可不带息。应付票据的利率通常会低于银行借款的利率,因此应付票据的筹资成本低于银行借款成本。而且应付票据必须到期偿还,延期偿还要支付罚款,因此风险较大。

3. 预收账款

预收账款是指卖方企业在交付货物之前向买方企业预先收取部分或全部货款的信用形式,一般适用于生产周期长、资金需求量较大的货物销售,如飞机、游艇等。此时对于卖方企业,预收账款就相当于向买方融通的资金,缓解资金占用压力,只是这部分资金不是用货币资金偿还,而是用货物抵偿。

商业信用融资方式非常方便、限制条件少、成本较低,但是期限较短。除了上述三种主要的商业信用方式外,企业还会存在一些由非交易行为产生、具有自发性筹资特点的应付费用,如应付职工薪酬、应交税费、其他应付款等。这些应付费用也是先享受权益、再支付费用,相当于向收款方融通资金,是对企业所需资金的补充。

(二)商业票据

商业票据是获取短期债务资金的另一种途径,通常由具有最佳信用等级的公司按面值折价发行、销售。商业票据的期限一般不超过 270 天,发行票据时,公司无须在证券交易所申请注册登记,但需承诺在到期日按面额购回票据。

商业票据的实际利率的计算公式为:

$$r_{实际} = \frac{面值 - 贴现额}{贴现额} \times \frac{360}{m} \quad\quad (9-2)$$

式中,m 为商业票据的期限。

【例 9-2】 某企业以 10% 的利率发行了 50 万元的商业票据,期限为 90 天,该商业票据是贴现发行。因此,企业获得的贴现额为 48.75 万元($=50-50\times10\%\div4$)。该商业票据的实际利率为:

$$r_{实际} = \frac{面值 - 贴现额}{贴现额} \times \frac{360}{m}$$

$$= \frac{1.25}{48.75} \times \frac{360}{90}$$

$$= 10.26\%$$

商业票据的利率通常低于同期银行贷款利率,但它会带来大量与发行有关的固定成本,这使得商业票据只有在企业需要大量短期资金的情况下才比较合算。

(三) 短期融资券

短期融资券是企业根据中国人民银行《银行间债券市场非金融企业债务融资工具管理办法》及其他相关规定,发行在银行间债券市场进行交易,并约定在一定期限内还本付息的有价证券,发行企业一般为大型优质企业。

(1) 根据发行方式的不同,可分为经纪人代销的融资券和直接销售的融资券;

(2) 根据发行人的不同,可分为金融企业融资券和非金融企业融资券;

(3) 根据发行和流通范围不同,可分为国内融资券和国际融资券。

短期融资券的成本包括利息成本、承销费用、信用评级费用及律师咨询费等。其资金成本,即用资费用与利率紧密相关。

1. 短期融资券的优点

(1) 筹资成本较低。短期融资券的筹资成本一般应低于同期银行借款利率。

(2) 筹资数额较多。企业向金融机构能够融通的资金是有限额规定的,有可能不能满足企业全部资金要求,而发行短期融资券则不存在这样的问题。

(3) 提高企业信誉。发行短期融资券的企业要符合相关法律法规所设置的条件,因此能够发行的企业往往会给市场良好的印象,企业信誉会有一定程度的提高。

2. 短期融资券的缺点

(1) 发行弹性较小、限制较多。一般只有信誉良好、实力较强的企业才适宜于用短期融资券来实现短期筹资的目的。

(2) 承受较大的风险。短期融资券到期必须偿还,且能够延迟付款的可能性不大,当企业不能按时偿还时,将面临较大的风险。

(四) 短期借款

短期借款是指企业向银行或其他非银行金融机构借入的期限在 1 年以内的借款。短期借款由企业主动根据资金需求来进行的筹资方式,较为灵活,但短期内要进行偿还,有可能增加企业风险程度。

1. 短期借款的程序

与商业信用不同,短期借款的取得需经过更多的程序,包括:

(1) 企业提出申请,说明借款动机及用途。

(2) 金融机构审查申请。

(3) 金融机构批准申请。

(4) 签订借款合同,办理借款手续。

(5) 企业取得借款,并按期归还。

2. 短期借款的信用条件

一般而言,短期借款往往还会有附加的信用条件:

(1) 信贷额度。信贷额度是企业与银行在借款合同中规定的无担保贷款的最高限额。通常企业在银行批准的信贷额度内,可随时向银行借款。当企业借款额超出限额继续向银行借款,银行会停止办理。而如果企业信誉恶化,则银行可能中止借款且不会承担法律责任。

(2) 周转信贷协定。周转信贷协定是指银行从法律上承诺向企业提供不超过某一最高限额的贷款协议。在协定有效期内,只要企业的借款总额没有超过最高限额,银行必须满足在任何时候提出的借款要求。企业享用周转信贷协定,通常要就贷款限额的未使用部分付给银行一笔承诺费。

【例 9-3】 某企业与银行签订的周转信贷协定额为 300 万元,承诺费率为 1%,该企业全年使用了 200 万元,余额为 100 万元,则企业向银行支付的承诺费为:

承诺费 $= 100 \times 1\% = 1$ (万元)

若资金的平均使用期是 6 个月,则:

承诺费 $= 100 \times 1\% + 200 \times 1\% \times 6 \div 12 = 2$ (万元)

(3) 补偿性余额。补偿性余额是指银行要求借款企业在银行中保持按贷款限额或实际借用额一定百分比(通常为 10%~20%)计算的最低存款余额。补偿性余额可降低银行的贷款风险,补偿遭受的贷款损失。对借款企业而言,补偿性余额提高了企业借款的实际利率。

$$r_{实际} = \frac{利息支出}{借款金额 - 补偿性余额} = \frac{名义利率}{1 - 补偿性余额比例} \tag{9-3}$$

【例 9-4】 某企业按年利率 10% 向银行借款 300 万元,银行要求保留贷款限额的 20% 作为补偿性余额,则企业实际可用的借款额只有 240 万元,这项银行借款的实际利率为:

补偿性余额的实际利率 $= \frac{300 \times 10\%}{240} = 12.5\%$

（4）借款抵押。借款抵押是指财务风险较大、信誉不好的企业向银行借款时，有时需要提供抵押品给银行，以保证银行不受企业拖累而发生借款损失。短期借款的抵押品包括企业的应收账款、存货、有价证券等。银行会根据抵押品的面值决定贷款金额，一般为抵押品面值的30%～90%。由于抵押借款被银行视作风险投资，银行会收取较高的利率，往往还会另外收取手续费，所以抵押借款的成本通常会高于非抵押借款。

（5）偿还条件。偿还条件是指企业偿还借款的时点和每次偿还的金额。短期借款的偿还一般分为到期一次偿还和在借款期内定期等额偿还两种方式。不同的偿还方式下，企业的筹资成本和财务负担会有区别，到期一次偿还方式对企业资金量要求较高，银行往往不希望企业采取这种方式，因为这样会加重企业财务负担，增加企业拒付的风险；采用分期等额偿还方式，企业实际承受的借款利率会高于协议利率，因此企业一般不希望采取这种偿还方式。

（6）其他信用条件。企业对取得银行短期借款，往往还需要提供更多承诺，尤其当企业信用等级较低时。当企业违反这些信用条件时，银行可以立即中止借款协议，马上要求企业偿还借款。

3. 短期借款的成本及支付方式

（1）单利。

若短期借款为一年期，到期时一次还本付息，则借款的实际利率与名义利率相同。借款期限在一年以下的实际利率为：

$$r_{实际} = \left(1 + \frac{r_{名义}}{m}\right)^m - 1 \qquad (9-4)$$

式中，m 为一年中的借款次数。

【例 9-5】 某企业从银行从银行借入一笔 50 万元的资金，借款期限为 3 个月，名义年利率为 8%，这笔短期借款的实际利率计算如下：

由于借款期限为 3 个月，则 m 为 4：

$$r_{实际} = \left(1 + \frac{r_{名义}}{m}\right)^m - 1 = \left(1 + \frac{0.08}{4}\right)^4 - 1 = 8.24\%$$

（2）贴现利率。

银行先从本金中扣除利息部分，则企业在借款时实际得到的借款金额小于其借款的金额，借款的成本为：

$$r_{实际} = \frac{利息支出}{借款金额 - 利息支出} \qquad (9-5)$$

借款期限在一年以下的实际利率为：

$$r_{实际} = \left(1 + \frac{利息支出}{借款金额 - 利息支出}\right)^m - 1 \qquad (9-6)$$

【例 9-6】 某企业在贴现的基础上，以 12% 的名义年利率为一笔 10 万元的 3 个月期

限的借款利息,那么,这笔借款的实际利率为:

$$r_{实际} = \left(1 + \frac{利息支出}{借款金额 - 利息支出}\right)^m - 1$$

$$= \left(1 + \frac{10 \times (12\% \div 4)}{10 - 10 \times (12\% \div 4)}\right)^4 - 1$$

$$= 12.96\%$$

(3) 有补偿性余额的利率。

当利息在计息期末支付并且要求保持补偿性余额时,借款的实际利率就会高于按借款本金计算的利率。

有补偿性余额的实际利率为:

$$r_{实际} = \frac{利息支出}{借款金额 - 补偿性余额} = \frac{名义利率}{1 - 补偿性余额比例} \qquad (9-7)$$

若借款期限在一年以下,实际利率为:

$$r_{实际} = \left(1 + \frac{利息支出}{借款金额 - 补偿性余额}\right)^m - 1 \qquad (9-8)$$

【例 9-7】 某企业以 12% 的名义年率借入一笔 10 万元的资金,期限为 3 个月,银行要求企业保持 10% 的补偿性余额。那么,这笔借款的实际利率为:

$$r_{实际} = \left(1 + \frac{利息支出}{借款金额 - 补偿性余额}\right)^m - 1$$

$$= \left(1 + \frac{10 \times (12\% \div 4)}{10 - 10 \times 10\%}\right)^4 - 1$$

$$= 14.01\%$$

第二节 长期债务融资

公司要在激烈的市场竞争中发展壮大,必须善于利用债务资本,即举债经营。债务资本具有抵税的作用,因而债务资本成本一般低于权益资本成本。长期债务融资方式包括长期借款、发行债券等。

一、长期借款融资

(一) 长期借款的含义和分类

1. 长期借款的含义

长期借款是指企业向银行金融机构以及向其他单位借入的、期限在一年以上的各种借款,主要用于大额的固定资产和流动资产的长期占用。取得长期借款是各类企业筹集长期资金所使用的必不可少的方式。

2. 长期借款的种类

(1) 按提供贷款的机构单位,分为政策性银行贷款、商业性银行贷款和其他金融机构贷款等。

(2) 按贷款有无抵押品,分为抵押贷款和信用贷款。

(3) 按使用贷款的行业,分为工业贷款、商业贷款、农业贷款。

(4) 按贷款主要用途,分为固定资产贷款、大修理贷款、技术改造贷款、科研开发和新产品试制贷款等。

(二) 长期借款的信用条件

按照国际惯例,银行借款往往附加一些信用条件,主要有信用额度、周转信用协议、补偿性余额。

(1) 信用额度是企业与银行间正式或非正式协议规定的企业借款的最高限额。

(2) 周转信贷协议是一种经常为大公司使用的正式信用额度。

(3) 补偿性余额是银行要求企业将借款的 10%～20% 的平均存款余额留在银行。

在银行附加上述信用条件下,企业取得的银行借款属于信用借款。

企业申请贷款一般应具备的条件为:

(1) 借款企业实行独立核算、自负盈亏、具有法人资格;

(2) 借款企业必须具备批准的项目建议书、可行性研究报告等文件;

(3) 贷款项目总投资额中,要有不少于 30% 的自筹资金;

(4) 借款企业要经过有关资信评估部门评估;

(5) 借款企业财务管理和经济核算制度健全,资金使用效益及企业经济效益良好;

(6) 借款企业在银行开立有账户,办理结算。

(三) 银行长期借款的程序

(1) 提出借款申请。

(2) 审核申请。

(3) 签订借款合同。

(4) 企业取得借款。

(四) 借款合同的内容

1. 借款合同的基本条款

借款合同应具备下列基本内容:① 贷款种类;借款用途;③ 借款金额;④ 借款利率;⑤ 借款期限;⑥ 还款资金来源及还款方式;⑦ 保证条款;⑧ 违约责任等。

2. 借款合同的限制条款

(1) 一般性限制条款。

一般性限制条款包括:持有一定的现金及其他流动资产,保护合理的流动性及还款能力;限制现金股利的支出;限制资本支出的规模;限制借入其他长期债务。

（2）例行性限制条款。

多数贷款合同都有这类条款,一般包括:定期向银行报送财务报表;不能出售太多的不动产;债务到期要及时偿付;禁止应收账款的出售或贴现;违约的处罚办法等。

（3）特殊性限制条款。

例如,规定公司主要领导人购买人身保险,规定借款的用途不得改变等。这类条款只在特殊的情况下才生效。

（五）长期借款偿债计划

尽量使长期借款的偿债期和偿付量与现金流入期和积累量相衔接,以回避偿还长期借款的风险。偿还方式有分期付息到期还本、分期还本付息、分期等额偿还本息。

（1）分期付息到期还本偿债计划。

例如,向银行取得1 000万元,年利息率为10%的5年期长期借款(见表9-1)。

表9-1 5年期长期借款分期付息到期还本偿债计划　　　　　　单位:万元

年　度	付　息	还　本	偿债总额	剩余本金
0	—	—	—	1 000
1	100	—	100	1 000
2	100	—	100	1 000
3	100	—	100	1 000
4	100	—	100	1 000
5	100	1 000	1 100	0
合　计	500	1 000	1 500	—

（2）分期还本付息偿债计划(见表9-2)。

表9-2 5年期长期借款分期还本付息偿债计划　　　　　　单位:万元

年　度	剩余本金	还　本	付　息	偿债总额
0	1 000	—	—	—
1	800	200	100	300
2	600	200	80	280
3	400	200	60	260
4	200	200	40	240
5	0	200	20	220
合　计	—	1 000	300	1 300

（3）分期等额偿还本息偿债计划（见表9-3）。

表9-3　5年期长期借款分期等额偿还本息偿债计划　　　　单位：万元

年　度	年偿债额	还　本	付　息	剩余本金
0	—	—	—	1 000
1	263.8	163.8	100	836.2
2	263.8	180.2	83.6	656
3	263.8	198.2	65.6	457.8
4	263.8	218	45.8	239.8
5	263.8	239.8	24	0
合　计	1 319	1 000	319	—

（六）长期借款筹资的优缺点

（1）筹资速度快。长期借款的手续比发行债券简单得多，得到借款所花费的时间较短。

（2）借款弹性大。借款时企业与银行直接交涉，有关条件可以谈判确定；用款期间发生变动，亦可以与银行再协商。而债券筹资面对的是社会广大投资者，协商改善筹资条件的可能性很小。

（3）借款成本低。长期借款利率一般低于债务利率，且由于借款属于直接筹资，筹资费用也很少。

二、债券筹资

（一）债券及分类

1. 债券的含义

债券是经济主体为筹集资金而发行的，用以记载和反映债权债务关系的有价证券。由企业发行的债券称为企业债券或公司债券。这里所说的债券，指的是期限超过1年的公司债券，其发行的目的通常是为建设大型项目筹集大笔长期资金。

2. 债券的种类

（1）按债券上是否记有持券人的姓名或名称，分为记名债券和无记名债券。这种分类类似于记名股票和无记名股票的划分。在公司债券上记载持券人姓名或名称的为记名公司债券，反之为无记名公司债券。两种债券在转让上的差别也与记名股票和无记名股票相似。

（2）按是否能转换为公司股票，分为可转换债券和不可转换债券。若公司债券能转换为本公司股票，为可转换债券；反之，为不可转换债券。一般来讲，前种债券的利率要低于后种债券，按照我国《公司法》的规定，发行可转换债券主体只限于股份有限公司中的上市公司。以上两种分类为我国《公司法》所确认的。

除此之外，按照国际通行做法，公司债券还有另外一些分类：

（1）按有无特定的财产担保，分为抵押债券和信用债券。发行公司以特定财产作为抵押品的债券为抵押债券；没有特定财产作为抵押，凭信用发行的债券为信用债券。抵押债券又分为一般抵押债券，即以全部公司资产作为抵押品而发行的债券；不动产抵押债券，即以公司的不动产作为抵押而发行的债券；设备抵押债券，即以公司的机器设备为抵押而发行的债券；证券信托债券，即以公司持有的股票证券以及其他担保证书交付给信托公司作为抵押而发行的债券等。

（2）按是否参加公司盈余分配，分为参加公司债券和不参加公司债券。债权人除享有到期向公司请求还本付息的权利外，还有权按规定参加公司盈余分配的债券，为参加公司债券；反之，为不参加公司债券。

（3）按利率的不同，分为固定利率债券和浮动利率债券。将利率明确记载于债券上，按这一固定利率向债权人支付利息的债券，为固定利率债券；债券上未明确利率，发放利息时利率水平按某一标准（如政府债券利率、银行存款利率）的变化而同方向调整的债券，为浮动利率债券。

（4）按能否上市，分为上市债券和非上市债券。可在证券交易所挂牌交易的债券为上市债券；反之，为非上市债券。上市债券信用度高、价值高，且变现速度快，故而较吸引投资者，但上市条件严格，并要承担上市费用。

（5）按照偿还方式，分为到期一次债券和分期债券。发行公司在债券到期日一次集中清偿本金的，为到期一次债券；一次发行而分期、分批偿还的债券为分期债券。分期债券的偿还又有不同办法。

（6）按照其他特征，分为收益公司债券、附认股权债券、附属信用债券等。收益公司债券是只有当公司获得盈利时才向持券人支付利息的债券。这种债券不会给发行公司带来固定的利息费用，对投资者而言收益较高，但风险也较大。附认股权债券是附带允许债券持有人按特定价格认购公司股票权利的债券。这种认购股权通常随债券发放，具有与可转换债券类似的属性。附认股权债券与可转换公司债券一样，票面利率通常低于一般公司债券。附属信用债券是当公司清偿时，受偿权排列顺序低于其他债券的债券；为了补偿其较低受偿权顺序可能带来的损失，这种债券的利率高于一般债券。

（二）债券的发行

1. 发行债券的条件

我国《证券法》规定，公司债券的发行主体只限于股份有限公司、国有独资公司和两个以上的国有企业或两个以上的国有投资主体投资设立的有限责任公司。其他任何公司、企业或个人都不能发行公司债券。

我国《证券法》对公司发行债券的条件做了较严格的规定，发行公司债券必须符合下列条件：

（1）股份有限公司的净资产额不低于人民币3 000万元，有限责任公司的净资产额不低于人民币6 000万元。

（2）累计债券总额不超过公司净资产额的40%。

（3）最近3年平均可分配利润足以支付公司债券1年的利息。

（4）所筹集资金的投向符合国家产业政策。

（5）债券的利率不得超过国务院限定的利率水平。

（6）国务院规定的其他条件。

2. 债券的发行价格

债券的发行价格是债券发行时所使用的价格，亦即投资者购买债券时所支付的价格。公司债券的发行价格通常有三种：平价、溢价和折价。

平价是指以债券的票面金额为发行价格；溢价是指以高出债券的票面金额的价格为发行价格；折价是指以低于债券的票面金额的价格为发其行价格。债券发行价格的形成受诸多因素的影响，其中主要是票面利率与市场利率的一致程度。债券的票面金额、票面利率在债券发行前既已参照市场利率和发行公司的具体情况确定下来，并载明于债券之上。但在发行债券时已确定的票面利率不一定与当时的市场利率一致。为了协调债券购销双方在债券利息上的利益，就要调整发行价格，即当票面利率高于市场利率时，以溢价发行债券；当票面利率低于市场利率时，以折价发行债券；当票面利率与市场利率一致时，则以平价发行债券。

3. 债券评级

债券评级是指由债券评级机构对债券发行公司的信用评定的等级。债券评级机构对信用的评定是依据债券发行公司是否会发生违约以及在发生违约时对债券持有者的保护而做出的。对于公司债券而言，发行公司债券的信用等级是决定公司债券收益率以及发行价格的重要因素。

公司公开发行债券通常需要由债券评信机构评定等级。债券的信用等级对于发行公司和购买人都有重要影响。国际上流行的债券等级是 3 等 9 级：AAA 级为最高级，AA 级为高级，A 级为上中级；BBB 级为中级，BB 级为中下级，B 级为投机级；CCC 级为完全投机级，CC 级为最大投机级，C 级为最低级。

根据中国人民银行的有关规定，凡是向社会公开发行的企业债券，需要由经中国人民银行认可的自行评级机构进行评信。这些机构对发行债券企业的企业素质、财务质量、项目状况、项目前景和偿债能力进行评分，以此评定信用级别。

4. 债券筹资的特点

与其他长期负债筹资方式相比，发行债券的突出优点在于筹资对象广、市场大。但是，这种筹资方式成本高、风险大、限制条件多，这是其不利的一面。

第三节　融资租赁

一、融资租赁概述

融资租赁是由租赁公司按照承租公司的要求融资购买设备，并在契约或合同规定的较长期限内提供给承租公司使用的信用性业务，是专门为承租人在财务困难缺乏资金的情况下,解决公司对长期资产需要而采取的一种租赁方式,是将融资和融物集于一身的一种筹资方式。

(1) 在租赁期届满时,租赁资产的所有权转移给承租人;

(2) 承租人有购买租赁资产的选择权,所订立的购价预计将远低于行使选择权租赁资产的公允价值,因而在租赁开始日就可以合理确定承租人将会行使这种选择权;

(3) 租赁期占租赁资产可使用年限的大部分(通常解释为等于或大于 75%);

(4) 租赁开始日最低租赁付款额的现值几乎相当于(通常解释为等于或大于 90%)租赁开始日租赁资产原账面价值;

(5) 租赁资产性质特殊,如果不做重新改制,只有承租人才能使用。

二、融资租赁的种类

(一) 简单融资租赁

简单融资租赁是指,由承租人选择需要购买的租赁物件,出租人在对租赁项目风险评估后出租租赁物件给承租人使用。在整个租赁期间,承租人没有所有权但享有使用权,并负责维修和保养租赁物件。出租人对租赁物件的好坏不负任何责任,设备折旧在承租人一方。

(二) 杠杆融资租赁

杠杆融资租赁的做法类似银团贷款,是一种专门做大型租赁项目的有税收好处的融资租赁,主要是由一家租赁公司牵头作为主干公司,能为一个超大型的租赁项目融资。首先成立一个脱离租赁公司主体的操作机构——专为本项目成立的资金管理公司提供项目总金额20%以上的资金,其余部分资金来源则主要是吸收银行和社会闲散游资,利用"以二博八"的杠杆方式,为租赁项目取得巨额资金。其余做法与融资租赁基本相同,只不过合同的复杂程度因涉及面广而随之增大。由于它具有可享受税收好处、操作规范、综合效益好、租金回收安全、费用低等特点,一般用于飞机、轮船、通信设备和大型成套设备的融资租赁。

(三) 委托融资租赁

一种方式是拥有资金或设备的人委托非银行金融机构从事融资租赁,第一出租人同时是委托人,第二出租人同时是受托人。第二出租人接受委托人的资金或租赁标的物,根据委托人的书面委托,向委托人指定的承租人办理融资租赁业务。在租赁期内租赁标的物的所有权归委托人,第二出租人只收取手续费,不承担风险。这种委托租赁的一大特点就是让没有租赁经营权的企业,可以"借权"经营。电子商务租赁即依靠委托租赁作为商务租赁平台。

第二种方式是出租人委托承租人或第三人购买租赁物,出租人根据合同支付货款,又称委托购买融资租赁。

(四) 项目融资租赁

承租人以项目自身的财产和效益为保证,与出租人签订项目融资租赁合同,出租人对承租人项目以外的财产和收益无追索权,租金的收取也只能以项目的现金流量和效益来确定。出卖人(即租赁物品生产商)通过自己控股的租赁公司采取这种方式推销产品,扩大市场份额。通信设备、大型医疗设备、运输设备甚至高速公路经营权都可以采用这种方法。

其他融资租赁还包括返还式租赁,又称售后租回融资租赁;融资转租赁,又称转融资租赁等。

三、融资租赁的程序

(1) 企业向出租方提出融资租赁申请,填写项目申请表。

(2) 出租方根据企业提供的资料对其资信、资产及负债状况、经营状况、偿债能力、项目可行性等方面进行调查。

(3) 出租方调查认为具备可行性的,其项目资料报送金融租赁公司审查。

(4) 金融租赁公司要求项目提供抵押、质押或履约担保的,企业应提供抵押或质押物清单、权属证明或有处分权的同意抵押、质押的证明,并与担保方就履约保函的出具达成合作协议。

(5) 经金融租赁公司初步审查未通过的项目,企业应根据金融租赁公司要求及时补充相关资料。补充资料后仍不能满足金融租赁公司要求的,该项目撤销,项目资料退回企业。

(6) 融资租赁项目经金融租赁公司审批通过的,相关各方应签订合同。

(7) 办理抵押、质押登记、冻结、止付等手续。

(8) 承租方在交付保证金、服务费、保函费及设备发票后,金融租赁公司开始投放资金。

(9) 出租方监管项目运行情况,督促承租方按期支付租金。

(10) 租期结束时,承租方以低价回购。

四、租金的计算

(一) 租金的支付方式

(1) 按支付时期长短分为年付、半年付、季付和月付。

(2) 按支付时期的先后分为先付租金和后付租金。先付租金是指在期初支付;后付租金是指在期末支付。

(3) 按每期支付金额分为等额支付和不等额支付。

(二) 租金的计算方法

1. 平均分摊法

平均分摊法是先以商定的利息率和手续费率计算出租赁期间的利息和手续费,然后连同设备成本按支付次数平均。

$$R = \frac{(C-S)+I+F}{N} \qquad (9-9)$$

式中,R——每次支付租金;

    C——租赁设备购置成本;

    S——租赁设备预计残值;

    I——租赁期间利息;

    F——租赁期间手续费;

    N——租期。

【例9-8】 海德公司于2012年1月1日从租赁公司租入一套设备,价值50万元,租期为5年,预计租赁期满时的残值为1.5万元,归租赁公司,年利率按9%计算,租赁手续费率为设置价值的2%。租金每年末支付一次。该套设备租赁每次支付租金可计算如下:

$$\frac{(50-1.5)+[50\times(1+9\%)^5-50]+50\times2\%}{5}=15.29(万元)$$

2. 等额年金法

等额年金法是运用年金现值的计算原理计算每期应付租金的方法。

$$R=\frac{PVR_n}{PVIFR_{i,n}} \tag{9-10}$$

式中,R——每年支付租金;

    PVR_n——等额租金现值;

    n——支付租金的期数;

    i——租费率;

    $PVIFR_{i,n}$——等额租金现值系数。

【例9-9】 根据前例资料,假定设备残值归属承租企业,租费率为11%。则承租企业每年末支付的租金计算如下:

$$\frac{50}{PVIFR_{11\%,5}}=\frac{50}{3.696}=13.53(万元)$$

五、租赁筹资的优缺点

(一)融资租赁的优点

(1)承租人实质上获取了稳定的长期资金。

(2)租金列为费用支出,可使企业享受免税利益。

(3)由于租金在契约签订后直到租期届满时保持不变,从而使承租企业避免了因通货膨胀而带来的损失,降低了企业风险。

(4)租金属于固定费用,即使企业出现资金紧张而无力还债时,往往仍足以支付租赁费用,在一定程度上降低了企业的财务风险。

(5)筹资灵活方便。融资租赁一般比较容易得到,避免了举债手续复杂。

（二）融资租赁的缺点

（1）由于租赁筹资方式下出租人在承租企业破产时的索赔权很小，并要承担通货膨胀及技术进步带来的损失，增加了出租的风险，为此出租人索要的租金往往较高，增大了筹资企业（承租人）的资金成本。

（2）企业在租赁期间只拥有资产的使用权而无所有权，往往会使企业失去对所有权的满足感。

六、融资租赁与经营租赁的区别

二者区别在于，融资租赁不提供维修服务，不能提前解约，首次租赁的租金总额必须能抵消设备成本，并有的部分形成出租人的投资回报。在融资租赁中，承租人一般不是设备的制造商或原所有者，出租人多为金融机构。具体如表9-4所示。

表9-4　融资租赁与经营租赁的区别

项目	经营租赁	融资租赁
涉及的相关机构	涉及出租方和承租方两方	涉及出租方、承租方和供应商三方
租赁合同	租赁合同可以随时解除	租赁合同属于正式合同，一般不可撤销
租赁期限	一般为租赁，租赁期通常在1年以下	一般为长期租赁，租赁期通常为设备的寿命期
租赁次数	多次	一次
租赁目的	取得设备短期的使用权及出租方的专门技术服务	融资，即通过融物达到融资的目的
租赁物的选择权	在出租方	承租方选择租赁物并接收租赁物
租赁物的维护	由出租方负责	由承租方负责
租赁物的处置权	处置权在出租方	处置权在承租方，可选择退还、续租或购买

本 章 小 结

（1）短期融资的方式主要有四种，即商业信用、短期借款、商业票据和短期融资券。商业信用是指在商品交易中由于延期付款或预收货款所形成的企业间的借贷关系。商业信用是短期融资的最主要方式，也是企业短期资金的重要来源，其成本取决于信用期限和现金折扣。

（2）短期借款是指企业向银行或其他非银行金融机构借入的，期限在一年以内的借款。银行在发放短期借款时，往往会附带一些信用条件，主要包括信贷限额、周转信贷协定、补偿性余额、借款抵押、偿还条件和其他承诺等。

（3）商业票据通常按面值折价发行，期限一般不超过270天。本章还介绍了商业票据实际利率的计算方法。

（4）短期融资券是商业票据的一种，是由企业发行的无担保短期本票。在我国，短期融资券是指企业依照《短期融资券管理办法》的条件和程序在银行间债券市场发行和交易并约定在一定期限内还本付息的有价证券,是企业筹措短期(1年以内)资金的直接融资方式。

(5) 债券的发行可以采用公募也可以采取私募形式。债券的基本条款中需说明债券的票面利率、计息方式、有无担保等内容,我国企业发行的债券一般是有担保的。长期债券的条款还包括偿债基金和赎回条款。还有的长期债券可能提前赎回,但公司往往不得不支付赎回溢价。

关 键 术 语

短期借款 商业票据 商业信用 现金折扣信用期限 短期融资券 信用额度
周转性贷款协议 补偿性余额 私募发行 公募发行 偿债基金赎回条款

思 考 题

1. 短期借款有哪几种协议形式？它们之间有何区别？

2. 短期融资券有何特点？

3. 债券的私募和公募发行之间有什么区别？

4. 融资租赁和经营租赁的区别是什么？

5. 某公司刚刚发行随时可赎回的年利率为 5% 的 10 年期债券,每年付息一次,债券面值为 100 元,到期收益率为 8%,求债券的发行价格是多少？

6. M 公司发行了面值为 1 500 000 元的商业票据,期限为 6 个月,当公司出售此商业票据时会收到净收入 1 467 660 元,则 M 公司商业票据的有效年利率为多少？

7. 某公司为了购买原材料,以 8% 的年利率从银行获得一笔短期借款 20 万元,期限为 3 个月。

(1) 如果期末一次性还本付息,这笔短期借款的实际成本是多少？

(2) 如果银行要求该公司在银行账户上保持 10% 的补偿性余额,那么这笔借款的实际成本是多少？

(3) 如果这是一笔贴现借款,即公司必须事先支付利息,则该借款的实际成本又是多少？

8. 某公司于 2016 年 1 月 1 日从租赁公司租入一台复印机,其价值为 10 万元,租期为 8 年,预计租赁期满时无残值。假设租赁费率为 12%,那么该公司每年年末应支付多少租金？(用等额年金法计算)

9. 某公司于 2016 年 1 月 1 日从租赁公司租入一台挖土机,其价值为 100 万元,租期为 10 年,预计租期满时的残值为 10 万元。假设年利率为 10%,租赁手续费为设备值的 4%,那么该公司每年年末应支付多少租金？(用平均分摊法计算)

10. A 公司为了满足营运资金的需要,以 10% 的年利率从银行借款 100 万元,期限为 6 个月,且需要事先支付利息。同时,银行还要求该公司在账户上保持 10% 的补偿性余额,那么,这笔短期借款的实际成本是多少？

第十章 权益融资

【本章学习目标】

- 掌握普通股、优先股和认股权证的特征。
- 掌握普通股和优先股的区别。
- 理解权益融资的优劣。
- 了解股票发行的意义和考虑因素。

导入案例

变动资产负债表的不同方法

微软公司、Lexmark公司以及Mesa Air集团的共同之处在哪？在2008年或是2009年年初，这三家公司都宣告它们将进行资产负债表的变动。例如，微软公司就宣布将回购400亿美元的公司股票。公司将运用其发行债券所得的80亿美元支付回购的价款。这其中的有趣之处在于这是微软公司第一次发行长期债券。由于该负债规模相对较小，微软公司的债券获得了AAA的评级，是世界范围内仅有的14家获得AAA评级的公司之一。

对于打印机的生产商Lexmark公司而言，公司宣布其将新增发行6.5亿美元的债券。同时，公司宣布回购7.5亿美元的普通股。Mesa Air集团却恰恰相反。该公司征得了股东的同意，将其发行在外的股份数由7 500万股增至9亿股！而如此巨额的权益增长则是为了赎回公司债券。公司发行在外的有两份债券，其中一份到期日是2023年，而另一份具有有趣特点的债券到期日为2024年，这两份债券都赋予了债券持有人有权利要求公司在2009年购回债券。在当时的债券市场的环境下，公司管理层认为最好的选择就是发行新权益来赎回债券，而不是发行新债券。

（资料来源：斯蒂芬·A.罗斯，伦道夫·W.威斯特菲尔德.公司理财.北京：机械工业出版社，2012.）

案例导学

为什么微软公司和Lexmark公司选择用负债来替代权益，而Mesa air集团却用权益来替代负债呢？在前章我们学习了企业利用债券进行融资，本章将讨论与股权相关的融资问题，并针对债务融资还是权益融资的问题进行初步探讨。

企业（或公司）除了可以利用债务进行融资外，也可以通过权益融资获取资金。在本章中，我们将更细致地介绍公司如何进行权益融资。在此之前，有必要先了解股票的基本知识。

股票是股份公司为筹集股本而发行的有价证券，是股东投资入股并以此取得股利的凭证，它代表股东对公司的所有权。根据股票权利的不同，股票通常分为普通股和优先股。

第一节　普通股

一、普通股融资的特征

（一）永久性资金来源

普通股是股份有限公司的基本资金来源，它在公司设立过程中最早出现。普通股是没有规定到期日的有价证券。普通股股东不能从公司抽回投资，在需要资金时可以将持有的股份拿到二级市场出售收回投资。从公司的角度看，发行普通股筹集到的资金是一项永久性的资金来源，普通股股东可以变更，但普通股股本不变。

（二）收益的无限性和责任的有限性

普通股股东是公司的所有者，是公司收益的最终分配者，其收益随公司经营效益的变化而变化，同时以其对公司的投资额为限承担公司经营风险，即承担有限责任。

（三）票面价值

由于普通股是表明普通股股东对公司所有权和以此获取股利的凭证，且股东对公司所有权和获取股利是按照股东持有的股份数来计算的，因此，从理论上讲，普通股有无面值并不重要，国外公司发行的股票中有无面值股票的原因即在于此。我国对普通股有明文规定，股票必须标明票面价值，且不得按低于票面价值发行。这是因为，我国公司财务会计制度规定，公司实收资本是按股票票面价值计算的，如果普通股的发行价格低于票面价值，公司实收资本的账面价值就会远远高于实收资本的实际价值，使实收资本失去其意义，降低对债权人的权益保障程度（因为债权人的还款顺序在股权人之前）。因此，普通股一般总是溢价发行。在这种情况下，普通股账户只反映股票的面值，而发行价高于面值的溢价收入，则单独反映在股票溢价账户中。

（四）账面价值和内在价值

全部普通股的账面价值等于公司净资产减去优先股权益之差，每股普通股的账面价值等于全部普通股的账面价值除以流通在外的普通股股数之商。

普通股的内在价值又称预期价值，是一种理论价值。它是经过分析后得出的股票能真正代表的公司价值。即人们通过对公司财务状况、盈利前景及其他影响公司增长的因素的分析,并对其进行评估后确定的股票价值。

股票的内在价值是决定其市场价格高低的基础。股票的市场价格总是围绕股票的内在价值波动。一般来说,投资者总是购买那些内在价值大于市场价格的股票,而抛售内在价值等于或小于市场价格的股票。

(五)市场价值

普通股每股市场价值,也称市价,是指其当前的市场交易价格。对于交易活跃、交易量大的股票,其市价比较容易取得,而对于交易欠活跃、交易量小的股票,其市价却难以取得。因为交易过程中反映的市价只是一种边际价格,在交易量很小的情况下,这种边际价格并不能代表其真实的市价。

二、普通股股东的权利

(一)收益分配权

公司是投资者实现资本增值的一种经济组织形式,投资者投资的目的在于获取收益,因此,收益分配权是普通股股东的一项基本权利。收益分配权体现在普通股股东根据对公司的投资额的多少或所持有公司股份数的多少获得股利。作为投资者,普通股股东获取收益的顺序、获取收益多少的决定以及权利保障方式与债权人和优先股股东不同。

从获取收益的顺序看,债权人和优先股股东在先,普通股股东在后。从获取收益多少的决定看,债权人和优先股股东是依据债务契约或投资契约从公司获取固定的收益,普通股股东取得收益多少取决于公司董事会制定的股利政策,是不固定的。

从权利保障方式看,如果公司不能按照债务契约规定向债权人支付利息,债权人有权采取法律行为向公司进行追索,迫使公司支付利息;如果公司不能向优先股股东支付股利,对累积优先股而言,可推迟到下一年度支付,对非累积优先股而言,可不予支付;如果公司不能向普通股股东支付股利,普通股股东则不能采取法律行为要求公司支付股利,除非公司经理和董事会有徇私舞弊的行为,才可以向法院提起控诉,强迫公司支付股利。

(二)表决权

普通股股东有权参加股东大会,投票选举公司董事会成员并对调整公司资本结构、批准出售公司资产、吸收或兼并其他公司等重大问题进行投票表决。

(三)剩余财产要求权

当公司清算、解散时,普通股股东拥有对剩余财产的要求权,但是,普通股股东对剩余财产要求权的顺序位于债权人和优先股股东之后,即公司清算财产的变价收入,首先用来清偿债务,然后支付优先股股东,最后才能向普通股股东支付。如果公司清算财产的收入不足以清偿债务,即资不抵债,普通股股东实际上就分不到任何财产。这说明,普通股股东与公司存在风险共担、利益共享的关系。如果公司获利丰厚,普通股股东是主要受益者;如果公司经营亏损,普通股股东就是主要的受害者。

（四）股份出售或转让权

普通股股东有权出售或转让股票而无须经其他股东同意。在公司股票上市时，普通股股东还可以在证券市场上自由转让或出售股票。

（五）新股优先购买权

当公司增发股票时，现有股东有权按持有公司股票的比例，优先认购新股。规定新股优先购买权的目的有两方面：一是维护现有股东在公司的既得利益，为股东提供免于股票价值稀释的保障；二是维护现有股东对公司所有权的比例，保护现有股东对公司的控制权。

三、普通股融资的效应

（一）普通股融资的正效应

（1）普通股没有固定的到期日，无须偿还，因此，利用普通股筹集的是永久性资金，是公司最稳定的资金来源，除非在公司破产清算时才需偿还。这就保证了公司最低的资金需求，使公司拥有了稳定的经营基础。

（2）普通股筹资没有固定的利息负担。如果公司有盈利，并认为适宜分配股利时，就可以分给股东；如果公司盈余较少，或虽有盈余但资金短缺或有更有利的投资机会时，就可少支付或不支付股利。这就减轻了公司财务支出的压力，使公司拥有宽松的财务环境。

（3）利用普通股筹资的风险较少。由于普通股没有固定的到期日，不用支付固定的利息，股利分配与否以及分配多与少，由董事会视公司的经营状况、盈利状况以及发展情况而定，因此，普通股筹资实际上不存在偿付风险。

（4）利用普通股筹资能增加公司的信用价值。普通股股本以及由此产生的资本公积金等可成为公司对外负债的基础，因此，利用普通股筹集资金，有利于提高公司的信用价值，同时也为利用负债筹资提供了强有力的支持。

（5）普通股筹资比债券筹资更容易。这是因为：

① 普通股的预期收益比债券和优先股要高。其收益之所以高是因为：一是在公司经营良好，盈利高时，股东不仅能从公司得到丰厚的股利，而且还能从股票价格上升中获得丰厚的资本利得。二是普通股代表公司股权，在通货膨胀的情况下，普通股的价格会随公司资产价格的上涨而上升，不承担货币贬值风险。

② 普通股代表着对公司的控制权，因此特别受到某些希望参与公司经营管理的投资者的欢迎。

（二）股票融资的负效应

（1）普通股筹资的资本成本较高。这是因为普通股股东承担的风险高，所要求的投资报酬率就高；公司支付的股利是从税后利润中支付的，无抵税作用。此外，发行普通股融资往往需要承担较高的发行成本。

（2）利用普通股筹资，新股的发行必然稀释原有股权，进而削弱原有股东对公司的控制权。

（3）利用普通股筹资，新股的发行必然增加股本，这会稀释每股收益，损害原有股东的利益。

（4）利用普通股筹资，在公司负债比例不高的情况下，丧失了发挥财务杠杆作用的机会，从而降低了权益资本收益率，给股东利益带来损失。

四、股票上市

（一）股票上市的意义

股票上市是指股份有限公司经批准依法公开发行的股票，符合规定的条件：经申请批准后在证券市场上公开挂牌交易的法律行为。一般而言，股票上市主要有以下几方面的意义：

（1）提高了公司所发行股票的流动性和变现性，便于投资者认购和交易，从而增强了公司股票的吸引力，为公司发行股票融资提供了便利条件。

（2）扩大了公司所发行股票的流通范围，便于更大范围内的投资者认购和交易，从而为公司筹集巨额股本创造了条件。

（3）促进了公司股权的社会化，有助于防止股权的过于集中。

（4）有助于公司增发新股价格的确定。

（5）有助于公司实现股东财富最大化目标。

（6）有助于提高公司的知名度。

正是基于以上认识，大多数公司都愿意积极创造条件争取其股票上市。但是，也有人认为股票上市对公司不利。例如，按照有关规定，上市公司必须定期披露有关信息，信息披露一方面可能会暴露公司的商业秘密；另一方面使公司承担很大的信息披露成本。又如，股市价格的人为波动可能会扭曲公司的实际情况，损害公司的声誉，分散公司的控制权等。因此，在国外有些公司即使符合上市条件，也不愿其股票上市。但在我国，股票上市仍然受到公司的普遍重视。

（二）股票上市的决策

公司申请股票上市的基本目的是为了形成稳定的资本来源，并能在更大的范围内筹措大量资本，同时，股票上市总是伴随着新股发行，因此，公司申请股票上市必须考虑自身的具体情况，对上市的方式和上市的时机做出合理的决策。

（1）公司状况分析。公司申请股票上市时，应充分分析公司的实际情况，考虑股东的利益，权衡股票上市的利弊，做出正确的股票上市决策。如果公司股本不足，股东承担的风险过大，则可通过股票上市，筹措新的股本，分散股东风险；如果公司股本充足，股东面临的风险在其承受能力范围内，且不愿分散对公司的控制权，则可放弃股票上市。

（2）股票上市方式选择。股票上市的方式一般有公开出售、股票回购等具体形式。其中，公开出售是公司股票上市的基本形式。公司采用公开出售这种股票上市形式，有利于实现公司增加现金股本的目的,有利于原有股东转让所持有的股份。股票回购是指公司通过收购已上市的较小公司的股票,然后向被收购公司股东配售新股。

(3) 股票上市时机的选择。股票上市时机选择包括内部时机选择和外部时机选择。从内部时机选择看,公司股票上市应在公司预计来年会取得优异业绩的时候;从外部时机选择看,公司股票上市应在股市行情上涨的时候。这样有助于公司股票以较高的价格上市,给股东带来较高的资本利得收入,增强资本实力。

第二节 优先股

优先股与普通股的不同主要表现在相比于普通股,优先股在股利支付和公司破产清偿时的财产索取方面都具有优先权。"优先权"意味着只有在优先股股东获得股利后(当然是针对正在经营的公司而言),普通股股东有资格获得股利。通常优先股的股利率是固定的,优先股股利是优先股面值与其股利率的乘积,因此优先股较之普通股的股利更有保障。

从法律和税收的立场来看,优先股是权益的一种形式。但是,尽管投票权是很重要的,优先股股东通常并不拥有投票权。通常只有在与优先股股东利益相关的情况时,优先股股东才享有投票权,比如一定时期内没有分配到约定股利的情形。

一、优先股的性质

优先股是一种复杂的证券,兼有普通股和债券的双重性质。

(一) 优先股的普通股性质体现

(1) 从法律上讲,公司发行优先股筹集的资金属于权益资本的构成部分;

(2) 优先股无到期日,无须还本,所筹资金形成公司的一项永久性资本;

(3) 优先股股利从公司税后利润中支付;

(4) 虽然优先股规定有固定的股利,但公司对这种股利的支付却带有随意性,并非必须支付不可。

(二) 优先股的债券性质体现

(1) 优先股股利是固定的,一般不参与公司剩余利润的分配,这与债券相似;

(2) 优先股对公司收益和剩余财产具有优先权,这也与债券相似。

此外,公司的不同利益集团,对优先股性质的认识也不同。普通股股东一般把优先股看作是一种特殊债券,因为优先股是在普通股之前取得固定股利。投资者在购买优先股时也往往把优先股看作是一种债券,因为其投资的目的是为了获取固定的股利。从债权人来看,由于优先股无到期日,它对公司债权具有保障作用,可以降低债权投资的风险,因而将优先股看作是股票。从公司管理当局看,优先股则具有股票和债券的双重性,因为优先股虽然没有固定的到期日,不用偿还本金,但往往需要支付固定的股利,成为财务上的一种负担。

二、优先股的种类

优先股按发行条款和股利分配条款的不同有多种分类。下面介绍几种最常见的类别。

（一）累积优先股和非累积优先股

这是按优先股股利是否累积为标准划分的。

（1）累积优先股，是指当年年末未支付的股利可累积下来，在以后年度一起支付的优先股。当公司营业状况不好、无力支付股利时，可把股利累积下来，待公司经营状况好转，盈利增多时，再补发这些股利。从实际情况看，几乎所有的优先股都是累积优先股利。一般而言，公司只有把所欠优先股股利全部付清之后，才能支付普通股股利。

（2）非累积优先股，是指当年未支付的优先股股利不能累积到以后年度支付的优先股。就此类优先股而言，公司没有补付以前年度未支付股利的义务，优先股股东也无权要求公司补付以前年度未支付的股利。公司在以后年度有盈利，只要支付该年度的优先股股利，就可支付普通股股利。显然，这类优先股的收益无保障。因此，公司很少发行这种优先股，只是在公司改组时才可能发行。

（二）参与分配优先股和非参与分配优先股

这是按优先股能否参与剩余利润分配为标准划分的。

（1）参与分配优先股，是指优先股在获取自己应得的股利之外，如公司有超额盈利，还可参与公司超额盈利分配的优先股。当一个公司的盈余较多时，优先股股东除按固定股利率分得股利外，还可分享额外的股利，其额外股利分配数额的多少取决于普通股每股股利与优先股每股股利之差。显然，这类优先股对投资者是有利的，但公司一般很少发行这类优先股，大部分优先股都是非参与分配优先股。

（2）非参与分配优先股，是指只能获得事先规定的固定股利的优先股。公司实现的超额盈利归普通股，优先股无权参与其分配。

（三）可收回优先股和不可收回优先股

这是按公司是否有收回优先股的权利为标准划分的。

（1）可收回优先股，是指优先股发行时附有收回条款的优先股，即在优先股发行若干年后，公司可随时按照预先规定的价格和方式收回已发行的优先股。需要指出的是，收回优先股的决定权在发行公司而不在优先股持有人。优先股的收回性质增加了公司筹资的机动性。优先股的收回价格一般总高于其票面价值，作为对优先股股东的一种补偿。公司为保证收回，通常设立偿付基金。公司利用偿付基金，可以在证券市场上以买进优先股的方式收回优先股，也可按发行契约所规定的收回价格收回优先股。

公司可在下列情况下收回优先股：① 当市场利率降低，且公司可以以其他方式获得成本更低的资金时，收回已发行的优先股，以减轻股利负担；② 当公司资金充裕时，可收回已发行的资本成本较高的优先股，以减轻财务负担；③ 当公司不愿意再受优先股契约条款限制，且又可用其他方式获取资金时，收回优先股，以摆脱限制。

（2）不可收回优先股，是指在有关合同条款中没有赋予公司以某一价格和方式收回优先股权利的优先股。就此类优先股而言，公司也可将其收回，但只能在证券市场上按市价收回，或者以其他证券进行调换的方式收回。

（四）可转换优先股和不可转换优先股

这是按优先股是否可转换为普通股为标准划分的。

（1）可转换优先股，是指允许股东在一定时期内，以一定的比例，转换为普通股的优先股。转换权在优先股股东，转换比例是事先确定的。

（2）不可转换优先股，是指只能享受固定股利，不能转换为普通股的优先股。这类优先股与普通股没有任何关系。

【例 10-1】 某股份公司股本结构为：发行在外的普通股 100 万股，每股面值 1 元；发行在外的优先股 10 万股，每股面值 10 元，假定普通股和优先股的股息率都为 10%。2016 年、2017 年、2018 年可用于分配的净利润分别为 0 万元、20 万元、30 万元，假定没有留存利润。请计算该公司的优先股为累积、参与型优先股和非累积、非参与型优先股条件下的股利分配情况。

分析：（1）累积、参与型优先股的情况：

2016 年因为无利不分，所以优先股、普通股股利分配均为 0。

2017 年，优先股每股分配当年股息 1 元，补发 2016 年股息 1 元，合计 2 元/股，共需资金 20 万元。普通股已经无利可分，普通股股利分配仍为 0。

2018 年，优先股每股分配当年股息 1 元，分配率 10%；普通股也先分 10%，即每股 0.1 元。共计资金 20 万元。可分配利润共 30 万元，优先股、普通股股利分配均为 10 万元，剩余 10 万元由优先股、普通股共同分享，该公司股本为 200 万元，故分配率为 5%（=10/200×100%），即优先股每股 0.5 元，普通股每股 0.05 元。

合计，优先股每股分配 1.5 元（=1+0.5），普通股每股分配 0.15 元（=0.1+0.05）。

（2）非累积、非参与型优先股的情况：

2016 年，因为无利不分，所以优先股、普通股股利分配均为 0。

2017 年，优先股每股分配当年股息 1 元，不补发 2001 年股息 1 元，合计 1 元/股，共需资金 10 万元。剩余 10 万元供普通股分配普通股股利分配为每股 0.10 元。

2018 年，优先股每股分配当年股息 1 元，分配率 10% 共需资金 10 万元。剩余 20 万元供普通股分配，普通股股利分配为每股 0.20 元。

三、优先股的优缺点

（一）优先股的优点

（1）发行优先股可以避免产生固定的利息支付，这一点与债券不同。优先股股利的支付既固定又具有一定的弹性。一般说来，优先股都采用固定股利，但固定股利的支付并不构成公司法定的义务。如果公司财务状况欠佳，可暂时推迟股利支付（如［例 10-1］中所示），即便如此，优先股股东也不会像债权人一样迫使公司破产。

（2）希望扩展的公司，由于它的盈利能力是比较高的，它可以通过发行优先股，而不是普通股，为最初的股东获得较高的收益。

（3）发行优先股可以使公司避免增加新的投票权而使公司的控制权被分享。

（4）优先股筹资在不增加企业负债的情况下，能增加资产，降低资产负债率，增加公司的筹资能力。

（5）优先股不需要到期偿还，比债权更灵活。公司发行优先股筹资，实际上近乎得到一笔无期限的长期贷款，不承担还本义务，也无须做再筹资计划。对附有收回条款的优先股，公司可在需要的时候按一定价格收回，这就使得利用这部分资金更具有弹性。当公司财务状况较弱时发行优先股，而在公司财务状况转强时收回优先股，有利于结合资金需求调整并控制资本结构。

（二）优先股的缺点

（1）优先股必须具有比债券更高的收益才能售出。

（2）优先股股息在税后支付，没有财务上的税盾效应，因此优先股的筹资成本比债券更高。

（3）当公司盈利下降时，优先股股利会成为公司的一项比较重的财务负担。在延期支付的情况下，会损害公司的形象。

（4）优先股筹资的限制较多。公司发行优先股筹资，常常附有许多限制条款，如对普通股股利支付的限制、对公司举债的限制等，这些限制势必会制约公司的经营活动。

第三节　认股权证

新股发行可以面向所有的投资者，对非首次公开发行来说，老股东没有优先认购新股的权利；新股发行也可以只面向公司原有股东，对非首次公开发行来说，老股东拥有优先认购新股的权利。前者称为一般现款发行（General Cash Offer），后者称为认股权发行（Right Issue）。美国通常采用一般现款发行，德国等欧洲国家偏好认股权发行。

认股权证是一种允许其持有人（即投资者）有权利但无义务在指定的时期内（通常持续几年）以确定的价格直接向发行公司购买普通股的证券。每一份认股权证将会详细说明权证持有人可以购买的股票份数、"协议价格"（也称"执行价格"）以及"到期日"。

从以上对认股权证的介绍中可以清楚地看出，认股权证与看涨期权非常相似。在芝加哥期权交易所中上市的认股权证和看涨期权，两者之间在合约特征上的差异也并不显著。例如，认股权证有相对较长的到期期限，甚至有些认股权证是永久性的，即它们根本没有到期日。通常，认股权证是附权发行的，有时，公司通过直接向投资者出售认股权证套现。本章我们仅讨论附权发行的认股权证。

一、认股权证的特点

认股权证是一项金融期权，因此，该期权的特点为：

（1）认股权证本身包含期权条款。首先，期权条款规定了认股权证持有者每份认股权证的股票购买股数；其次，明确了交割的价格。

（2）认股权证须指明到期日。除不多见的永久性认股权证之外，认股权证均有到期日。有些认股权证还可以在一段时间以后赎回。

（3）认股权证有可能稀释每股普通股收益。当所有的认股权证被执行之后，每股普通股收益将被稀释。

二、认购价格

认购价格也称执行价格，是指允许现有股东购买每股新股的价格。当认购价格在附权发行到期日时低于股票市场价格，认股权证持有人会行权，会认购附权发行的股票或出售认股权证；当认购价格在附权发行到期日时高于股票市场价格，认股权证持有人不会认购附权发行的股票，而是空让权证失效。

三、认股权证的价值

认股权证的理论价值由执行价格和到期日股票价格决定，即：

$$V_0 = \max[NP_s - E, 0] \qquad (10-1)$$

式中，N——每份认股权证能认购的普通股股数；

P_s——到期日每股普通股的市价；

E——购买 N 股股票的执行价格。

式（10-1）意味着认股权证的理论价值就是（$NP_s - E$）和 0 之间的最大值。当相关股票的市价低于其执行价，则认股权证的理论价值为零；当相关股票的市价高于执行价时，则认股权证的理论价值大于零。这与看涨期权是类似的。

本章介绍了公司进行权益融资的几种方法。公司到底使用债务进行融资还是权益进行融资需要考虑负债和股票之间的差别。从财务角度分析，负债与权益最主要的差别是：

（1）负债不属于公司的所有者权益，因此，债权人通常没有表决权；

（2）公司对债务所支付的利息被视为一种经营费用，具有完全的抵税作用，分给股东的红利是不能抵税的；

（3）未付债务是公司的一项负债。如果公司不履行支付义务，那么债权人就可以依据相应的法律程序向公司索取资产，债权人的这种行为将会导致公司的"清算"或"重组"，这是破产可能导致的两种结果。因此，公司发行债务的代价就是会令公司存在"财务危机"的可能性，而使用权益资本不会发生这种危机。

有时一份特定的证券是负债还是权益并不明晰。例如，假定一家公司发行了一种永续债券，其利息只有在公司盈利的情况下才进行支付。这是否为真正意义上的负债是很难说的，而且主要是法制和语义上的问题，法庭和税收机构拥有最终的话语权。

本 章 小 结

（1）企业权益融资手段包括发行普通股、优先股和认股权证。

（2）普通股股东享有收益分配权、表决权、剩余财产要求权、股份出售或转让权和新股优先购买权。

（3）我国对普通股有明文规定，股票必须标明票面价值，且不得按低于票面价值发行。

（4）普通股的内在价值又称预期价值，是一种理论价值。它是经过分析后得出的股票能真正代表的公司价值。

（5）优先股既具有负债的一些特征，又具有普通股的某些特点；与普通股持有人相比，优先股股东在公司破产清算以及股利支付方面具有优先权。

（6）可转换优先股，是指允许股东在一定时期内，以一定的比例，转换为普通股的优先股。转换权在优先股股东，转换比例是事先确定的。

（7）认股权证是一种允许其持有人（即投资者）有权利但无义务在指定的时期内（通常持续几年）以确定的价格直接向发行公司购买普通股的证券。认股权证具有看涨期权的一定性质。

（8）认股权证有可能稀释每股普通股收益。当所有的认股权证被执行之后，每股普通股收益将被稀释。

关 键 术 语

普通股　账面价值　市场价值　收益分配权　优先股　累积优先股　非累计优先股
表决权　认股权证　附权发行　执行价格

思 考 题

1. 说明普通股和优先股的区别。
2. 说明优先股的优劣。
3. 优先股和债券有什么不同？
4. 优先股有哪几种分类？试举例说明。
5. 认股权证有什么特点？
6. 某公司宣布，拟进行股票分拆，将每股股票分拆成 2 股，同时，将公司现金股利提高 25%。预计股票价格将会做出何种反应？
7. 某公司 2018 年成立，创办时发行普通股 100 万股，面值为 1 元/股，发行价为 2 元/股。

（1）请描述出该公司的股东权益。

（2）1 年后，该公司年利润是 20 万元，股利发放率为 20%。写出该公司的股东权益。

8. 某公司以认股权发行的方式发行新股，新股认购价为 10 元/股，按 4∶1 配股。假设新股发行前该公司股票在市场上的流通股股数为 2 000 万股，每股市场价格为 15 元。

（1）新股发行后的筹资额为多少？

（2）新股发行后，股票价格可能的变化是什么？

（3）如果股东不愿执行认股权，那么，公司的总价值是否会下降？

9. 某公司将以每股 50 元的价格发行 5 万股普通股（附权发行）。目前公司流通在外的 100 万股股票的市场价格为 60 元/股。

（1）计算以每股 50 元购买一股新股需要认股权的数量。

（2）计算认股权的价值。

（3）计算除权股票的价值。

第十一章 资本结构理论

【本章学习目标】

- 掌握 MM 理论、破产成本理论和权衡理论的主要内容。
- 了解代理成本理论、信号模型和新优序融资理论。

导入案例

资本结构对传统报社的影响

传统的报社非常依赖财务杠杆的应用。但不幸的是,当事情发展不如计划顺利时,这种做法可能导致相反的后果,这从报业所经历的痛楚中显而易见。经济状况与在线广告所导致的报纸广告的减少,使得许多报社的收入巨幅下跌,从而导致许多报社因此难以支付利息。例如,在 2008 年 12 月,拥有 8 家大型报社、23 家电视台以及 Chicago Cubs 的 Tribune 公司申请破产。而这次破产距该公司通过杠杆收购被下市还不到 1 年的时间。在破产文件中,Tribune 公司列示了 76 亿美元的资产,以及 129 亿美元的负债。

当然,其他报业公司也同样经历着破产事件。Minneapolis Star Tribune 公司于 2009 年 1 月申请破产保护。该公司 2008 年公布的息税前利润(EBIT)为 2 600 万美元,相比于 2004 年的 1.15 亿美元有所下降。申请破产保护是由于公司未能偿还贷款人的利息,而且这距公司被私募股权集团收购还不到 2 年的时间。在它的破产申请文件中,公司资产约为 4.93 亿美元,而公司债务则为 6.61 亿美元。另一个案例中,纽约时报宣称其将以约 2.25 亿美元抵押总部大楼,使其能够支付运营成本。

(资料来源:斯蒂芬·罗斯等.公司理财.吴世农等译.北京:机械工业出版社,2012.)

案例导学

结合本章将要学到的知识,分析公司应该如何选择自身的资本结构以实现股东财富最大化。

公司的经营目标是股东财富最大化或者是公司价值最大化,而公司价值一般来说可以用以下两种公式来表示:

$$V = D + S \tag{11-1}$$

式中,V——公司市场价值;

　　D——公司债务的市场价值;

　　S——公司股本的市场价值,即公司价值是公司债务的市场价值与公司股本的市场价值之和。

$$V = \frac{EBIT}{K} \qquad\qquad (11-2)$$

式中,V——公司市场价值;

　　$EBIT$——公司的息税前利润;

　　K——公司加权平均资本成本,即公司价值是公司息税前利润用平均资本成本作为折现率折现后的现值。

在 $EBIT$ 既定的情况下,公司价值 V 与加权平均资本成本 K 呈反向变化关系,而加权平均资本 K 又与资本结构有关,可见,公司价值与资本结构是紧密联系的。所谓资本结构,是指公司的各种资本构成及其比例关系。公司的资本来源主要是股权资本,其次是债务资本。那么,公司能否通过改变股权资本和债务资本之间的比率来增加公司价值? 如果能,是否存在一个股权资本和债券资本的最优比率,从而使得公司价值最大化以及资本成本最小化? 资本结构理论试图对此进行解释。

第一节　现代资本结构理论

现代资本结构理论发端于 20 世纪 50 年代,一直持续到 70 年代末。整个研究的轨迹可归纳为:以无税 MM 理论为基础,在逐步释放假设条件后,形成了两大流派。一是研究税盾效应与资本结构关系的"税收学派",二是研究破产成本与资本结构关系的"破产成本学派"或"财务困境成本学派"。这两大学派最后归于"权衡理论学派"。

一、MM 理论

1958 年,美国经济学家莫迪利亚尼(Franco Modiglian)和米勒(Mertor Miller)发表了题为《资本成本、公司财务和投资》(*The Cost of Capital，Corporation Finance and the Theory of Investment*)的学术论文,提出无税 MM 模型。1963 年,他们又在《公司所得税和资本成本:一个修正》(*Corporation Income Taxes and the Cost of Capital：A Correction*)中提出了有税 MM 模型。1977 年,米勒在《债和税》(*Debts and Taxes*)一文中提出了米勒模型。

以上理论模型共称为 MM 理论。

(一) 无税 MM 模型

1. 假设

MM 理论是建立在一系列假设条件之上的,这些假设包括:

(1) 资本市场无摩擦,无税,无交易成本。

（2）投资者,包括机构和个人,都可以以同一利率借款和贷款。

（3）个人和公司,无论举债多少都没有风险,即负债利率为无风险利率。

（4）公司只能发行两种证券,一种是有风险的股票,另一种是无风险的债券。

（5）公司的经营风险是可以衡量的,有相同的经营风险的公司处于同一风险等级。

（6）投资者对公司利润和未来现金流的预期都是相同的,即共同期望假设。信息对称,公司内部人员和外部人员可得到相同的信息。

（7）公司预期的息税前利润不变,各期现金流量的预测值为固定量,即公司的增长率为零。

（8）无破产成本,并且不存在代理成本。

2. 命题 I

命题 I 的基本内容为:在没有公司所得税的情况下,公司的价值取决于预期的息税前利润的高低,与资本结构无关。

在这一命题中,公司的价值可以用公式表示为:

$$V_L = V_U = \frac{EBIT}{K} \tag{11-3}$$

式中,V_L ——有负债的公司的价值;

V_U ——没有负债的公司的价值;

$EBIT$——息税前利润;

K——适合该公司风险等级的加权平均资本成本。

命题 I 的证明是利用套利原理进行的。根据前述假设,如果两个公司预期的息税前利润 $EBIT$ 相同,仅仅是因为有无负债不同而导致公司价值不一,那么,投资者就会出售公司价值较高的公司的股票而购买公司价值较低的公司的股票。这个过程将一直持续到两个公司的市场价值相同为止。例如,假设有两个公司 L 和 U,L 为有负债公司,U 为无负债公司,L 和 U 除资本结构不同外,其他方面完全相同。L 负债 500 万元,利率 K_D 为 8%,U 仅为股本,两家公司的 $EBIT$ 均为 100 万元(即两公司处于同经营风险等级)。假设在套利发生之前 K_{EL} 和 K_{EU} 均为 10%,那么,根据式(11-3)可得:

$$V_U = S_U = \frac{EBIT}{K_{EU}} = \frac{100}{10\%} = 1\,000（万元）$$

$$V_L = S_L + D_L = \frac{EBIT - K_D \times D}{K_{EL}} + D_L = \frac{100 - 8\% \times 500}{10\%} + 500$$
$$= 600 + 500 = 1\,100（万元）$$

以上计算结果表明,在套利过程发生之前,公司 L 因其负债而使其价值超过公司 U 的价值。

MM 定理认为,这种不均衡状态不会长期持续下去。假设投资者 A 拥有 L 公司 10% 的股份,市价为 60 万元($= S_L \times 10\% = 600 \times 10\%$)。现假设投资者 A 做出下列行动:① 卖出所持有的 L 公司 10% 的股份,换取现金 60 万元;② 借入 50 万元(L 公司负债总额 500 万元的 10％) 使其个人负债率与 L 公司相同；③ 购买 U 公司 10％的股票,市价为 100 万元(＝S_U×10％＝1 000×10％)。这样,投资者 A 手中剩余现金 10 万元,然后将这 10 万元的剩余现金投资于无风险债券,利率为 8％。那么,套利前后投资者 A 的年度收益情况如下:

套利前	套利后
60×10％＝6 万元	100×10％＝10 万元 减:50×8％＝4 万元 加:10×8％＝0.8 万元 6.8 万元

可见,经过套利过程,投资者 A 的年度收益增加了 0.8 万元,而风险不变,因为他只是以自制的负债杠杆替代原公司 L 的负债杠杆。据此,MM 定理认为,套利过程是必然会发生的,但是,由于套利活动,投资者卖出公司价值较高的 L 公司的股票买进公司价值较低的 U 公司的股票,使公司价值较高的 L 公司的股票价值因抛售而降低,公司价值较低的 U 公司的股票价值因需求旺盛而提高,两家公司股票价值的一升一降,最终会形成两家公司的市场价值趋于一致。此时,套利活动结束,市场处于均衡状态。

3. 命题Ⅱ

命题Ⅱ的基本内容为:有负债公司的股本成本 K_{EL} 等于有相同风险等级的无负债公司的股本成本 K_{EU} 加上风险报酬;该风险报酬取决于无负债公司股本成本与债务成本之差和财务杠杆率的乘积。用公式表示即为:

$$K_{EL} = K_{EU} + (K_{EU} - K_D) \times \frac{D}{S} \qquad (11-4)$$

式中,K_{EL}——有负债的公司的股本成本;

K_{EU}——没有负债的公司的股本成本;

K_D——公司债务融资成本;

D——公司债务的市场价值;

S——公司股票的市场价值。

证明如下:

设同一风险等级下公司的债务资本和权益资本分别为 D 和 S,如果按不同资本占总资本的比重作为权重,则杠杆公司加权平均资本成本为:

$$r_{WACC} = \frac{D}{D+S} \times K_D + \frac{S}{D+S} \times K_{EL} \qquad (11-5)$$

又由于在没有税的情况下,加权平均资本成本等于无杠杆企业资本成本 K_{EU}。

设 $r_{WACC} = K_{EU}$,在公式两边同乘上 $\frac{D+S}{S}$,变换为:

$$r_{WACC} \times \frac{D+S}{S} = \frac{D}{S} \times K_D + K_{EL} \qquad (11-6)$$

$$K_{EL} = r_{\text{WACC}} \times \frac{D+S}{S} - \frac{D}{S} \times K_D = K_{EU} \times \frac{D+S}{S} - \frac{D}{S} \times K_D$$

$$= K_{EU} + (K_{EU} - K_D) \times \frac{D}{S}$$

命题Ⅱ表明:随着负债率上升,负债公司股本成本 K_{EL} 也相应增加。由于负债给公司带来的利益被股本成本的上升所抵消,最后使负债公司的平均资本成本等于无负债公司的平均资本成本,因此,公司的市场价值不会随负债的增加而提高。命题Ⅱ实际上是从另一个角度证明了公司价值与资本结构无关的论点。

（二）考虑公司所得税的 MM 模型

考虑公司税时的 MM 模型得出的基本结论是:负债会因利息的减税作用而增加公司价值。在考虑公司所得税时,无公司所得税时的 MM 模型下的命题Ⅰ和命题Ⅱ修正如下。

1. 修正后的命题Ⅰ

命题Ⅰ:负债公司的价值 V_L ,等于同一风险等级的无负债公司的价值加上节税价值。用公式表示为:

$$V_L = \frac{EBIT(1-T)}{K_{EU}} + \frac{T \times K_D \times D}{K_D} = V_U + T \times D \qquad (11-7)$$

式中,T——公司所得税税率。

我们可以基于以下推导过程来理解式(11-7)。在考虑公司所得税后,公司的利润流就是税后利润流,可表示为:

$$CF = (EBIT-R)(1-T) + R = EBIT(1-T) + T \times R \qquad (11-8)$$

式中,$(EBIT-R)(1-T)$——可供股东分享的利润,反映了公司股东的要求权;

R——利息费用($R = K_D \times D$),反映了公司债权人的要求权。

因此,公司长期平均税后利润流由不确定性利润流 $EBIT(1-T)$ 和确定性利润流 $T \times R$ 组成。将不确定性利润流和确定性利润流进行资本化,不确定性利润流的期望收益率可以用同类风险等级无杠杆公司税后期望收益率表示,确定性利润流的期望收益率可以用无风险利率表示。

于是,我们可以用不同的期望收益率对不确定性利润流和确定性利润流进行贴现,即:

$$V_L = \frac{EBIT(1-T)}{K_{EU}} + \frac{T \times R}{K_D} = \frac{EBIT(1-T)}{K_{EU}} + \frac{T \times K_D \times D}{K_D} = V_U + T \times D$$

$$(11-9)$$

从式(11-9)可以看出,考虑了公司所得税以后,有负债公司的价值会超过无负债公司的价值,债务资本越多差异越大,因为债务资本的利息具有减少公司应缴纳的所得税的作用。

2. 修正后的命题Ⅱ

命题Ⅱ:负债公司的股本成本 K_{EL} 等于相同风险等级的无负债公司股本成本 K_{EU} 加上

风险报酬,而风险报酬的大小则是由公司所得税税率和财务杠杆率而定。用公式表示为:

$$K_{EL} = K_{EU} + (K_{EU} - K_D) \times (1 - T) \times \frac{D}{S}$$ (11-10)

随着公司负债增加,由于$(1-T)<1$,有公司所得税时股本成本上升的幅度要低于无公司所得税时股本成本上升的幅度,进而使得有公司所得税时的平均资本成本低于无公司所得税时的平均资本成本,公司价值上升。

考虑公司所得税时的 MM 模型可用图 11-1 表示。

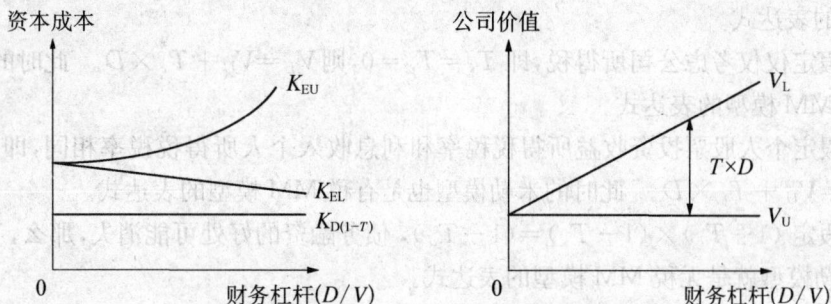

图 11-1 考虑公司所得税时财务杠杆与资本成本、企业价值的关系

(三) 考虑个人所得税的 MM 模型(米勒模型)

在米勒模型中,MM 定理的其他假设仍然成立,再加上公司所得税和个人所得税因素,那么,无负债公司价值的估算公式为:

$$V_U = \frac{EBIT \times (1 - T_c) \times (1 - T_s)}{K_{EU}}$$ (11-11)

式中,T_c——公司所得税税率;

T_s——个人股票投资所得税税率,需要注意的是股票收益包括股利和资本利得两个部分,所以 T_s 为加权平均的股利和资本利得税率。

如果公司引入负债后,负债公司生产经营结果所形成的现金流量可以分解为支付给债权人的利息现金流量和分派给股东的股利现金流量两部分,用公式表示为:

$CF = $属于股东的现金流 + 属于债权人的现金流

$= (EBIT - R) \times (1 - T_c) \times (1 - T_s) + R \times (1 - T_d)$

$= EBIT \times (1 - T_c) \times (1 - T_s) - R \times (1 - T_c) \times (1 - T_s) + R \times (1 - T_d)$

(11-12)

式中,T_d——表示适用于债券利息收入的个人所得税税率;

R——表示年利息收入。

在上式中,$EBIT \times (1 - T_c) \times (1 - T_s)$ 为无负债公司的税后现金流量,其现值可用 K_{EU} 对等额的年现金流量折现而得;$R \times (1 - T_c) \times (1 - T_s)$ 和 $R \times (1 - T_d)$ 反映了负债公司与利息支付有关的现金流量,可以用 K_D 折成现值,从而可得出负债公司的价值:

$$V_L = \frac{EBIT \times (1-T_c) \times (1-T_s)}{K_{EU}} - \frac{R \times (1-T_c) \times (1-T_s)}{K_D} + \frac{R \times (1-T_d)}{K_D}$$

$$= V_U + \frac{R \times (1-T_d)}{K_D} \times \left[1 - \frac{(1-T_c) \times (1-T_s)}{1-T_d} \right]$$

$$= V_U + D \times \left[1 - \frac{(1-T_c) \times (1-T_s)}{1-T_d} \right] \tag{11-13}$$

上式就是米勒模型的一般形式,我们可以根据米勒模型做如下分析:

(1) 假定在无税环境下,所有的税率均为零,那么 $V_L = V_U$。 此时的米勒模型就是无税 MM 模型的表达式。

(2) 假定仅仅考虑公司所得税,即 $T_s = T_d = 0$,则 $V_L = V_U + T_c \times D$。 此时的米勒模型就是有税 MM 模型的表达式。

(3) 假定个人股票投资收益所得税税率和利息收入个人所得税税率相同,即 $T_s = T_d$,那么,$V_L = V_U + T_c \times D$。 此时的米勒模型也是有税 MM 模型的表达式。

(4) 假定 $(1-T_c) \times (1-T_s) = (1-T_d)$,债务融资的好处可能消失,那么,$V_L = V_U$。 此时的米勒模型就是无税 MM 模型的表达式。

(5) 当 $T_s < T_d$ 时,公司因财务杠杆而获得的收益减少。

米勒模型是在 MM 模型的基础上建立起来的,是对 MM 定理的进一步扩展和完善。因此,它在本质上仍属于 MM 理论体系。

二、破产成本理论

通过 MM 理论可知,债务为公司带来了税收上的好处。然而,债务亦给公司带来压力,因为利息和本金的支付是公司的责任。即使不陷入支付困难,公司也可能会冒陷入某类财务困境的风险。最终的危机是破产,破产和财务失败所发生的费用会对公司的资本结构造成影响。

当公司没有足够的偿债能力,不能及时偿还到期债务时,产生的额外费用和机会成本即破产成本。破产成本又可分为直接破产成本和间接破产成本两种。直接破产成本是指在破产清算过程中,公司支付的律师费用、会计师费用、清算人员的工资及其他行政开支。间接破产成本是指公司破产后采取再组合方式而增加的管理成本以及破产清理时发生的资产拍卖价低于其经济价值的损失。

破产成本对公司资本成本和公司价值都会造成影响。在添加破产成本因素后,资本成本和资本结构的关系可以用图 11-2 来描述。假如公司无杠杆,加权平均资本成本就是同类风险无杠杆公司的期望收益率 K_{EU},公司权益资本成本 K_{EL} 随着债务的增加而上升。随着公司资本结构中债务水平的上升,破产概率也增加。所以,债权人所要求的报酬率 K_D 随着杠杆的放大而逐渐增加,导致加权平均资本成本

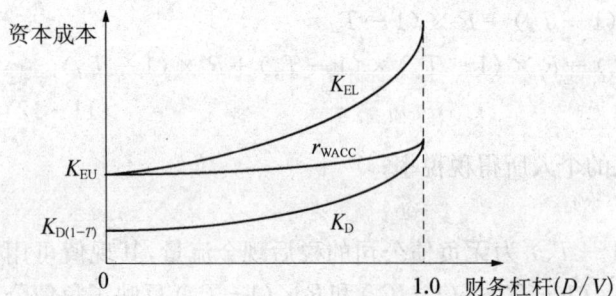

图 11-2 债权人所要求的报酬率和财务杠杆的关系

r_{WACC}呈现 U 型状态,加权平均资本成本一开始向下倾斜,随着债务的增加,加权平均资本成本慢慢向上爬升,当公司 100%债务融资时,加权平均资本成本等于债务资本成本。

财务杠杆的增大并不意味着公司一定会面临破产,只有当举债融资使得公司面临的财务失败比无杠杆公司更加严峻时,融资者才需要避免使用财务杠杆。

三、权衡理论

(一)早期权衡理论

早期权衡理论同时考虑了税盾效应和破产成本对公司价值的影响。该理论认为,由于债务融资可以产生税盾效应,公司可以通过增加债务资本来增加其市场价值。然而,随着债务资本的上升,公司的破产风险也随之增加,公司面临财务困境的概率上升,破产成本的发生致使公司的市场价值下降。因此,存在一个最佳资本结构,即边际破产成本等于边际税盾效应时的债务资本和权益资本的比率。

根据早期权衡理论,公司市场价值为权益资本的市场价值加上税盾效应的现值,再减去破产成本的现值。用公式表示为:

$$V_L = V_U + PVTS - PVFD \tag{11-14}$$

式中,$PVTS$——表示税盾效应现值;

$PVFD$——表示破产成本现值。

财务杠杆与企业价值的关系可以用图 11-3 表示。

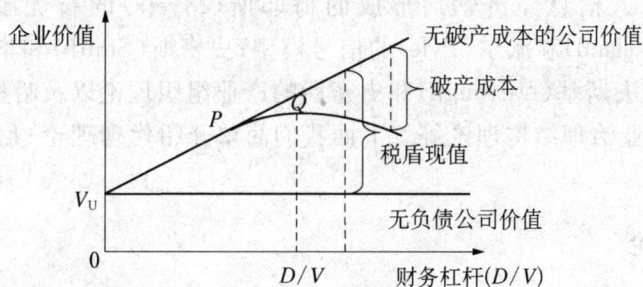

图 11-3 财务杠杆与公司价值的关系

(二)后期权衡理论

后期权衡理论的主要特点是将早期权衡理论中的成本进一步加以拓展,同时引入了代理成本等内容。这是后期权衡理论的重要贡献。

代理关系是一种契约或合同关系,在所有权和经营权高度分离的现代公司中存在两种不同的代理关系:一是股东与经理之间的代理关系;二是股东和债权人之间的代理关系。由于各利益主体的利益愿望和要求不同,在公司的经营活动中必然存在利益冲突,公司为了解决这些矛盾,必然要付出一定的代价,这就是代理成本。例如,为了解决股东和经理之间的代理矛盾,公司不但要监督经理的管理活动,还要对其进行激励以促使其提高经营效率,这都需要一定的费用,此外,还涉及注册会计师审计费用、因限制经理决策权而失去好的投资机会而造成的机会损失等。为了解决股东和债权人之间的代理矛盾,公司可能要承担的成本有债权人为防止公司采取不利于自己利益的各种行为而给公司附加各种限制性条款,使公司经营活动受到约束而带来的潜在成本;债权人因公司负债增加、风险增大而要求提高利率水平带来的成本等。

债务融资提升了财务杠杆,增加了破产成本,也增加了代理成本,一定程度上抑制了公司债务融资的冲动。因此,公司市场价值可用以下公式表达:

$$V_L = V_U + PVTS - PVFD - PVDC \qquad (11-15)$$

式中,$PVDC$——代理成本现值。

式(11-15)和式(11-14)在说明股东、债权人之间的关系变化及其对公司市场价值的影响上具有共同性,但是,式(11-15)的前提条件更多,除了破产风险外,还有代理成本。因此,公司市场价值在实现最大化的过程中,具有更多的约束条件。

第二节　新资本结构理论

20 世纪 70 年代末,经济学的发展给了资本结构理论全新的研究工具和研究视角。新资本结构理论在研究中引入了大量最新的经济学分析方法,比如代理理论、信息不对称理论等。新资本结构理论具体来说,主要包括詹森(Jensen)和麦克林(Meckling)的代理成本说,以及引入信息经济学后形成的梅耶斯(Myers)的新优序融资理论;罗斯(Ross)、利兰德(Leland)和派尔(Pyle)的信号模型;史密斯(Smith)和华纳(Warner)的财务契约理论;邓洛夫斯基(Darrough)和史密斯的产业组织理论以及哈里斯(Harris)和拉维夫(Raviv)的企业治理结构理论等。下面我们简单介绍代理理论、信号模型和新优序融资理论。

一、代理理论

1976 年,詹森和麦克林(Jensen and Meckling)提出了代理成本理论。他们认为,债务资本和权益资本都存在代理成本问题,资本结构由各方利益冲突引发的代理成本决定。这意味着最优资本结构可以用代理成本进行解释,而非仅仅是债务税盾和破产成本。

代理成本分为监督成本、约束成本和剩余损失三种。委托人的监督成本是指为了监督经理人行为,由外部股东向经理人提供的适当激励(现金性激励,如工资和奖金);约束成本是指为了限制经理人行为而付给经理人的消费资源(非现金性激励,如办公条件和交通工具),剩余损失是指经理人的决策因不能最大化外部股东的财富而形成的一种成本。

詹森和麦克林将公司资本划分成三类:由公司经理持有的内部股权、由公司外部股东持有的外部股权和债务。与这些资本相对应,公司的代理成本可以分成两类:与外部股权资本有关的代理成本 $A_{so}(E)$ 和与债务资本有关的代理成本 $A_d(E)$。

在詹森和麦克林构建的模型中,如果公司为无杠杆公司,则公司价值等于经理持有股票和外部股票的市场价值之和。为了减少股权代理成本,可在公司的资本结构中用债券代替股票,此时,公司价值等于经理持有股票、外部股票的市场价值和债务市场价值的总和。如果考虑代理成本,那么,某一给定规模的公司的实际价值将由代理成本决定,总代理成本为:

$$A_t(E) = A_{so}(E) + A_d(E)$$

如图 11-4 所示,横坐标 E 表示外部股权资本和债务资本之比,E 越大,公司财务杠杆越小;反之,则越大。资本结构与代理成本的关系为,财务杠杆与外部股权资本的代理成本呈反比,而与债务资本的代理成本呈正比。

就与外部股权资本有关的全部代理成本 $A_{so}(E)$ 而言,当 E 等于 0 时,由于没有外部股权,经理利用外部股权的动机最小;反之,这种动机会增强,代理成本也将随之上升。因此,与外部股权资本有关的代理成本与 E 呈正比。

就与债务资本有关的全部代理成本 $A_d(E)$ 而言,当 E 为 0 时,所有外部资本几乎全部来自债务,此时,经理试图从债权人手中转移财富的动机非常强,代理成本达

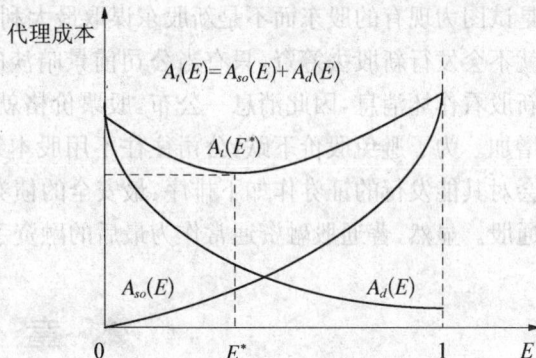

图 11-4　资本结构与代理成本的关系

到最高。反之,公司债务资本很少,经理可以转移的财富减少,同时,在公司总资本需求不变的情况下,经理本身权益下降,经理从债权人手中转移财富的冲动锐减。因此,与债务资本有关的代理成本和 E 呈反比。

曲线 $A_t(E)$ 表示外部股票和债务融资的不同组合所形成的代理成本总和。公司最佳资本结构为总代理成本最小时所对应的资本结构(E^*),该均衡点下的 E^* 可以通过"存货模型"算出。

二、信号模型

信号模型是一种方法,它将斯宾塞(Spence)的信号理论引入资本结构研究中,研究和探讨如何在信息不对称条件下将资本结构作为信号向市场传递有关公司价值的信息,以此来影响投资者的融资决策。

斯蒂芬·罗斯(Ross,1977)首先做出了开创性的研究。他的研究仅仅释放了 MM 理论中关于充分信息的假设,而保留了 MM 理论的其他假设条件。也就是说,该理论建立在信息灵通的经理人与信息不灵通的外部股东之间存在信息不对称的基础上。罗斯认为,公司经营者在获得有关公司收益真实分配、预期现金流量的信息方面具有垄断性,而外部投资者则处于劣势。在信息不对称条件下,资本结构就是一种信号,管理者可以通过采用不同的杠杆水平向外界传递消息。如果公司采取高杠杆,外部投资者将高负债视为较好质量公司的信号,他们会认为该公司未来拥有良好的预期。因此,公司负债增加向市场传递了财务结构变动的信号,投资者接受这一信号并把它当作是公司试图增加其价值的"知觉",因而增加投资者对公司的信心,使公司价值随之增加。

三、新优序融资理论

20 世纪 80 年代,梅耶斯(Myers)和马吉夫(Majluf)首先基于信息不对称理论提出了新优序理论。新优序融资理论得出的结论是:公司在融资顺序的安排上,首先应考虑内源融资,如果需要外源融资,则优先考虑债务融资,最后才考虑股本融资。

该理论认为,考虑到交易成本的存在,相对于外部融资,无论是股票还是债券,公司更喜欢从内部进行融资,比如,增加留存收益或利用折旧回收额。如果必须进行外部融资,在信息不对称情况下,公司的管理者总是获得比所有者更多、更准确的公司信息,而且管理者总是试图为现有的股东而不是新股东谋取最大利益。通常情况下,若经理认为公司前景良好,就不会发行新股去筹资,只有当公司前景暗淡时才可能发行新股。这样投资者就会把发行新股看作坏消息,因此消息一公布,股票价格就会降低以示响应,从而造成发行新股的成本增加。为了避免股价下跌,公司往往不用股本筹资方式,而宁愿选择外部资金。因此,公司会对其能发行的证券作如下排序:最安全的债券、有些风险的债券、可转换债券、优先股和普通股。显然,普通股融资通常作为最后的融资手段。

本 章 小 结

本章重点介绍了资本结构理论中的现代资本结构理论和新资本结构理论。

(1) 基于完美市场假设基础上,无税 MM 理论问世。以无税 MM 理论为基础,在逐步释放假设条件后,现代资本结构理论沿向两个分支发展,最后归结到权衡理论。

(2) 破产成本又可分为直接破产成本和间接破产成本两种。直接破产成本是指在破产清算过程中,公司支付的律师费用、会计师费用、清算人员的工资及其他行政开支。间接破产成本是指公司破产后采取再组合方式而增加的管理成本以及破产清理时发生的资产拍卖价低于其经济价值的损失。

(3) 信息经济学的发展为新资本结构研究提供了新的思路,由此形成了基于"信息不对称"的新资本结构理论,主要有代理成本理论、信号模型、新优序融资理论等。

(4) 詹森和麦克林将公司资本划分成三类:由公司经理持有的内部股权、由公司外部股东持有的外部股权和债务。

(5) 在信息不对称条件下,资本结构就是一种信号,管理者可以通过采用不同的杠杆水平向外界传递消息。如果公司采取高杠杆,外部投资者将高负债视为较好质量公司的信号,他们会认为该公司未来拥有良好的预期。

(6) 新优序融资理论得出的结论是:公司在融资顺序的安排上,首先应考虑内源融资,如果需要外源融资,则优先考虑债务融资,最后才考虑股本融资。

关 键 术 语

无税 MM 理论　有税 MM 理论　米勒模型　破产成本理论　权衡理论　税盾效应

代理成本理论　信号模型　新优序融资理论

思 考 题

1. 什么是资本结构,资本结构理论探讨的主要问题是什么?

2. MM 定理的基本假设有哪些?

3. 请结合无税 MM 理论解释无套利均衡分析方法。

4. 米勒模型的内容和含义是什么?

5. 什么是权衡理论? 主要观点是什么?

6. 什么是代理成本? 根据代理成本理论,代理成本如何影响公司价值?

7. 新优序理论和信号模型的分析方法是什么?

8. 如果将 1 万元投资于 A 公司股票,该笔资金中的 7 500 元由举债获得,年利率为 9%。预期权益投资收益率为 15%,在不考虑税收的条件下,假设 A 公司不采用财务杠杆,请问投资者的收益是多少? 如果该投资者也为公司,公司所得税税率为 50%,那么投资者的收益为多少?

9. B 公司有 1 000 万股流通股,当前交易价格为每股 40 元,公司估计股东的期望收益率为 10%。公司还以 6% 的利率发型了 3 亿元的长期债券,公司所得税税率为 30%。

(1) 该公司的税后 WACC 为多少?

(2) 如果该公司完全没有负债,其 WACC 将会高出多少?(假设公司整体的贝塔值不受资本结构及负债利息抵税所带来的影响)

10. C 公司的债务水平为 100 万元,目前公司市场价值为 300 万元。假如税前债务利率为 8%,公司所得税税率为 50%,息税前收益(EBIT)是永续的。如果公司采取完全权益融资,股东的要求收益率为 20%。

(1) 如果公司为无杠杆公司,其价值是多大?

(2) 该杠杆公司股东的净收益为多少?

第十二章　股利政策

【本章学习目标】

- 掌握股利政策的基本概念。
- 熟悉股利政策的类型及发放程序。
- 理解股利政策的主要理论。
- 了解我国股利政策的实践,并将其与国外股利政策进行比较。

导入案例

南方公司的股利政策

南方公司是一家大型钢铁公司,公司业绩一直很稳定,其盈余的长期成长率为12%。2000年公司税后盈利为1000万元,当年发放股利共250万元。2001年,因公司面临一个投资机会,预计其盈利可达到1400万元,而该公司投资总额为900万元,预计2002年以后仍会恢复12%的增长率。公司目标资本结构负债/权益为4∶5。现在公司面临股利分配政策的选择,可供选择的股利分配政策有固定股利支付率政策、剩余股利政策以及固定或稳定增长的股利政策。如果你是该公司的财务分析人员,请你计算2001年公司实行不同股利政策时的股利水平,并比较不同的股利政策,做出正确选择。

(资料来源:根据网络报道改写.)

案例导学

结合本章将要学到的知识,分析比较几种不同的股利分配政策,给南方公司做出正确选择。

第一节　股利的含义及衡量指标

一、股利及其相关概念

从语义上推测,"股利"是"股息"和"红利"的缩略语。我国较为一般的看法是:"股息"是指公司根据股东持有的股份,按确定的比率向其支付的盈余;"红利"是指公司在股息之外向股东支付的盈余,支付红利的比率事先并不确定,根据盈余情况临时决定。在大多数场合,股利、股息、红利是不加区分使用的。

在实务界,通常将股利分配称为"分红派息",所谓"分红"是指发放股票股利,又称"送股",而"派息"则是指发放现金股利。

二、衡量股利发放程度的财务指标

与股利相关的概念如下。

(一) 每股股利指标

每股股利反映的是上市公司每一普通股获取股利的大小。每股股利越大,则企业股本获利能力就越强;每股股利越小,则企业股本获利能力就越弱。但须注意,上市公司每股股利发放多少,除了受上市公司获利能力大小影响以外,还取决于企业的股利发放政策,如果企业为了增强企业发展的后劲而增加企业的公积金,则当前的每股股利必然会减少;反之,则当前的每股股利会增加。

$$每股股利=(分配股利总额÷普通股股数)×100\% \tag{12-1}$$

该指标反映公司支付给普通股股东的股利与股份数量的关系。我国基本是按每 10 股分配多少股利。

【例 12 - 1】　某公司 2015 年股利总额为 2 500 万元,已发行的普通股股数为 1 250 万,则每股股利为多少?

$$每股股利=\frac{2\ 500}{1\ 250}=2(元/股)$$

(二) 股票收益率指标

$$股票收益率=(每股股利÷普通股每股市价)×100\% \tag{12-2}$$

该指标反映普通股每股股利与每股市价的比例关系。

【例 12 - 2】　某公司 2015 年每股股利 5 元,每股市价 20 元,则股票收益率是多少?

$$股票收益率=\frac{5}{20}×100\%=25\%$$

与之相对应的概念为市盈率(PE),其计算公式为:

$$市盈率=每股股价÷每股收益 \tag{12-3}$$

市盈率越高,说明投资于该股票的风险越大;市盈率越低,说明投资于该股票的风险越小。当一家公司增长迅速以及未来的业绩增长非常看好,利用市盈率比较不同股票的投资价值时,这些股票必须属于同一个行业,因为此时公司的每股收益比较接近,相互比较才有效。

影响企业股票市盈率的因素有:

第一,上市公司盈利能力的成长性。

第二,投资者所获报酬率的稳定性。如果上市公司经营效益良好且相对稳定,则投资者获取的收益也较高且稳定,投资者就愿意持有该企业的股票,则该企业的股票市盈率会由于众多投资者的普遍看好而相应提高。

第三,市盈率也受到利率水平变动的影响。当市场利率水平变化时,市盈率也应做相应的调整。

【例 12-3】 某公司 2015 年每股盈余为 0.377 2 元/股,1 月 4 日,此公司收盘股价为 18.20 元/股,则市盈率为多少?

$$市盈率 = \frac{18.20}{0.377\ 2} = 48.25$$

若 2015 年 1 月 4 日,上海证券交易所全部上市股票的平均市盈率为 31.87;深圳证券交易所全部上市股票的平均市盈率为 29.93,则可以判定:此公司市盈率偏高。

(三)股利支付率指标

$$股利支付率 = 每股股利 \div 普通股每股净收益 \qquad (12-4)$$

或

$$股利支付率 = (普通股股利 \div 普通股净收益) \times 100\% \qquad (12-5)$$

该指标反映公司普通股股利与净收益的比例关系。

【例 12-4】 某公司 2015 年每股股利 5 元,普通股每股净收益 25 元,则股利支付率为多少?

$$股利支付率 = \frac{5}{25} \times 100\% = 20\%$$

与之相关的概念是每股收益(EPS),其计算公式为:

$$每股收益 = (公司税后净收益 - 优先股股利) \div 发行在外的普通股股数 \qquad (12-6)$$

【例 12-5】 某公司 2015 年净利润 25 000 万元,其中优先股股利 9 000 万元,总股本为 8 000 万股,则每股收益为多少?

$$每股收益 = \frac{25\ 000 - 9\ 000}{8\ 000} = 2(元/股)$$

第二节 股利政策的内容

一、股利政策的内容

(1)股利支付率。股利支付率是实际分配盈余占可分配盈余的比率,反映了公司支付股利的水平。

（2）股利策略。股利策略是指公司采取稳定的股利政策还是剩余股利政策，抑或固定股利政策。

（3）股利支付的形式。股利支付的形式是指公司支付股利所采取的具体形式，包括现金股利、股票股利、股票回购等。

（4）股利支付的程序。股利支付的程序是指从宣告发放股利到实际发放股利的程序，具体包括股利宣告日、股权登记日、除权除息日和股利发放日的确定。

二、股利政策的类型

（一）剩余股利政策

1. 剩余股利政策的含义

剩余股利政策是指公司根据目标债务权益比率（即目标资本结构），税后净利润首先用于满足净现值为正值的投资项目所需权益资本，然后将剩余利润以现金股利的形式派发给股东。

剩余股利政策的一般步骤：

（1）确定投资方案所需的资金额度。

（2）确定企业目标资本结构，使得在此结构下的加权平均资本成本最低。

（3）进一步确定为达到目标资本结构投资需要增加的权益资本的数额。

（4）使用税后净利润能满足投资方案所需权益资本的最大限额。

（5）在满足上述需要后，将剩余利润作为股利支付。

2. 特点

剩余股利政策是在每年收益既定的情况下，每年支付的现金股利是变动的，其多少取决于公司投资项目投资金额的大小。

3. 政策主张（或政策含义）

（1）设定公司目标资本结构。

（2）确定该资本结构下投资方案所需的股本数额。

（3）最大限度地用保留盈余来满足投资方案所需的股本数额。

（4）若有剩余盈余，再将其作为股利发放给股东。

4. 影响股利支付的因素

（1）项目投资总额的大小。

（2）目标资本结构。

（3）税后净利润的多少。

【例12-6】 假设某公司在2014年的税后净利润为2400万元，按规定提取10％的盈余公积金和5％的公益金。2015年的项目投资计划需要资金2100万元，公司的目标债务权益比率为1∶2。要求：按照剩余股利政策确定该公司2014年的股利支付数额。

分析：根据债务权益比率，1/3 负债，2/3 所有者权益。

可供分配的利润＝2 400×(1－10％－5％)＝2 040(万元)

投资所需权益资本总额＝2 100×2/3＝1 400(万元)

向股东分红的金额＝2 040－1 400＝640(万元)

5．评价

(1) 剩余股利政策具有以下优点：

① 留存收益用于项目投资，可以降低发行成本。在目标资本结构下，项目投资所需权益资本的筹集方式有二：一是发行新的权益证券，二是留存收益。与发行新的权益证券相比，留存收益不会发生发行成本，也可以避免信息不对称问题。

② 相对于发行新的权益证券，利用留存收益筹集权益资本，由于不会增加股票数量，因此，随着预期现金流量的增加，股票价格也会上升。

③ 剩余股利政策能够使公司保持理想的资本结构，从而提升公司价值。

(2) 剩余股利政策具有以下缺点：

该政策使得每次发放的股利都受到投资机会和盈利水平的影响，使股利支付与盈利水平脱节，导致股利支付不稳定，影响股东对公司的信心。

(二) 固定股利支付率政策

1．含义

固定股利支付率政策是指公司确定一个股利占盈利的比率(即股利支付率)，在较长的时期内按此比率支付股利的政策。

2．优缺点

(1) 优点：这种政策较好地将股利支付与公司盈利结合起来，股利的多少完全取决于公司的盈利状况，因而比前两种股利政策具有更好的灵活性，体现了多盈多分、少盈少分的原则。

(2)缺点：

① 该政策容易造成股票价格的异常波动。由于股利支付的多少随公司盈利状况的变动而变动，股利支付的不稳定性容易造成股票价格的异常波动。

② 该政策增加了公司的财务压力。在这种政策下，股利支付的多少取决于公司的盈利状况，在公司盈利状况良好而现金流不足时，仍然按照固定支付率支付股利，会加大公司的财务压力。

③ 确定合理的固定股利支付率较为困难。

(三) 稳定股利政策

1．含义

稳定股利政策是指公司将每年派发的现金股利固定在某一特定的水平上，且在一定时期内，不论公司的盈利和财务状况如何，现金股利支付额都保持不变。

只有当公司管理层认为未来盈利将会持续增长，且足以维持在一个较高的股利支付水平时,才会逐渐提高每股股利。同样,即使公司面临暂时的净亏损,也会试图将现金股利支付保持在一个正常的水平上。只有当未来盈利无法维持在当前的股利水平时,才会削减每股股利。

实践中,西方成熟资本市场国家的公司大多倾向于采用这种股利政策。

2. 优缺点

(1) 稳定股利政策具有以下优点:

① 稳定股利支付额能够向市场传递公司稳定的信息。

② 稳定股利支付可以使投资者获得稳定的股利收益。对于偏好现金股利的投资者来说,稳定股利额政策为其提供了稳定的收入来源,因而具有较强吸引力。

③ 稳定股利支付满足了机构投资者的需求。像保险公司、养老基金、信托基金等机构投资者,其对投资收益具有稳定性的要求,因此,采用稳定股利额政策的公司能够获得这类机构投资者的青睐。

(2) 稳定股利政策具有以下缺点:

① 该政策使得股利支付与公司盈利相脱节,因而显得不够灵活。即在公司盈利较多时,仍支付固定的股利,容易产生闲余现金流量,损害股东利益,而在公司盈利较少时,仍支付固定股利,容易导致财务状况紧张,甚至发生财务危机。

② 该政策会增大公司的融资成本,影响公司价值。

③ 该政策会给公司带来财务压力。特别在公司资金紧张、利润下降时,易引发财务恶化。

(四) 低正常加额外股利政策

1. 含义

低正常加额外股利政策是指在一般情况下,公司每年只支付数额较低的正常股利,只有在公司盈利显著增长时,再加付额外股利,这一额外的股利又称为"红利"。

2. 优缺点

(1) 优点:

① 使公司具有较大的灵活性,有利于保持稳定的股票价格。

② 尽管日常股利收入较低,但对股利偏好型股东仍具有吸引力。

(2) 缺点:

如果公司支付额外股利的频率较高,会使股东对额外股利视为正常股利,一旦额外股利被取消,会使股东误认为公司经营状况恶化,导致股价下跌,从而失去其原有的意义。

三、股利发放的形式

通常,国外公司发放股利的形式主要有以下几种。

(一) 现金股利

1. 现金股利的含义

现金股利是上市公司分红时向股东分配的现金红利。发放现金股利将减少公司资产负债表上的现金和留存收益。

制定现金股利政策的影响因素：

（1）现金股利过多，会减少公司的现金数量和留存收益的数量；

（2）现金股利过少，可能会影响股东的近期收益和股票的市场价格；

（3）现金股利政策还受到税收政策的影响。

股利政策就是针对现金股利的发放而制定的。

2. 现金股利的形式

（1）正常现金股利。

一般是每季、每半年或一年发放一次，采用这种股利形式表明公司希望以后能在固定的时间范围内按同一比率发放股利。

（2）正常现金股利加额外股利。

这种股利支付方式适宜于年收益波动较大的公司。

（3）特别股利。

特别股利是一种一次性发放的股利，未来将不会再发生。

（4）清算股利。

当公司的某些或全部业务被清算，也就是被出售时所发放的股利，它实际上是公司清算时向股东偿还股本。

以上除清算股利外，派发现金股利带来的结果是现金的流出和留存收益的减少。留存收益的减少又会带来每股净资产价值减少，净资产收益率提高。

（二）股票股利

1. 股票股利的含义

股票股利是指上市公司以本公司的股票代替现金向股东支付股利的一种形式。股票股利对于公司来说，没有现金流出，因而它不是真正意义上的股利。

虽然股票股利不会有现金流出，不会对股东权益产生影响，但会发生资金在股东权益项目间的再分配，进而对每股收益及股票市价产生一定的影响。

发放股票股利通常发生在以下两种情况下：

一是将"未分配利润"转增"股本"，即"送股"；

二是将"资本公积金"转增"股本"，即"转股"。

这两种情况就是公司分配方案中的"送转股"。

股票股利通常采用百分比来表示，如20％的股票股利代表一个股东目前每拥有10股，就可以得到2股新股（增加20％）。20％的股票股利在我国通常用"10送2"来表示。因为每个股东所拥有的股票都增加了20％，所以流通在外的总股数也增加了20％，结果是每股价格下跌了20％。

2. 股票股利的效应分析

一是从对市场影响看，可调整公司市盈率。

二是有利于改善公司的资本结构。

三是对上市公司的外部融资能起到杠杆作用。

四是有利于上市公司强化抵御破产风险的能力。

具体而言,股票股利的影响可从以下三方面分析:

(1) 就会计而言,股票股利只是将资本从留存收益账户转移到其他股东权益账户。它并未改变每位股东的股权比例,也不增加公司资产。

(2) 就股东而言,股票股利除了使其所持股票增加外,持股比例及股票市值总额均不变。

(3) 就管理者而言,发放股票股利可能出于以下动机:

一是在盈利预期不会增加的情况下可以有效降低股票价格,以提高投资者的投资兴趣;

二是公司可以将现金留存下来用于再投资,有利于公司的长远发展。

【例 12-7】 某公司在发放股票股利前,股东权益如表 12-1~表 12-3 所示。

公司当前股票市场价格为每股 20 元,假定公司打算用所有未分配利润来发放股票股利,股东权益情况如表 12-1 所示。

表 12-1 股东权益情况

普通股(面额 1 元,已发行 200 000 股)	200 000
资本公积金 未分配利润 股东权益合计	400 000 200 000 800 000

那么,若按股票面值来送股,则公司可送 200 000 股股票股利,即送股比例为 1∶1,送股后的股东权益情况如表 12-2 所示。

表 12-2 股东权益情况

普通股(面额 1 元,已发行 400 000 股)	400 000
资本公积 未分配利润 股东权益合计	400 000 0 800 000

若按股票市价来送股,则公司最多只能送出 10 000 股,即送股比例为 20∶1,送股后的股东权益情况如表 12-3 所示。

表 12-3 股东权益情况

普通股(面额 1 元,已发行 210 000 股)	210 000
资本公积 未分配利润 股东权益合计	590 000 0 800 000

(三) 股票回购——现金股利的替代方案

1. 股票回购的含义

股票回购是指股份公司按照一定的程序购回发行或流通在外的本公司普通股股票的行为。

2. 股票回购的形式

(1) 公开市场回购。在股票市场按照当前市价购买。主要用于小额回购,成本较高。

(2) 要约回购,即招标收购股权,又称为溢价回购,适宜于大额股票回购。通常按固定价格回购预定数量的股票。一般回购价高于当前市价。要约回购又分为固定价格要约回购和荷兰式拍卖回购。

(3) 协议回购也称为私下磋商股票回购。按协议价格直接向指定股东回购,协议价通常低于市价。

3. 股票回购的效应分析

(1) 正面效应。

① 股票回购可以增加每股收益;

② 股票回购可以调整资本结构,充分发挥财务杠杆作用;

③ 股票回购在方便股东选择股利支付方式的同时为股东提供避税的优惠;

④ 利用股票回购的信息效应可以提升公司股票价值;

⑤ 股票回购为上市公司资本运营提供了一条新渠道。

(2) 负面效应。

① 实施股票回购,对股东而言可能存在信息不对称;

② 实施股票回购,会引起股票价格的波动;

③ 股票回购通常会涉及许多内幕交易,因此,普遍受到严格管制。

4. 关于现金股利和股票回购的关系

二者都是以现金的方式进行支付,从理论上讲是等效的。

区别在于:

(1) 两种股利方式的税赋不一样。

(2) 采用股票回购,对股东而言有一个选择机会,即出售股票还是保留股票;而支付现金股利只能被动地接受并且要付税。

(3) 股票回购可作为一种防御敌意收购的措施,还可以提高资金利用效率;现金股利的支付在一定程度上只是使投资者相信盈利的真实性。

(4) 公司实施股票回购,还存在信息不对称问题,并将涉及许多内幕交易,许多国家都对此规定了十分严格的条件。

5. 股票回购与现金股利的比较

【例 12-8】 某公司的相关财务数据如表 12-4 所示。

表 12-4 公司财务数据

税后利润	4 亿元
流通在外的股票	10 亿股
每股收益	0.4 元
每股价值（股价）	10 元
市盈率	25
多余现金	1 亿元

公司拥有 1 亿元的超额现金，现在有两个选择：

(1) 每股派发 0.1 元的现金股利(1 亿元/10 亿股＝0.1 元/股)；

(2) 用这现金回购 0.1 亿股(1 亿元/10 元＝0.1)。

在这个例子中，忽略佣金、税和其他不完美因素。

第一种选择：

如果超额现金以股利的形式派发出去，那么，流通在外的股票数仍然是 10 亿股，因此，每股价值为 9.9 元，即在除息日，股票的市场价格变为 9.9 元。

这时，股东的财富并未发生变化。

【例 12-9】 某个股东拥有 100 股股票，发放现金股利之前，其财富的价值为 100 股×10 元/股＝1 000 元；发放现金股利后，其财富价值为 100 股×(9.9 元/股＋0.1 元/股)1 000 元。

派发股利后，每股收益：

EPS＝4 亿元÷10 亿股＝0.4(元/股)

市盈率＝9.9 元/股÷0.4 元/股＝24.75(倍)

第二种选择：

如果公司以市场价格回购 0.1 亿股，流通在外的股票就只剩下 9.9 亿股，回购股票数量占发行在外的股票数量的 1%(＝0.1 亿股/10 亿股)。

这时，股东财富并未发生变化。

【例 12-10】 如前面拥有 100 股的投资者，其响应公司股票回购，卖出 10 股，得到现金 100 元(＝10 股×10 元/股)，剩余 90 股，其市场价值为 900 元(＝90 股×10 元/股)，其财富总价值为 1 000 元(＝100＋900)。

股票回购后，由于流通在外的股数减少了，所以每股收益会提高。

本例中，回购后新的每股收益：

EPS＝4 亿元÷9.9 亿股＝0.404(元/股)

市盈率＝10 元/股÷0.404 元/股＝24.75(倍)

这与派发现金股利是正好相同。

上述例子说明，在完美条件下，现金股利与股票回购是等价的，对股东财富不会产生影响。

股利发放、股票回购前后的财务数据对比如表 12-5 所示。

表 12-5 财务数据对比

	股利发放、股票回购前	股利发放后	股票回购后
税后利润	4 亿万元	4 亿元	4 亿元
流通在外的股票	10 亿股	10 亿股	9.9 亿股
每股收益	0.4 元	0.4 元	0.404
每股股价	10 元	9.9 元	10 元
市盈率	25	24.75	24.75
多余现金	1 亿元	0	0

（四）股票分割

1. 股票分割的定义

股票分割也称为股票分拆，是指将一面额较高的股票转换成数股面额较低的股票的行为。

股票分割是通过降低股票的面值来增加公司股票的股数。从本质上讲它也不是股利，但它产生的效果与股票股利十分相近。

2. 股票分割的意义

（1）就会计而言，公司的资本结构不发生任何变化，只是普通股股数增多，面值降低。

（2）就股东而言，股东权益合计数也不变；

（3）就管理者而言，分割股票的动机包括：

① 降低股票市场价格；

② 为新股发行做准备；

③ 有助于公司并购政策的实施。

3. 股票分割与股票股利的异同

（1）共同点。

均不增加股东权益总额，只增加流通在外的股票数量，从而引起股票账面价值与内含价值的降低，并最终导致股票的市场价值下跌。

（2）不同点。

① 股票股利不减少股票面值，但要调整权益资金各账户的余额；

② 股票分割则是减少股票的面值，但不调整权益资金各账户的余额。

4. 小结

尽管在实践中现金股利比股票股利和股票分割使用得更频繁，但是很多人认为：

（1）股票股利和股票分割会使股东极大地获益；

（2）在公司前景看好，尤其是股价远远超出正常水平的时候实行股票股利和股票分割很有意义；

（3）股票股利和股票分割可以为公司保留现金。

四、股利发放的程序

(一) 公布分红预案

公司分红时,首先应由董事会制定分红预案,确定本次分红的数量、分红方式,然后安排召开股东大会的时间、地点及表决方式,并由董事会面向社会公布以上内容。

公司公布分红预案的这一天称为分红预案公布日。

(二) 宣告分红方案

分红预案经股东大会表决通过后,应向社会公告分红方案及实施时间。按照规定,公司召开股东大会讨论分红方案,公司股票应停止交易一天。

公司宣告分红方案的这一天称为分红方案宣告日。

(三) 股权登记

有权获取公司股息的股东必须是在公司股东名册上列明的股东,因此,在发放现金股利之前,必须进行股权登记,这一天称为股权登记日。

分红方案规定了股权登记日,一般定在股利宣告日后的 2~3 周。在这一天,证券交易所会向公司提供股东登记名册信息。

(四) 除息(权)

对派现的股票而言,除息日即除去股息的日期。在这一天之后,股票中不再含有获取股息的权利,这一技术处理称为除息,股票称为无息股,而在这一天之前,股票中含有获取股息的权利,股票称为含息股。

对送转的股票而言,除权日是指除去股权的日期。在这一天之后,股票中不再含有获取股票的权利,这一技术处理称为除权,股票称为不含权股,而在这一天之前,股票中含有获取股票的权利,股票称为含权股。

按照规定,除息(权)日定在股权登记日后的下一交易日。

(五) 送股交易

公司所送红股通常在股权登记日的第二日即可上市交易。

(六) 发放股利

股利发放日是指股利正式发放给股东的日期。在此日期,证券交易所会将公司分配的完税后的现金红利计入股东账户。

第三节　股利政策理论

一、传统股利政策理论

(一) 传统股利政策理论

1. "一鸟在手"理论

该理论存在于 MM 的理论之前,是根据对投资者心理状态的分析而得出的。比喻:"一鸟在手,众鸟在林",资本利得是"躲在林中的鸟",现金股利是"抓在手中的鸟"。

(1) 主要观点。

投资者一般是风险厌恶型的,宁可现在得到较少的股利,也不愿为将来得到更多的股利而承担风险,故投资者偏好投资现在发放较多股利的公司股票。

(2) 结论。

形成了两个重要的结论:

① 股票价格与股利支付率呈正比。

② 权益资本成本与股利支付率呈反比。

(3) 影响。

从"一鸟在手"理论观点出发,形成了"股利重要理论",认为股利政策和公司价值是相关的,且股利支付水平与股价呈正相关关系。代表人物有威廉姆斯、林特纳、华特和戈登等。

2. 无税 MM 股利无关论

MM 股利无关论,是建立在信息对称、无摩擦的完美资本市场基础之上,在一系列假设前提下展开研究,提出了股利政策不会对公司价值产生影响,公司的权益资本成本也与股利政策无关的结论。MM 股利无关论奠定了股利政策研究的理论基础。

最早研究股利政策理论的是哈佛大学教授约翰·林特纳,在此之前,虽然学者们对股利政策理论进行过研究,但并未取得很大进展,也未引起人们的普遍关注。直到 1961 年莫迪格利安尼和米勒两位教授"MM 股利无关论"的出现。

(1) 主要假设。

① 公司的股利决策不影响公司的投资决策;

② 不存在赋税;

③ 不存在交易成本;

④ 信息是对称的;

⑤ 所有投资者对未来投资、利润和股利具有相同的信念;

⑥ 怎样分配股利和保留盈余对公司的资本成本没有影响。

(2) 主要观点。

认为公司不论采取何种股利政策都不会影响公司价值;公司价值是由其盈利能力和经

营风险决定的,而非取决于盈利分配方式。

3. 股利政策的税差理论

(1) 代表人物。

法勒、塞尔文、布伦南、布莱克、米勒等。

(2) 主要观点。

当现金股利与资本利得之间存在显著的税赋差异时,税赋差异效应会成为影响股利形式的重要因素,若现金股利税高于资本利得税,则这一效应对股利政策的影响就会使公司倾向于支付较低的股利。

(3) 结论。

① 股票价格与股利支付率呈反比;

② 权益资本成本与股利支付率呈正比。

由于个人所得税的存在,股利政策无关定理(MM 股利无关论)不成立。

4. 股票回购、股利与税收

在无税收和无交易成本的情况下,公司的利润用于股票回购或者发放股利,对公司价值没有影响。但是,股票回购能够带来 EPS 上升,股价上升(公司总市值没有增加,不变)。

考虑税收情况下,由于个人所得税高于资本利得税,股票回购给股东带来税后更大的收益。当股价处于底部(公司管理层认为股价被低估时)公司管理层会通过回购股票,使得股价上升。

研究证明,当公司宣布股票回购时,股价就会上升。

既然支付现金股利将会使投资者蒙受税收损失,降低公司价值,那么,公司应当放弃支付现金股利。然而,现实中,大部分公司都倾向于支付现金股利而不是股票回购,对于这一现象,税差理论无法从理论上予以解释。

(二) 现代股利政策理论

1. 追随者效应理论

追随者效应理论也称为顾客效应理论,该理论属于税差学派理论。最早提出该理论的是 MM(1961),并在 20 世纪 70 年代得到迅速发展。

(1) 主要观点。

该理论从股东边际所得税率出发,认为每个投资者所处的税收等级不同,有的边际税率高,而有的边际税率低,由此会影响投资者对股利的偏好。前者偏好低股利支付率或支付股票股利,后者则偏好高股利支付率。据此,公司会相应调整其股利政策,使股利政策符合股东的愿望。

之所以会产生股利的顾客效应现象,主要是因为以下两个方面的原因:一是税负不同,二是股东构成不同。

从投资者构成来看:

个人投资者中——高税率等级的投资者　低股利

个人投资者中——低税率等级的投资者　高股利

机构投资者(如养老基金、信托基金等)——投资收益可以免税　倾向于投资高股利

(2) 结论。

追随者效应理论的实质是使人相信股利政策的重要性,它起到的作用仅仅是警告公司不要频繁改变其股利政策。

2. 股利政策的代理理论

(1) 主要观点。

① 在委托代理关系下,高股利支付意味着由公司经理控制而持有的闲余现金流量减少,代理成本降低,公司价值增加;反之,则相反。因此,公司发放现金股利能够降低代理成本。

② 在委托代理关系下,债权人为保护自己,规定只有公司有足够的利润、现金流时,才能发放股利;在处于财务困境中,不能发放股利。

③ 在债权人看来,现金股利是将公司利益从债权人向股东转移的途径。

(2) 评价。

该理论是股利支付理论中的主流理论。特别是在既定股权结构背景下,对于特殊的股利政策有较好的解释。

(3) 代理成本理论的代表人物及其观点。

① 约瑟夫的股利政策理论(1982)。认为在市场不完备的条件下,股利政策的决定与代理成本和交易成本都有关系。

② 伊斯特布鲁克的股利政策理论(1984)。认为股东与经营者的代理成本有两种:监督成本和与风险有关的成本。若公司持续在市场上融资,则代理成本很小,发放股利可使公司不断地从资本市场融资。

③ 凯莱的股利政策理论(1982)。是从契约角度研究股利政策的,认为大多数债务契约都能直接或间接约束股利支付。

④ 帕塔的股利政策理论(2000)。建立了两个股利代理模型:结果模型和替代模型。认为股利是保护股东权益的有效方式,特别是小股东利益。

3. 股利政策的信号传递模型

信号传递模型始于1961年,在20世纪70年代末得到迅猛发展。

(1) 主要观点。

信息是不对称的,公司管理者比外部股东更了解公司的状况。因此,公司公布的不同股利政策,往往被市场认为是在向社会公众传递公司经营状况、未来盈利能力的信息,通过传递信息,从而影响公司股票的市场价值。

(2) 评价。

该理论存在的前提条件是资本市场信息不对称,在信息技术飞速发展的今天,资本市场的信息有效性得到极大提高,而公司股利政策仍然保持不变,该理论难以做出合理的解释。

（3）代表人物及其观点。

① 巴恰塔亚的信号模型（1985）。

该模型强调将经营者手中的现金流量作为信号的重要意义。认为公司股利政策的选择取决于承诺高股利引发的交易成本与新股东愿意支付的价格之间的比较。

② 米勒—罗克信号模型（1985）。

根据"净股利"概念建立了该模型，首次将股利分配与外部融资结合起来。

③ 约翰—威廉姆斯模型（1985、1987）。

提出了将股利、税收、新股发行或回购股票以及投资同时予以考虑的信号均衡模型。

4. 股利政策的行为学派

（1）理性预期理论。

认为如果公司宣布的股利政策与投资者预期的股利政策存在差异，股票价格很可能发生变化。

（2）自我控制理论。

认为投资者购买股票，可以由收到的股利而非动用资本提供当前的消费支出，因此对于意志薄弱者来说，股利政策实际上提供了一种外在的约束机制。

（3）后悔厌恶理论。

认为投资者一般都是后悔厌恶型的，由于出售股票会引起更大的后悔，所以往往偏好现金股利。

总结：这些理论主要从上市公司管理层或投资者行为角度对异常现象进行了解释，从而提高了对股利政策效应的解释力。

总之，行为理论从微观个体行为以及产生该行为的更深层次心理、社会等动机来解释、探讨公司股利政策现象，从心理方面挖掘了股利政策对公司利益相关者的功能和公司选择股利政策的动机。

5. 股利政策的股东构成理论

（1）主要观点。

在所有权紧密的公司，不存在或较少存在信息不对称问题，股利支付多少由股东商量决定；而在股权分散的公司，存在信息不对称和代理成本问题，必须支付高股利。

（2）评价。

该理论能较好地解释不同股权结构的公司的股利政策。

第四节　中外上市公司股利政策的比较分析

一、我国上市公司背景透视

（一）我国上市公司的股权结构

公司的股权结构，是指股权设置的具体形态，即各种不同出资者所有的不同类型的股权公司中的比例及其相互关系,包括股东的类型及各类股东持股所占比例、股票的集中或分散程度等。

我国上市公司的股权结构大体上可分为国家股、法人股、内部职工股、转配股、A股、B股和H股七种类型。其中国家股、法人股、内部职工股和转配股不能在股票市场自由转让。A股、B股和H股是从分割的市场角度划分的,而国家股、法人股、内部职工股和转配股是从同一市场中股权的不同归属的角度划分的。

(二) 我国上市公司股权结构特点

(1) 股权结构复杂。

(2) 股权中国有股高度集中,国有股股权在公司总股本中占绝对优势,国有(国家股和国有法人股)在总体上处于控股地位。

(3) 股权流通比率过低,绝大部分股权处于“超稳定”的凝固状态。

(4) 流通股过度分散,与国有股形成巨大反差,呈现出一种“超稳定”下的不稳定状态。

(三) 股票市场特征概述

在我国,上市公司在20世纪90年代才开始出现。我国的股票市场特征主要表现在以下几个方面:

(1) 投资者高度分散,投资非机构化;

(2) 市场体系人为分割严重;

(3) 市场结构不合理;

(4) 股票市场的非有效性,使小股东失去了“用脚投票”的机制。

(四) 宏观因素

宏观上,影响公司股利政策的因素很多,诸如市场监管偏重于行政手段、税收制度不够健全、资金供求总量失衡、宏观金融环境复杂等,这些因素与证券市场的发展息息相关,对股利政策具有系统性影响。

二、我国上市公司股利分配的实现形式

我国上市公司股利分配的基本形式有现金股利和股票股利两种,但由于我国上市公司通常在公布股利分配方案的同时宣布转增和配股方案以及投资者对转增和配股的误解,转增和配股带上了分配的色彩,因此使我国的股利分配呈现金股利、股票股利、转增和配股组合的多种形式。

资本公积转增股本是中国证券市场的特色。

三、我国上市公司股利政策动因

股权融资主要有两种方式:发行新股和配股。相对而言,配股时公司直接向原有股东低价募集资金,不存在过多的消耗。因此,配股成为我国上市公司创立之后的主要融资方式。

配股由于具有能够扩张股本，又能吸引股东追加投资的优点，成为公司的首选方式。从程序上看，配股要滞后于股利分配，如果企业既分配又配股，分配之后下降的除权价格会影响配股的定价，因此在不分配的情况下，通过配股可以募集更多的资金，而难以取得分配资格的公司索性采用高比例送股以扩充股本。

我国上市公司的股利政策并不是以企业价值最大化或股东财富最大化为目标的，而是配合公司的增资扩股的战略方针，实现公司规模最大化。

四、国外上市公司股利政策

(一) 国外股利政策的特征

(1) 派现一直是国外公司的主要支付形式；

(2) 税收差别因国而异；

(3) 公司通常均衡分配股利；

(4) 股票市场对公司增加派现的信息披露通常做出正向反应，而对公司减少派现的信息披露通常作出负向反应；

(5) 法律环境对股利支付水平具有很大的影响。

(二) 跨国间的实证比较

1. 英美等国家

股利支付数额高，灵活性不足，股利政策有几种不同模式，但都支持公司盈利后应当发放股利。

最可靠的解释：以市场为基础的公司治理机制，以高度分散的所有权结构为特征，遵循一股一票规则，公司控制权市场活跃，存在机构投资者，股东处于强势地位，债权人权利稳固。

2. 德澳法意等国家

股利分配数额较少，留存现金多用于公司发展，使股东从长远上获得资金收益。

较常见的解释：德国类型公司治理机制的核心驱动力是所有权与控制权范式，是以大股东为基础的制度。上市公司数量少，所有权结构复杂，经常背离一股一票规则，股东保护羸弱。

近年也出现了股权分散的公司，这些公司股利政策开始接近于英美的做法。

(三) 对国外股利政策研究的结论及启示

(1) 上市公司的股利政策会对公司股价和公司市场价值产生重要影响；

(2) 现金股利是国外上市公司最主要股利分配形式；

(3) 从立法方面要求公司支付现金股利；

(4) 股票回购具有重要作用。

本 章 小 结

（1）股利政策是股份公司关于是否发放股利、发放多少以及何时发放的方针和政策。

（2）股利政策可以分为以下四种类型：

① 剩余股利政策是以首先满足公司资金需求为出发点的股利政策。

② 固定股利支付率政策，是公司确定一个股利占盈余的比率，长期按此比率支付股利的政策。

③ 稳定股利政策是以确定的现金股利分配额作为利润分配的首要目标优先予以考虑，一般不随资金需求的波动而波动。

④ 低正常股利加额外股利政策是一种介于固定股利政策和变动股利政策之间的折中的股利政策。每期都支付稳定的较低的正常股利额，当企业盈利较高时，再根据实际情况发放额外股利。

（3）股利分配是指企业向股东分派股利，是企业利润分配的一部分，包括股利支付程序中各日期的确定、股利支付比率的确定、支付现金股利所需资金的筹集方式的确定等。

（4）股票分割又称股票拆细，即将一张较大面值的股票拆成几张较小面值的股票。股票分割对公司的资本结构不会产生任何影响，一般只会使发行在外的股票总数增加，资产负债表中股东权益各账户（股本、资本公积、留存收益）的余额都保持不变，股东权益的总额也保持不变。

（5）股票回购是指上市公司利用现金等方式，从股票市场上购回本公司发行在外的一定数额的股票的行为。

（6）传统股利政策理论主要有"一鸟在手"理论、MM 理论、税收效应理论；现代股利政策理论主要包括追随者效应理论、信号传递理论、代理成本理论、股利信息不对称理论。

（7）了解我国股利政策的实践，并将其与国外股利政策进行比较。

关 键 术 语

股利政策　剩余股利政策　固定股利政策　稳定股利政策　现金股利　股票股利
股票回购　"一鸟在手"理论　税差理论　MM 股利无关论　信号传递模型
股利政策的代理理论

思 考 题

1. 我国上市公司股利政策有什么特点？制定股利政策主要考虑哪些影响因素？

2. 试述股利分配的形式及其特点。

3. 从股利政策的信号传递理论出发，如何理解公司采用不同的股利政策可以向市场传递公司经营信息这一现象？

4. 简述 MM 股利无关论的基本假设和主要观点。

5. 请从股利理论和公司实践两个角度阐述：高股利支付和低股利支付哪种更符合市场需求？根据你的结论进一步解释：是否存在理想的股利政策？在现实中它和哪些因素有关？

6. 解析股利、股息、红利区别。

7. 为什么在完善资本市场条件下，股利政策与股价无关？

8. 找出一个关于股利分配的简单案例，并做简要分析。

9. 假如某人持有 A 公司股票 100 股，1 年后的今天，现金股利为 2 元/股，该公司股东的要求收益率为 8%。又假如 2 年后的今天，公司破产，清算价格为 10 元/股。请问：

(1) 该公司股票的现时价格为多少？

(2) 如果该公司第 2 年仍能发放每股 1 元的现金股利，并一直持续下去，则该公司股票的现时价格又是多少？

10. 假如 B 与 C 两家公司处于同一风险等级。B 公司希望 1 年后股价达到 10 元/股，公司发放现金股利为 1 元/股。C 公司不发放股利，现在股价已经达到 10 元/股，股东希望 1 年后能实现资本利得 4 元/股。假定股利所得税税率为 20%，资本利得不征税。

(1) B 公司股票的现时价格为多少？

(2) 如果资本利得也按 20% 征税，B 公司股票的现时价格为多少？

11. H 公司去年执行每季度递增 10% 的股利政策。该公司宣布将在下季度将股利由 1 元/股增加至 1.1 元/股。此股利政策宣布后将会产生什么样的价格反应？

第四篇

公司金融的一些特殊问题

第十三章 企业财务报表与财务计划

【本章学习目标】

- 了解财务计划模型的构成要素。
- 掌握外部资金需求的确定方法。
- 掌握增长率的确定方法。
- 了解短期财务政策的内容。
- 了解各类财务报表的结构。

导入案例

中国中铁财务报表饱受质疑

2007年12月3日,中国中铁A股按发行价上限4.8元发行,实际募集资金2244亿元。上市当日,中国中铁股价以8.09元报收,较每股4.8元的发行价涨了68.54%。另发售H股33.26亿股,发售价为发行价上限5.78港元,集资额为192.24亿港元。

中国中铁以先A后H的模式开创了中国内地企业上市的先河,又以3.383万亿元创下冻结资金的历史最高。

但是从中国中铁上市起,对于其财务报表的质疑就随之而来。"中铁90%的利润都是虚的!"中欧国际工商学院会计学教授丁远语惊四座。

"问题很严重。"丁远在仔细研读了长达345页的招股说明书后指出,中国中铁上半年现金流为负,主营业务收入(折算全年后数据)减少,利润却大幅增长。而这些"极可能是编出来的"利润,其中70%以上是来自上一年度的计提冲回,还有15%来自短期投资收益,去掉这两大块,中国中铁的利润将缩水90%,即从15.45亿元减少到1.5亿元。

中铁招股说明书正式披露了这点:"最近一期,管理费用的大幅下降,主要是因为如前所述,本公司对于原按工资总额14%计提的职工福利费在2006年末的余额予以转回,并相应冲减2007年1—6月的管理费用11.73633亿元。"

除了这11.74亿元计提冲回外,15.45亿元利润中还有2.26亿元来自投资收益。其财务报表显示,公司对联营企业和合营企业的投资收益为—812万元,也就是说,这两个多亿的收入是来自炒股等短期投资收益,并非来自联营、合营企业的投资收益。丁远认为,这种不确定性的收益会带来风险。

由此,福利费用转回冲减管理费用的11.74亿元,减少了本期费用,等于直接增加了营业利润,这并不是本期经营产生的收益;2.26亿元的投资收益,并非来自联营、合营企业,具有很强的不确定性。丁远分析,如果别除以上两大因素,中国中铁2007年1—6月由主业经营产生的净利润就只有约 1.5 亿元了,与财务报表显示的 15.45 亿元相比,缩水 90%。去除这两块利润来源,丁远认为中国中铁 IPO 的市盈率其实是在 30 倍基础上翻 10 倍,达到了 300 倍之高。

(资料来源:根据相关网络报道改写.)

案例导学

案例中的故事来自现实中的中国上市公司。公司的财务报告是公司金融的决策基础,投资者需要通过对公司财务报表的分析,了解一个公司的好坏。而现实中来自财务报表的信息不一定是真实的,所以财务信息的质量是非常重要的。结合本章将要学到的知识,对中铁财务报表的质量做出评价。

第一节　企业财务报表

企业财务报表分析的概念有狭义与广义之分。狭义的概念是指以企业财务报表为主要依据,有重点、有针对性地对其有关项目及其质量加以分析和考察,对企业的财务状况、经营结果进行评价和剖析,以反映企业在运营过程中的利弊得失、财务状况及发展趋势,为报表使用者的经济决策提供重要信息支持的一种分析活动。广义的概念是在此基础上还包括公司概况分析、企业优势分析(地域、资源、政策、行业、人才、管理等)、企业发展前景分析以及证券市场分析等。一个股份公司一旦成为上市公司,就必须遵守财务公开的原则,即定期公开自己的财务状况,提供有关财务资料,便于投资者查询。上市公司公布的一整套财务资料中,主要是一些财务报表。而这些财务报表中对投资者最为重要的有资产负债表、损益表与现金流量表。

一、资产负债表

资产负债表是基本财务报表之一,它是以"资产＝负债＋所有者权益"为平衡关系,反映企业在某一特定日期财务状况的报表。资产负债表表示的是企业资金的来源和运用情况,由三部分构成:资产、负债和股东权益。三者之间的关系是:

$$资产＝负债＋股东权益 \tag{13-1}$$

(一) 资产

资产是企业因过去的交易或事项而获得或控制的能以货币计量的经济资源。对于资产的基本要求是:① 资产是由过去的交易所获得的;② 资产应能为企业所实际控制或拥有;③ 资产必须能以货币计量;④ 资产应能为企业带来未来经济利益。

在我国目前的有关制度中,把资产分为流动资产、长期投资、固定资产、无形资产、递延资产和其他资产。负债是指企业由于过去的交易或事项引起在现在某一日期承担的将在未来向其他经济组织或个人交付资产或提供劳务的责任。

（二）负债

对于负债的基本要求是：① 与资产一样，负债应由企业过去的交易引起；② 负债必须在未来某个时点（且通常有确切的受款人和偿付日期）通过转让资产或提供劳务来清偿；③ 负债应是能用货币进行计量的债务责任。

一般而言，负债按偿还期的长短，分为流动负债和长期负债。

（三）股东权益

股东权益是指投资人对公司净资产拥有的所有权，包括投资人投入的资本以及形成的资本公积金、盈余公积金、法定公益金和未分配利润等。从股东权益的内容上，所谓股东对公司净资产的权利，包含三层含义：

(1) 股东对公司净资产的所有权；

(2) 股东依股东权益而对现金和财产的分配权；

(3) 公司清算时股东剩余资产的索取权。

股东权益是公司财力状况的重要标志，其形成和使用，直接关系到财力的分配和公司资本的积累，关系到公司与投资人之间的经济利益。

（四）资产负债表的主要作用

(1) 资产负债表向人们揭示了企业拥有或控制的能用货币表现的经济资源（即资产）的总体规模及具体的分布形态。由于不同形态的资产对企业的经营活动具有不同的效用和意义，因而对企业资产分别从项目具体质量、资产结构质量以及资产总体质量等多层次进行分析与评价，将非常有助于分析者了解企业的经营状况，判断企业的管理质量，甚至可以透视企业战略的制定与遵守情况。

(2) 把流动资产与流动负债联系起来分析，可以评价企业的短期偿债能力。了解企业的这种能力对其短期债权人来说尤为重要。

(3) 通过对企业债务规模、债务结构及与所有者权益的对比，可以对企业的长期偿债能力及举债能力（潜力）做出评价。一般而言，企业的所有者权益占负债与所有者权益的比重越大，企业清偿长期债务的能力越强，企业进一步举借债务的潜力也就越大。

(4) 通过对企业不同时点资产负债表的比较，可以对企业财务状况的发展趋势做出判断。可以肯定地说，企业某一特定日期（时点）的资产负债表对信息使用者的作用极其有限。只有把不同时点的资产负债表结合起来分析，才能把握企业财务状况的发展趋势。同样，将不同企业同一时点的资产负债表进行对比，还可对不同企业的相对财务状况做出评价。

(5) 通过对资产负债表与利润表有关项目的比较，可以对企业各种资源的利用情况以及盈利能力做出评价。如可以考察资产报酬率、权益报酬率、存货周转率、债权周转率等。

(6) 通过将资产负债表与利润表、现金流量表联系起来进行分析，可以对企业的财务状况和经营成果做出整体评价。

在资产负债表中,企业的资产按其流动性的顺序排列,负债则按债务应支付的时间顺序排列,公司的资产负债表样式如表 13-1 所示。

表 13-1 甲公司资产负债表

甲公司资产负债表	2017 年	2018 年
资产		
流动资产		
现金	400	82
应收账款	1 575	1 875
存货	2 075	3 075
流动资产合计	4 050	5 032
长期资产	4 350	5 000
资产总额	8 400	10 032
负债和股东权益		
流动负债		
应付账款	150	300
应付票据	300	550
应计项目	650	700
流动负债合计	1 100	1 550
长期负债	2 900	3 770
负债总额	4 000	5 320
股东权益		
优先股	200	200
普通股	650	650
未分配利润	3 550	3 862
股东权益总额	4 400	4 712
负债和股东权益总额	8 400	10 032

二、损益表

损益表又称利润表,是反映企业在一定会计期的经营成果及其分配情况的会计报表,是一段时间内公司经营业绩的财务记录,反映了这段时间的销售收入、销售成本、经营费用及税收状况,报表结果为公司实现的利润或形成的亏损。

损益表样式如表13-2所示。

表13-2 甲公司利润表

甲公司利润表	2017年	2018年
销售净额	14 250	15 000
减：销售成本	10 200	10 650
销售毛利	4 050	4 350
减：销售和管理费用	2 285	2 311
折旧费	450	450
息税前收益	1 315	1 589
减：利息费用	300	610
税前收益	1 015	979
减：所得税费用	406	391.6
净利润	609	587.4
减：优先股股利	20	20
可供普通股东分配的利润	589	567.4
减：普通股股利	265	255.4
留存收益增加额	324	312

损益表的项目，按利润构成和分配分为两个部分。其利润构成部分先列示销售收入，然后减去销售成本得出销售利润，再减去各种费用后得出营业利润（或亏损），再加减营业外收入和支出后，即为利润（亏损）总额。利润分配部分先将利润总额减去应交所得税后得出税后利润；其下即为按分配方案提取的公积金和应付利润；如有余额，即为未分配利润。损益表中的利润分配部分如单独划出列示，则为"利润分配表"。

损益表上所反映的会计信息，可以用来评价一个企业的经营效率和经营成果，评估投资的价值和报酬，进而衡量一个企业在经营管理上的成功程度。具体来说有以下几个方面的作用：

（1）损益表可作为经营成果的分配依据。损益表反映企业在一定期间的营业收入、营业成本、营业费用以及营业税金、各项期间费用和营业外收支等项目，最终计算出利润综合指标。损益表上的数据直接影响到许多相关集团的利益，如国家的税收收入、管理人员的奖金、职工的工资与其他报酬、股东的股利等。正是由于这方面的作用，损益表的地位曾经超过资产负债表，成为最重要的财务报表。

（2）损益表能综合反映生产经营活动的各个方面，可以有助于考核企业经营管理人员的工作业绩。企业在生产、经营、投资、筹资等各项活动中的管理效率和效益都可以从利润数额的增减变化中综合地表现出来。通过将收入、成本费用、利润与企业的生产经营计划对比，可以考核生产经营计划的完成情况，进而评价企业管理当局的经营业绩和效率。

(3) 损益表可用来分析企业的获利能力、预测企业未来的现金流量。损益表揭示了经营利润、投资净收益和营业外的收支净额的详细资料,可据以分析企业的盈利水平,评估企业的获利能力。同时,报表使用者所关注的各种预期的现金来源、金额、时间和不确定性,如股利或利息、出售证券的所得及借款的清偿,都与企业的获利能力密切相关,所以,收益水平在预测未来现金流量方面具有重要作用。

三、现金流量表

现金流量表是反映一家公司在一定时期现金流入和现金流出动态状况的报表,如表 13-3所示。现金流量表的组成内容与资产负债表和损益表相一致。通过现金流量表,可以概括反映经营活动、投资活动和筹资活动对企业现金流入流出的影响,对于评价企业的实现利润、财务状况及财务管理,要比传统的损益表提供更好的基础。

表 13-3 甲公司现金流量表

甲公司现金流量表	2018 年
经营活动所提供的现金流量	
净利润	587.4
调整为现金流量	0.0
加:折旧费	450.0
应付账款增加额	150.0
应计项目增加额	50.0
减:应收账款	300.0
存货	1 000.0
经营活动所提供的现金流量	−62.6
投资活动所提供的现金流量	
固定资产购置投资活动所提供的现金流量	−1 100.0
融资活动所提供的现金流量	
应付票据	250.0
应付债券	870.0
发放股利	−275.4
融资活动所提供的现金流量	844.6
现金净增额	−318.0
期初现金余额	400.0
期末现金余额	82.0

现金流量表为我们提供了一家公司经营活动产生的现金流无法支付股利与保持股本的生产能力,因而它得用借款的方式满足这些需要,那么这就给我们一个警告,这家公司从长

期来看无法维持正常情况下的支出。现金流量表通过显示经营中产生的现金流量的不足和不得不用借款来支付无法永久支撑的股利水平，从而揭示了公司内在的发展问题。

我国企业通常将现金流量分为三类：经营活动产生的现金流量、投资活动产生的现金流量、筹资活动产生的现金流量。企业由于所处的行业特点不同，对各类活动的认定存在一定差异，在对现金流量表进行分析时，应特别关注企业所处行业的不同特点和实际情况考察企业现金流量的类别。

（1）经营活动产生的现金流量。经营活动流入的现金主要包括销售商品、提供劳务收到的现金；收到的税费返还；收到的其他与经营活动有关的现金。

经营活动流出的现金主要包括购买商品、接受劳务支付的现金；支付给职工以及为职工支付的现金；支付的各项税费；支付其他与经营活动有关的现金。

（2）投资活动产生的现金流量。投资活动流入的现金主要包括收回投资收到的现金；取得投资收益收到的现金；处置固定资产、无形资产和其他长期资产收回的现金净额；处置子公司及其他营业单位收到的现金净额；收到的其他与投资活动有关的现金。

投资活动流出的现金主要包括购建固定资产、无形资产和其他长期资产支付的现金；投资支付的现金；取得子公司及其他营业单位支付的现金净额；支付的其他与投资活动有关的现金。

（3）筹资活动产生的现金流量。筹资活动流入的现金主要包括吸收投资收到的现金；借款收到的现金；反映企业举借各种短期、长期借款所收到的现金；收到的其他与筹资活动有关的现金。

筹资活动流出的现金主要包括偿还债务支付的现金；分配股利、利润或偿付利息支付的现金；支付的其他与筹资活动有关的现金。

通过对现金流量表进行分析，可以评价企业现金流量的质量，即企业的现金流量能够按照企业的预期目标进行顺畅运转的程度和状况。具体地说，可以通过以下几个方面对现金流量进行质量分析：

（1）经营活动现金流量质量分析。经营活动是企业的造血系统，良性发展的企业应该从其经营活动中获取充足的现金净流量。判断其充足性的标准，不应仅仅是"大于零"，还应要求其能够补偿下列项目：当期长期经营性资产的摊销和应计费用等非付现成本；当期利息和股利等资本成本；对内扩大再生产、对外进行股权和债权投资所需资金；等等。简单地说，企业经营活动产生的现金净流量至少要大于核心利润的规模。

（2）投资活动现金流量质量分析。对投资活动现金流量质量的分析，主要应关注投资活动的现金流出量与企业发展战略之间的吻合程度及其效益性。

当投资活动产生的现金净流量小于零时，企业基本呈扩张态势，分析时应关注企业的投资方向对企业未来发展的影响以及企业战略的实施与遵守情况。

当投资活动产生的现金净流量大于零时，应注意区分投资回收性现金流入与投资收益性现金流入的不同质量含义。若投资回收性现金流入占主流，则意味着企业发展战略的调整引起企业的"战线"收缩，即使当期带来大量的投资收益和大量的现金流入，也不是企业具有良好的投资活动现金流量质量的象征，反而可能成为未来投资活动现金流量质量恶化的一个信号。因为这种收益并不具有持续性，并且由于企业投资规模的缩减会引起以后年度投资收益水平的下降。而若投资收益性现金流入占主流,则是前期对外投资产生较好的投资回报的结果,往往是投资活动具有较好的收益性的表现。

当投资活动产生的现金净流量接近于零,同时出现"大进大出"的情况时,很有可能是企业正在进行战略转移,或进行长期经营性资产的更新换代,试图进一步优化资产结构,改善企业的财务状况。但企业未来的发展仍具有不确定性,这主要取决于新增资产的未来盈利能力。

(3) 筹资活动现金流量质量分析。对筹资活动现金流量的质量分析,主要应关注筹资活动的现金流量与经营活动、投资活动现金流量之和的适应程度。

当筹资活动产生的现金净流量大于零时,应重点关注企业的筹资活动是否已经纳入企业的发展规划,是企业管理层以扩大投资和经营活动为目标的主动筹资行为,还是企业因投资活动和经营活动的现金流出失控、企业不得已的筹资行为,更要关注企业是否存在一些不良的融资行为。

当筹资活动产生的现金流量小于零时,应注意区分"主动性"现金流出与"被动性"现金流出的质量含义。企业有可能因经营活动与投资活动在现金流量方面运转较好,出于降低资本成本目的而主动清偿相应债务;也有可能因融资环境的变化而被迫偿还债务本金、大规模支付债务利息或大规模分配现金股利。当然,也可能是企业在投资和企业扩张方面没有更多作为的一种表现。

第二节　企业财务计划

财务计划就是为企业未来的发展变化制定方针和政策,这些方针包括明确企业的财务目标,分析企业目前财务状况与既定目标之间的差距,指出企业为达到目标应采取的行动。良好的财务计划包括有关流动性、营运资本、存货、资本预算、资本结构以及股利等方面的政策和决策的各个部分。

本节既介绍长期财务计划又介绍短期财务计划。根据财务计划期的长短,财务计划一般分为短期财务计划和长期财务计划。短期财务计划是指企业在一年或不超过一年的一个营业周期内的企业财务活动。长期财务计划是指在一年以上的,对企业未来发展远景的规划。

财务计划的步骤如下:

(1) 确定财务目标,由企业管理层根据当前财务状况,提出未来一定时期企业需完成的财务目标,并下达企业各部门,用以指导财务计划编制工作。

(2) 编制部门计划。将目标分解到企业不同部门,包括生产、销售、财务、后勤等部门。这样的分解可使得财务计划尽可能与实际发展状况相符,避免编制出的计划成为空谈,无法实现。

(3) 协调汇总财务计划。由财务部门对企业所有部门的计划进行汇总,并将各部分内容协调起来,编制出用以全面反映企业活动的规划,实现最佳经济效益。

(4) 执行财务计划。将编制好的财务计划下达到各执行部门,通过企业规章制度的制定,确保计划能够按照预期内容有条不紊地进行。

(5)分析比较执行结果。计划执行并不是最终目的,企业最希望实现的是能够完成计划,取得预期成果。而现实中,由于影响因素众多,如宏观环境的变化、市场竞争的加剧等,都有可能导致执行结果偏离预期目标。因此在整个计划执行过程中,需要定期对执行效果进行分析,针对不同状况,提升工作绩效。

一、长期财务计划

(一)财务计划模型

1. 财务计划

财务计划首先考虑企业的产品开发计划和销售目标,在编制财务计划时会要求提出三种不同情况下的发展计划:

(1)最佳情形的发展计划。该计划要花费巨额的资本投资,推出新产品,扩大市场份额。

(2)一般情形的发展计划。该计划将使企业成长的速度与市场规模的扩大同步,不会以牺牲竞争对手的市场份额为代价。

(3)最差情形的发展计划。该计划所需的资本投资最低,为经济形势出现最糟糕的情况而制订。

为了明确发展计划的财务影响,还需要进行未来现金流量的预计。如果可能的经营现金流量不足以支撑计划的现金股利支付以及净营运资本和固定资产上的投资,那么企业需要确信它能通过借款或增发股票来补充资金。

在制订财务计划时,不能只考虑最可能发生的财务结果,还要计划意想不到的情况。比如,先在最可能发生的环境下考虑计划的结果,然后进行敏感性分析,每次针对一种假设条件的变化。当然,也可以针对多种可能的情形进行场景分析。

2. 财务计划模型的组成部分

企业的财务计划一般包括几个基本要素,比如基本经济假设、销售收入预测、预测财务报表、资金需要量、融资需求等。

销售收入预测是制订财务计划的出发点,而基本经济假设又是预测的出发点。基本经济假设是对计划期间相关经济环境的状态和变化的假设。在基本经济假设的基础上,通过制定目标利润得到销售收入的预测。

从销售预测出发,考察为实现预测的销售收入所需要的投资资金以及日常经营活动所需的营运资金需求,为进行这些投资所需要筹集的资金,编制预测财务报表。

由于投资需求、融资需求和利润分配的相互影响,预测资产负债表会出现不平衡,这就需要通过外部资金需求进行调整。

3. 外部资金需求的确定

销售的增长离不开应收账款、存货和固定资产的增量投入,为了增加销售,企业必须具有一定的资金。一些短期资金来源于销售收入的增加,因为应付账款,如应付工资和应付税金会随着销售收入的增加而增加;还有些资金来源于留存收益;其他所需资金则从其他途径取得,如增量借款。

计算步骤如下:

(1) 确定资产和负债项目的销售百分比。计算公式为:

$$各项目销售百分比＝基期资产(负债)÷基期销售收入 \qquad (13-2)$$

(2) 预计筹资总额。计算公式为:

$$筹资总额＝资产的增加额－负债的增加额 \qquad (13-3)$$
$$=(A/S)\Delta S-(L/S)\Delta S$$

式中,A/S——本年度流动资产与销售收入的百分比;

L/S——本年度流动负债与销售收入的百分比;

ΔS——计划的销售变动额。

(3) 预计可动用的内部资金额。企业内部可以用来投入到生产经营活动的资金来源主要包括可变现的有价证券,留存收益等。

$$留存收益的增加额＝预计销售收入×计划销售净利率×(1－股利支付率)$$
$$=M×S_1×(1-d) \qquad (13-4)$$

式中,M——销售净利润率;

S_1——计划的销售额;

d——股利支付率。

(4) 确定外部筹资额。

$$外部筹资额＝资产的增加额－负债的增加额－留存收益的增加额$$

$$EFN=(A/S)\Delta S-(L/S)\Delta S-M×S_1×(1-d) \qquad (13-5)$$

【例 13-1】 某企业 2012 年销售收入为 200 万元,2013 年预计销售收入为 300 万元,销售净利率为 10%,股利支付率为 60%,2012 年资产负债表如表 13-4 所示。

表 13-4 资产负债表

资　产		负债与权益	
货币资金	5	应付账款	10
应收账款	10	短期借款	4
存货	30	长期借款	20
固定资产	40	股本	45
		留存收益	6
资产合计	85	负债与权益合计	85

(1) 确定资产和负债项目的销售百分比,如表 13-5 所示。

表 13-5 资产负债表项目的销售百分比

资　产		负债与权益	
货币资金	2.5%	应付账款	5%
应收账款	5%	短期借款	2%
存货	15%	长期借款	——
固定资产	20%	股本	——
		留存收益	——
资产合计	42.5%	负债与权益合计	7%

（2）预计筹资总额。

筹资总额＝资产的增加额－负债的增加额

$$= (A/S)\Delta S - (L/S)\Delta S$$
$$= 42.5\% \times 100 - 7\% \times 100$$
$$= 35.5（万元）$$

（3）预计可动用的内部资金额。

留存收益的增加额＝预计销售收入×计划销售净利率×（1－股利支付率）

$$= M \times S_1 \times (1-d)$$
$$= 300 \times 10\% \times (1-60\%)$$
$$= 12（万元）$$

（4）确定外部筹资额。

$$EFN = (A/S)\Delta S - (L/S)\Delta S - M \times S_1 \times (1-d)$$
$$= 35.5 - 12$$
$$= 23.5（万元）$$

（二）增长率的确定

公司应该以什么样的速度增长呢？这取决于几个因素，即特定增长水平下的投资额、公司的销售利润率、对待风险的态度以及筹资的能力和意愿。

公司完全依靠内部融资，不进行任何形式的外部融资时所能获得的增长率，称为内在增长率（Internal Growth Rate）。其表达形式为：

$$
内在增长率 = \frac{留存收益}{资产}
$$

$$
= \frac{留存收益}{净利润} \times \frac{净利润}{权益} \times \frac{权益}{资产} \tag{13-6}
$$

$$
= 再投资比率 \times 权益收益率 \times \frac{权益}{资产}
$$

如果能够满足以下条件,公司可以在不向外部筹集资金的情况下获得更高的增长率:

(1) 将更大比例的利润用于再投资;

(2) 获得更高的权益收益率(ROE);

(3) 保持较低的资产负债率。

如果一家公司的增长资金完全来自内部(即留存收益和自然性的短期负债),那么经过一段时间后公司的权益将增长,由于并未增加长期债务资金,所以公司的财务杠杆会下降。如果公司想继续保持原有的负债权益比,它就需要发行新债。

持续增长率(Sustainable Growth Rate)是指公司在不增加财务杠杆的情况下,利用内部和外部资金所能达到的最高增长率,它只取决于再投资比率和权益收益率,即:

$$持续增长率 = 再投资比率 \times 权益收益率$$
$$= 再投资比率 \times \frac{净利润}{销售收入} \times \frac{销售收入}{资产} \times \frac{资产}{权益} \qquad (13-7)$$

由式(13-7)可以得知,提高公司的持续增长率取决于以下几个因素:再投资比率、销售利润率、资产周转率以及负债权益比。提高再投资比率可以增加内部权益资本的投入,从而提高公司的持续增长率。提高销售利润率可以提高公司每单位销售收入产生内部权益资本(即净利润)的能力,而提高资产周转率可以提高每单位资产带来的销售收入,减少新增销售收入对资产增量的要求。此外,提高资本结构中债务资本所占的比例,也可以提高公司的持续增长率。但这种持续增长率的提高对股东的影响与前面三种情况不同。在前面三种情况下,公司的资本结构未变,股东承担的财务风险也没有发生变化。

另外,公司也可以仅依靠增加债务资金来实现增长率的提高。不过,如果公司不能提高其资产利用效率或者盈利能力,仅仅通过增加债务资金提高负债权益比来实现公司的增长,这将使公司的债务负担加重,甚至有可能引起财务困境的发生,这种增长是不可能持久的。所以,公司应在资本结构保持一定的情况下提高持续增长率。

【例 13-2】 B食品公司将再投资率确定为1/3。假设公司2013年的股东权益为600万元,资产为1 000万元,净利润为96万元。如果公司不希望筹集新的资金,则其增长率是多少?如果公司希望保持目前的资产负债率不变,则其增长率又是多少?

由以上数据可知:

权益收益率 $ROE = 96 \div 600 = 0.16$

权益÷资产 $= 600 \div 1\,000 = 0.6$

内在增长率 $= 再投资率 \times 权益收益率 \times \dfrac{权益}{资产}$

$\qquad = 1/3 \times 0.16 \times 0.6$

$\qquad = 3.2\%$

如果公司保持目前的资产负债率不变,那么,

持续增长率 $= 再投资率 \times ROE$

$\qquad = 1/3 \times 0.16$

$\qquad = 5.33\%$

因此,该公司若想提高其预期增长率,不仅需要增加负债,而且需要提高负债权益比。

二、短期财务计划

企业通过财务决策,选择最优方案,需要对不同时期的生产经营内容有准确的掌握,因此通过财务计划的编制,可以为不同财务活动提供指导。例如,营运资本的管理,虽然营运资本是短期资本,但是由于营运资本中的相当部分构成内容是由企业长期生产经营所形成的(如应收账款、预付账款、存货等,其在企业财务数据中长期存在,在一定时期内,保持相对稳定,实质上具有了长期资产的性质),因此长、短期财务计划之间存在必然的联系。

短期财务计划是指企业在一年内对企业财务活动的安排。它是企业各部门未来工作的目标、标准及考核依据。通常将短期财务计划涉及的所有内容都纳入企业预算范围,称为全面预算。

(一) 经营周期与现金周期

短期财务涉及公司的短期经营活动,比如购买原材料、支付货款、生产和销售产品以及回收现金等。由于原材料购入款的支付与产品销售的现金回收并不在同一时间发生,这通常会导致现金流入与现金流出的不同步。

图 13-1 显示了一家制造业企业的经营周期和现金周期。

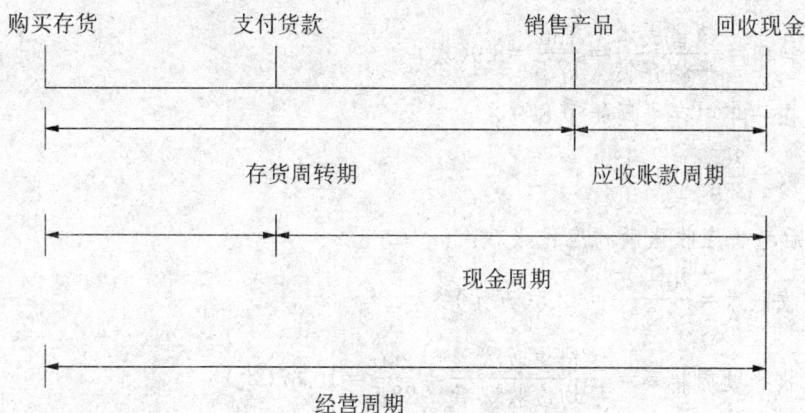

图 13-1 经营周期和现金周期

经营周期是指从购买存货到销售产品实现现金收入为止的这段时间。经营周期等于存货周转期和应收账款周期长度之和。存货周转期是指从购买存货到销售产品所需的时间。应收款周期是回收应收账款所需时间的长度。

$$经营周期＝存货周转期＋应收账款周期 \qquad (13-8)$$

$$存货周转期＝\frac{平均存货}{销售成本/365}＝\frac{365}{存货周转率} \qquad (13-9)$$

公司金融

$$应收账款周期=\frac{平均应收账款}{销售收入/365}=\frac{365}{应收账款周转率} \qquad (13-10)$$

现金周期,又称现金周转期,是指从购买存货支付现金到从应收账款上收回现金这一期间的长度。应付账款周期是公司在购买各种资源(如原材料和劳动力)的过程中延期支付的时间长度。

$$现金周期=经营周期-应付账款周期 \\ =存货周转期+应收账款周期-应付账款周期 \qquad (13-11)$$

$$应付账款周期=\frac{平均应付账款}{销售成本/365}=\frac{365}{应付账款周转率} \qquad (13-12)$$

在实际中,存货周转期、应收账款周期和应付账款周期分别用存货天数、应收账款天数和应付账款天数来衡量。

【例 13-3】 假设 C 公司 2012 年的销售收入为 200 万元,销售成本为 130 万元,存货为 15 万元,应收账款为 20 万元,应付账款为 10 万元;2013 年的销售收入为 240 万元,销售成本为 156 万元,存货为 20 万元,应收账款为 25 万元,应付账款为 15 万元。计算该公司的经营周期和现金周期。

(1) 首先考虑存货:

$$平均存货=\frac{15+20}{2}=17.5(万元)$$

$$存货周转率=\frac{销售成本}{平均存货}=\frac{156}{17.5}=8.9(次)$$

这表明在一年中存货周转了 8.9 次。

$$存货天数=\frac{365}{8.9}=41(天)$$

(2) 然后考虑应收账款和应付账款:

$$平均应收账款=\frac{20+25}{2}=22.5(万元)$$

$$平均应收账款周转率=\frac{销售收入}{平均应收账款}=\frac{240}{22.5}=10.67(次)$$

$$应收账款天数=\frac{365}{10.67}=34.2(天)$$

$$平均应付账款=\frac{10+15}{2}=12.5(万元)$$

$$平均应付账款周转率=\frac{销售成本}{平均应付账款}=\frac{156}{12.5}=12.48(次)$$

$$应付账款天数=\frac{365}{12.48}=29.2(天)$$

(3) 计算经营周期和现金周期:

经营周期=存货天数+应收账款天数=41+34.2=75.2(天)

现金周期＝经营周期－应付账款天数＝75.2－29.2＝46(天)

(二) 现金预算

现金预算预计和汇总了计划期内的现金流入量和流出量,从中可以看出月度或季度现金余额以及用于弥补现金短缺的短期借款额。正的现金流量能够增加现金,减少未还借款或被用于其他经营活动;而负的现金流量则相反。

现金预算是短期财务计划的基本工具。它提供了一个标准,可用来检验公司以后的业绩表现,还可以提醒财务管理者注意将来的现金需求缺口。

1. 现金流入

大多数现金预算都以销售预算为基础,因为许多现金流量都与销售相关。从销售中取得的现金流量取决于销售收入和现金销售与信用销售的比例,而信用销售中的现金回收时间由信用条件和支付方式决定。

现在来看一个现金预算的例子。ABC 公司的现金流入主要来自家具的销售收入,但在销售收入变成现金以前,它们还只是应收账款,所以现金最终来自应收账款的收回。假设季度销售收入中有 60％在同一季度里变成现金,其余的 40％作为应收账款在下一个季度转为现金。在这一假设条件下,该公司的现金回收预测如表 13-6 所示。

表 13-6 ABC 公司的现金来源

	第一季度	第二季度	第三季度	第四季度
期初应收账款	15	19	23	27
销售收入	60	70	80	80
应收账款回收:	56	66	76	80
当期销售收入(60％)	36	42	48	48
前期销售收入(40％)	20	24	28	32
期末应收账款	19	23	27	27

在预测应收账款的回收情况时,常用的计算公式为:

期末应收账款＝期初应收账款＋销售收入－应收账款回收 (13-13)

表 13-6 给出了该公司的预期现金来源。应收账款的回收是现金的主要来源,但不是唯一来源,现金的其他来源还包括资产销售、投资收入和长期融资等。

2. 现金流出

下面再考虑现金流出。如表 13-7 所示,它们可以分为四种类型:

(1) 应付账款的支付。公司需要偿付原材料、零部件等的费用。现金流预测假设这些费用都及时地得到偿付,但有时付款却可能延后一段时间。延期付款是短期资金的一个来源,但对于大多数公司而言是昂贵的来源,因为延期可能使公司失去及时偿付时所能得到的价格折扣。

（2）工资、管理费及其他费用，包括所有其他定期偿付的经营活动费用。

（3）资本支出。这是为购买长期资产的现金支付。

（4）税金、利息和现金股利，包括尚未偿付的长期负债的利息以及支付给股东的股利。

表 13-7　ABC公司的现金来源

	第一季度	第二季度	第三季度	第四季度
现金来源： 应收账款回收	56	66	76	80
来源总额	56	66	76	80
现金运用： 应付账款的支付 工资、管理费及其他费用 资本支出 税金、利息和现金股利	44 20 22 2.5	40 20 1.5 3	35 20 3 3.5	30 20 4 3.5
运用总额	88.5	64.5	61.5	57.5
净现金流量	—32.5	1.5	14.5	22.5

（三）短期财务政策的制定

公司在制定短期财务政策时主要考虑的是流动资产的投资规模和流动资产筹资的策略。

流动资产持有量的高低直接影响公司的收益和风险，确定流动资产的最优水平要求识别不同的短期财务政策所导致的成本大小。

宽松的短期财务政策要求公司持有较高的流动资产，以满足较高水平的流动性要求。这种政策以保证债务的到期偿还，及时供应生产用的材料以及向客户提供产品，从而保证经营活动的平稳进行。然而，现金和有价证券等流动性强的资产只能给公司带来较少的收益甚至没有收益，反而会增加公司的持有成本。

紧缩的短期财务政策要求公司最大限度地减少持有现金和有价证券等流动性强的资产，同时尽量减少存货的投资。不过，流动资产的减少会增加公司到期无法偿债的风险，还可能因存货短缺而导致停产。

在确定流动资产投资水平时，需要在随投资水平上升而上升的成本与随投资水平上升而下降的成本之间进行权衡。随流动资产投资水平上升而上升的成本称为置存成本；随流动资产投资水平上升而下降的成本称为短缺成本。

置存成本有两种：一种是持有流动资产的机会成本，另一种是维持该资产而花费的成本。短缺成本也存在两种：一种是交易成本或订购成本，交易成本是将资产转化为现金的成本，订购成本是订购存货的成本；还有一种是与存货有关的成本，包括失去销售、丧失客户的成本以及中断生产的成本。

持有流动资产的总成本由置存成本和短缺成本的大小决定。如图 13-2 所示，总成本曲线的最低点所对应的 CA^* 即为流动资产的最优水平。如果置存成本低而短缺成本高,最优的政策要求持有大量的流动资产,即应采取宽松的短期财务政策。如果置存成本高而短缺成本低,最优的政策就是紧缩的短期财务政策,即应持有少量的流动资产。

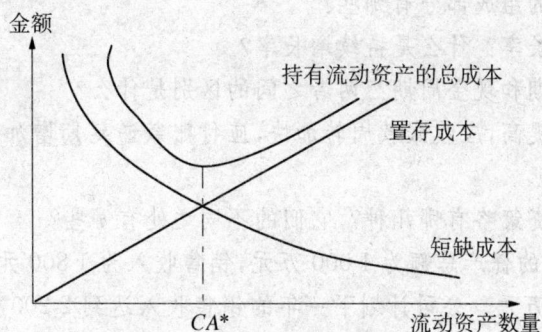

图 13-2　持有流动资产的成本

本 章 小 结

（1）在制订财务计划时,首先要预测销售收入,再考虑资金需要量和融资需求。由于投资需求、融资需求和利润分配的相互影响,通常还需要通过外部资金需求等调节变量来进行调整。

（2）外部资金需求量由资产、自然性负债和留存收益的增加额来确定,计划的销售增长率、实现单位销售收入所需的资产量、销售利润率以及公司股利政策都会影响公司的外部资金需求量。

（3）公司的增长率取决于特定增长水平下的投资额、公司的销售利润率、对待风险的态度以及筹资的能力和意愿。其中,内在增长率是指公司完全依靠内部融资,不进行任何形式的外部融资时所能获得的增长率。而持续增长率是公司在财务杠杆不变时,利用内部和外部资金所能达到的最高增长率。

（4）现金预算是短期财务计划的基本工具,从现金预算表中可以看出月度或季度的现金余额以及用于弥补现金短缺的短期借款额。

（5）在确定流动资产投资规模时,可以选择采用宽松的短期财务政策或者紧缩的短期财务政策。

关 键 术 语

财务计划　财务计划模型　外部筹资额　内在增长率　持续增长率　经营周期
现金周期　置存成本　短缺成本

思 考 题

1. 财务计划模型的组成部分有哪些？

2. 什么是内在增长率？什么是持续增长率？

3. 什么是经营周期和现金周期？两者之间的区别是什么？

4. 当存货周转率提高，应收账款周转加快，应付账款递延期增加时，现金周期会有什么变化？

5. 流动资产的融资策略有哪几种？它们的不同之处有哪些？

6. C公司2017年的资产总额为1 000万元，销售收入为1 800元，销售利润率为10%，现有的流动负债为20万元。公司计划下一年的销售收入达到2 200万元，并保持销售利润率不变，股利支付率为30%。请问该公司下一年的外部资金需求量是多少？

7. C公司目前的销售收入为200万元，净利润为15万元，债务总额为70万元，权益总额为30万元。公司当年支付的现金股利为3万元，那么：

(1) 公司的持续增长率是多少？

(2) 如果按照该比率增长下去，且债务权益比保持不变，公司在下一年的外部资金需求量是多少？

8. A食品公司2018年的固定资产和净营运资本为100万元，销售收入为200万元。公司预测下一年的销售将增加50万元，短期负债增加额为销售收入的10%，销售利润率为10%，股利支付率为40%。那么，该公司所需的外部融资量为多少？

第十四章 营运资本管理

【本章学习目标】

- 了解营运资本融资政策。
- 了解公司持有现金的目的。
- 掌握现金收支管理。
- 理解信用政策的确定。
- 掌握存货水平的确定。

导入案例

格力电器的营运资本管理

在中央电视台2006年8月份的一期《对话》节目中,刚刚参加完"2006年冠军来自中国"高峰论坛的两位嘉宾——重庆力帆的董事长尹明善先生和珠海格力电器股份有限公司的总裁董明珠女士发生了一场争论。争论的焦点在于企业是否应向银行贷款。尹明善认为向中国的银行借钱,其成本属世界最低之一,因此压力不大,比较合算;而董明珠则强调"即使它再低,只要你这个企业去贷款,你就有成本"。情急之下,尹明善说出了"不到银行借钱的企业有点呆,在银行钱借得太多的有点狂"这样坦率的话,而这个结论也得到了主持人的赞同,"不会借钱的企业家可能是有点保守"。那么,格力电器不向银行借款真的是"有点呆"吗?董明珠真的是"不会借钱的企业家"? 如果我们细读格力电器的财务报表,会发现格力电器才是真正善于"借鸡下蛋"的借钱高手,它的上下游企业占用无息资金的手法足以令所有的制造业企业深思。

格力多年维持高达20%的净资产收益率,引起业界广泛的关注,在家电行业利润率趋平的背景下,格力电器的盈利能力为何强于其他企业?

(资料来源:刘莉亚,何博等.公司金融实务与案例.上海:上海财经大学出版社,2011.)

案例导学

结合本章将要学到的知识,对格力电器的营运资本政策做出分析。

第一节 营运资本政策

一、营运资本投资政策

(一) 营运资本的概念

营运资本是指投入日常经营活动(营业活动)的资本。

$$营运资本＝流动资产－流动负债 \qquad (14-1)$$

营运资本管理,要求企业以一定量的营运资本为基础。在其他因素相同的情况下,这一特定金额的大小,将因各企业所处的行业特性不同而异。营运资本之所以用来衡量企业的偿债能力,除了人们持有一个企业的营运资本越多,其偿还到期债务的能力越强这一观念以外,更是因为,企业现金流量预测上的不准确性以及时间上的非同步性,促使营运资本成为企业生产经营活动不可或缺的组成部分。

一般认为,在现代市场经济中,企业的材料采购和产品销售都广泛地以商业信用为媒介而实现的情况下,流动资产转化为现金,是现金流入之源;而以现金偿付流动负债,是现金流出的主要方面。然而,每项流动资产和流动负债,其流动程度不尽相同。概括地说,对偿付流动负债所形成的现金流出较易于预测,即企业对流动资产转化为现金流入的预测就比较困难,而现金流入和流出量之间的适应程度,则制约着企业应保持的营运资本水平。也就是,如果企业的现金流入和流出越具不确定性,则该企业也就越应保持较多的营运资本,以备偿付到期债务。

(二) 营运资本投资管理

营运资本是流动资产和流动负债的差额。营运资本管理可以分为流动资产管理和流动负债管理两个方面,前者是对营运资本投资的管理,后者是对营运资本筹资的管理。

营运资本投资管理分为流动资产投资政策和流动资产投资日常管理两部分。

1. 流动资产投资政策

(1) 保守型流动资产投资政策。

保守型流动资产投资政策的出发点是为了维护企业的安全运营。在保守型营运资本政策下,企业持有足够多的营运资本。

(2) 激进型流动资产投资政策。

激进型流动资产投资政策的出发点是为了使企业获取最大的收益。在激进型营运资本政策下,企业持有的营运资本较低。

(3) 适中型流动资产投资政策。

适中型的流动资产投资政策的出发点是为了保持恰当的风险和收益水平。在适中型的营运资本持有政策下,营运资本的持有量既不过高也不过低。

流动资产投资政策的含义与基本类型见表 14－1。

表 14－1　流动资产投资政策

含　义	流动资产投资政策是指如何确定流动资产投资的相对规模。 流动资产的相对规模,通常用流动资产/收入的比率来衡量。它是流动资产周转次数的倒数,也称 1 元销售占用流动资产。 流动资产/收入比率＝流动资产/销售收入＝1 元销售占用流动资产	
政策基本 类型	适中性流动资产投资政策	按照预期,确定最优投资规模
	保守型流动资产投资政策	保持较高的流动资产/收入比率
	激进型流动资产投资政策	保持较低的流动资产/收入比率
	提示:流动资产/收入比率的变化,可以反映流动资产投资政策的变化	

（1）适中的资产组合。

企业的流动资产的数量按照其功能可以分成两大部分：

① 正常需要量。它是为满足正常的经营需要而占用的流动资产。

② 保险储用量。它是指为应付意外情况的发生在正常生产经营需要量以外而储备的流动资产。

适中的资产组合策略就是在保证正常需要的情况下,再适当地留有一定保险储备,以防不测。

在销量一定的情况下,企业应尽量减少流动资产,因为此时流动资产不能带来额外利润,却会带来筹资成本和利息支出,因而会减少企业报酬。当然,流动资产太少也会带来生产过程中断、无力偿债等风险。在采用使用的资产组合策略时,企业的报酬一般,风险一般,正常情况下企业都采用此种策略。

（2）保守的资产组合。

有的企业在安排流动资产数量时,在正常生产经营需要量和正常保险储备量的基础上,再加上一部分额外的储备量,以便降低企业的风险,这便属于保守的资产组合策略。

在采用保守的资产组合策略时,企业的投资报率一般较低,风险也较小。不愿冒险、偏好安全的企业都喜欢采用此策略。

（3）冒险的资产组合。

有的企业在安排流动资产数量时,只安排正常经营需要量而不安排或安排很少的保险储备量,以便提高企业的投资报酬率。这便属于冒险的资产组合策略。

在采用冒险的策略时,企业的投资报酬率较高但风险比较大。敢于冒险、偏好报酬的企业一般都采用此种组合策略。

（4）不同的资产组合对企业报酬和风险的影响。

若较多地投资于流动资产可降低企业的财务风险。这是因为,当企业出现不能及时偿付债务时,流动资产可以迅速地转化为现金以偿还债务。

但如果流动资产投资过多,造成流动资产的相对闲置,而固定资产却又相对不足,这就会使企业生产能力减少,从而减少企业盈利。

所以,我们在确定资产组合时,又将面临风险和报酬的权衡。

2. 流动资产投资的日常管理

流动资产投资的日常管理的主要内容包括现金管理、存货管理和应收账款管理。

二、营运资本融资政策

营运资本融资政策,是指总体上如何为流动资产融资,采用短期资金来源还是长期资金来源,或者兼而有之,如图 14 - 1。

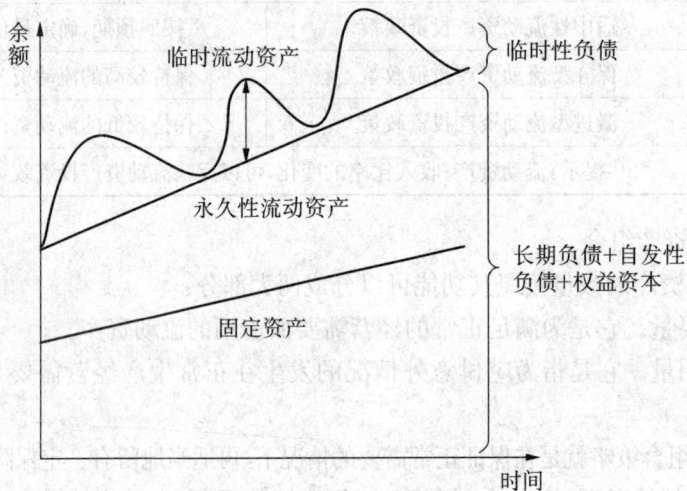

图 14 - 1 营运资本融资政策

制定营运资本融资政策,就是确定流动资产所需资金中短期资本和长期资本的比例。营运资本的融资政策,主要是决定融资的来源结构。营运资本融资结构如表 14 - 2 所示。

表 14 - 2 营运资本融资结构

金融流动资产	金融性流动负债
经营流动资产	经营性流动负债 长期负债 所有者权益
长期资产	

流动资产的资金来源,一部分是短期来源,一部分是长期来源,后者是长期资金来源购买长期资产后的剩余部分。

流动资产的融资结构,可以用经营流动资产中长期融资来源的比重来衡量,该比率称为易变现率。

$$易变现率=\frac{(权益+长期债务+经营性流动负债)-长期资产}{经营流动资产} \quad (14-2)$$

提示:

(1) 易变现率高,资金来源的持续性强,偿债压力小,管理起来比较容易,称为保守型筹资政策。

（2）易变现率低，资金来源的持续性弱，偿债压力大，称为激进型筹资政策。

从最保守型融资政策到最激进型融资政策之间，分布着一系列风险程度不同的融资政策。它们大体上分为三类：适中型（配合型）融资政策、保守型融资政策和激进型融资政策。

（一）配合型（适中型）融资政策

理论上的适中型融资政策的特点是：尽可能贯彻融资的匹配原则，即长期投资由长期资金支持，短期投资由短期资金支持。

为什么要遵循匹配原则呢？因为按照投资持续时间结构去安排筹资的时间结构，有利于降低利率风险和偿债风险。

配合型融资政策，又称适中型融资政策。其出发点是为了使资金的筹集期限与资产使用产生的现金流量相匹配，使企业的收益与风险适中。

例如，一粮食购销公司，有一仓库（长期资产），专用于收购、存储和销售小麦（流动资产）。仓库的使用期为10年，在购买时可用长期借款，也可用短期借款筹资。当利率相等，使用长期借款有两个好处：一是锁定借款利率，规避未来10年的利率风险；二是保持资金的可持续性，通过折旧陆续收回现金，可用来分期偿还长期借款，避免公司卖掉仓库偿债的风险。储存小麦用短期借款筹资，购入时借款，售出时还款，流动资产和流动负债同步同量即营运资本为零，在小麦全部出售后流动资产为零。用于小麦的投资不应使用长期资金支持，因为小麦存量有季节性变化，处于低谷时会出现多余现金，浪费筹资利息。因此，长期资产用长期资金支持，流动资产用短期资金支持，可以减少利率风险和偿债风险。

但现实中，大多数企业流动资金不会为零，只要企业存在，只要企业还在营业，流动资产就存在。

流动资产按照投资的需求的时间长短分为两部分：稳定性流动资产和波动性流动资产。稳定性流动资产是指那些即使企业处于经营淡季也仍然需要保留的、用于满足企业长期、稳定运行的流动资产所需的资金。波动性流动资产是那些受季节性、周期性影响的流动资产需要的资金，如季节性存货、销售旺季的应收账款等。从投资需求上看，稳定性流动资产是长期需求，甚至可以说是永久需求，应当用长期资金支持。只有季节性变化引起的资金需求才是真正的短期需求，可以用短期资金来源支持。

现实中，适中型融资政策的特点是：对于波动性流动资产，用临时性负债筹资资金，也就是利用短期银行借款等短期金融负债工具取得资金；对于稳定性流动资产需求和长期资金，用长期负债和权益资本筹集。该政策可以用以下公式表示：

$$长期资产＋稳定性流动资产＝股东权益＋长期债务＋自发性流动负债 \qquad (14-3)$$

注：自发性流动负债也称为经营性流动负债，如商业信用筹资、应付职工薪酬等。

$$波动性流动资产＝短期金融负债 \qquad (14-4)$$

适中型融资政策要求企业的短期金融负债融资计划严密，实现现金流动与预期安排相一致。企业应根据波动性资产需求时间和数量与之配合的短期金融负债。

具体分析：

$$易变现率 = \frac{(权益＋长期债务＋经营性流动负债)－长期资产}{经营流动资产}$$

$$= \frac{长期资产＋稳定性流动资产－长期资产}{经营流动资产} \qquad (14-5)$$

$$= \frac{稳定性流动资产}{经营流动资产}$$

适中型融资政策下资本融资结构见表 14-3。

表 14-3 适中型融资政策下资本融资结构

经营流动资产	经营性流动负债 长期负债
长期资产	所有者权益

假设企业没有金融资产，则：

(1) 当处于营业低谷期，波动性流动资产＝0，易变现率＝1。

(2) 当企业处于营业高峰期，易变现率＜1。

资金来源有效期结构和资产需求有效期结构的匹配，并非是所有企业在所有时间里的最佳融资策略。有时预期利率会下降，那么，在整个投资有效期中，短期负债的成本比长期负债成本低。有些企业会愿意承担利率风险和偿债风险，较多地使用短期负债。另外一些企业与此相反，宁愿让贷款的有效期超过资产的有效期，以求减少利率风险和偿债风险。因此，出现了激进型融资政策和保守型融资政策。

(二) 激进型融资政策

1. 含义

短期金融负债(临时性流动负债)不但融通波动性流动资产的资金需要，还解决部分稳定性资产的资金需要。极端激进的融资政策是全部稳定性流动资产都采用短期借款。

2. 匹配关系

(1) 波动性流动资产＜短期性金融负债(临时性流动负债)；

(2) 长期资产＋稳定性流动资产＞权益＋长期债务＋自发性流动负债。

激进型融资政策也称进取型融资政策。其出发点是为了最大程度上降低资本成本，增加企业的收益。

3. 具体分析

$$易变现率 = \frac{(权益＋长期债务＋经营性流动负债)－长期资产}{经营流动资产}$$

$$= \frac{(长期资产＋稳定性流动资产－\Delta)－长期资产}{经营流动资产} \qquad (14-6)$$

$$= \frac{稳定性流动资产－\Delta}{经营流动资产}$$

激进型融资政策下资本融资结构见表 14-4。

表 14-4 激进型融资政策下资本融资结构

经营流动资产	净金融性流动负债
长期资产	经营性流动负债 长期负债 所有者权益

(1) 当处于营业低谷期时,临时性流动资产=0,则易变现率<1;

(2) 当企业处于营业高峰期时,易变现率<1。

提示:该政策下激进型融资政策资本成本较低,风险和收益均较高。

(三) 保守型融资政策

1. 含义

保守型融资政策,又称稳健型融资政策。其出发点是为了维护企业的安全运营,降低企业到期不能偿还债务的财务风险的发生。

短期金融负债(临时性流动负债)只融通部分波动性流动资产的资金需要,另一部分波动性资产和全部稳定性流动资产,则由长期资金来源支持。

2. 匹配关系

(1) 波动性流动资产>短期性金融负债(临时性流动负债);

(2) 长期资产+稳定性流动资产<权益+长期债务+自发性流动负债。

3. 具体分析

$$易变现率 = \frac{(权益+长期债务+经营性流动负债)-长期资产}{经营流动资产}$$

$$= \frac{(长期资产+稳定性流动资产+\Delta)-长期资产}{经营流动资产} \quad (14-7)$$

$$= \frac{稳定性流动资产+\Delta}{经营流动资产}$$

保守型融资政策下资本融资结构见表 14-5。

表 14-5 保守型融资政策下资本融资结构

金融流动资产	经营性流动负债 长期负债 所有者权益
经营流动资产	
长期资产	

(1) 当处于营业低谷期时,波动性流动资产(部分靠短期筹资集聚的波动性资产)=0,则易变现率>1;

(2) 当企业处于营业高峰时,易变现率<1。

提示:该政策下资本成本较高,风险与收益较低。

三种融资政策比较如表 14-6 所示。

表 14-6　三种融资政策比较

筹资政策	配合型	激进型	保守型
营业高峰期 易变现率	小于1	小于1	小于1
营业低谷期 易变现率	1	小于1	大于1
临时性负债	比重居中	比重最大	比重最小
风险收益特征	资本成本适中， 风险收益适中	资本成本低， 风险收益均高	资本成本高， 风险收益均低

【例 14-1】 某企业在生产经营的淡季，需占用 300 万元的流动资产和 500 万元长期资产；在生产经营的高峰期，会额外增加 200 万元的季节性存货需求；假设该企业没有自发性流动负债。企业只在生产经营的高峰期才借入 200 万元的短期借款。假设该企业权益资本、长期负债和经营性流动负债的筹资额为 800 万元。

要求：(1) 计算营业高峰期易变现率；

(2) 计算营业低谷期易变现率；

(3) 判断该企业采用的是何种营运资本筹资政策。

分析：(1) (800−500)÷(300+200)＝60%

(2) (800−500)÷300＝1

(3) 适中型筹资政策

【例 14-2】 某企业生产经营淡季占用 300 万元的流动资产和 500 万元的长期资产。在生产经营的高峰期，额外增加 200 万元的季节性存货需求。假设该企业权益资本、长期负债和自发性负债的筹资额为 700 万元。

要求：(1) 计算营业高峰期易变现率；

(2) 计算营业低谷期易变现率；

(3) 判断该企业采用的是何种营运资本筹资政策。

分析：(1) (700−500)÷(300+200)＝40%

(2) (700−500)÷300＝66.7%

(3) 激进型筹资政策

【例 14-3】 某企业生产经营淡季占用 300 万元的流动资产和 500 万元的长期资产。在生产经营的高峰期，额外增加 200 万元的季节性存货需求。假设该企业只在生产经营的旺季借入资金 100 万元。

要求：(1) 计算权益、长期负债和经营性负债筹资额；

(2) 计算营业低谷时的闲置资金；

(3) 计算营业高峰期和营业低谷期易变现率；

(4) 判断该企业采用的是何种营运资本筹资政策。

分析：(1) 筹资额＝200+300+500−100＝900（万元）

（2）经营性流动负债＋长期债务＋股东权益＝400＋长期资产(500)＝900(万元)，而实际在淡季，长期资产＋稳定性流动资产＝300＋长期资产(500)，即长期资金来源900万元大于长期性资产(包括稳定性流动资产)800万元，表明营业低谷时，公司有100万元的闲置资金。

（3）高峰易变现率：$(900-500)\div(300+200)=80\%$

低峰易变现率：$(900-500)\div300=1.33\%$

（4）$900>800$，保守型资本筹资政策。

第二节　现金管理

一、现金需求

（一）现金的定义

狭义：库存现金、商业银行中的支票账户、存款等。

广义：狭义的现金＋现金等价物(短期国库券、大额可转让存单、回购协议)。

（二）现金需求

交易需求，指工资、原材料、税收、利息等日常支付对现金的需求。

预防性需求，为了满足没有预料到的现金需求而要求的安全边际。

投机性需求，在利用未预料到的有利可图的机会时对现金的需求。

二、目标现金余额的确定

要求在持有过多现金产生的机会成本与持有过少现金而带来的交易成本之间进行权衡。

（一）鲍摩尔模型(存货模型)

鲍摩尔模型是第一个将机会成本与交易成本结合在一起，确定目标现金余额的正式模型。它实际上是存货经济批量模型在现金管理上的运用。

1. 模型假设

（1）公司未来对现金的需求一定，即支出率不变；

（2）计划期内不发生现金流入；

（3）现金每次的交易成本固定；

（4）不考虑安全现金库存。

2. 基本公式

企业需要合理地确定最佳现金余额 C，使现金的相关总成本最低。解决这一问题先要明确四点：

(1) 一定期间内的现金需求量,用 T 表示。

(2) 机会成本。

$$机会成本 = 平均现金持有量 \times 机会成本率 = \frac{C}{2} \times K \qquad (14-8)$$

(3) 交易成本。

$$交易成本 = 交易次数 \times 每次交易成本 = \frac{T}{C} \times F \qquad (14-9)$$

(4) 最佳持有量及其相关公式。

机会成本、交易成本与现金持有量之间的关系,如图 14-2 所示。鲍摩尔模型下的现金余额如图 14-3 所示。

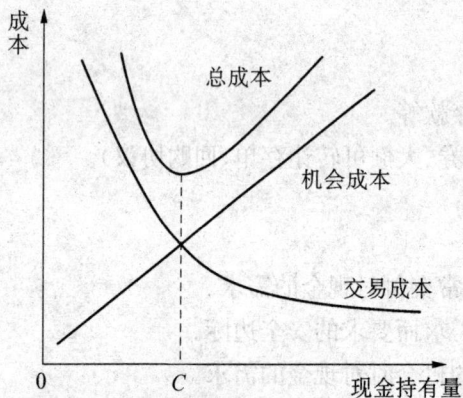

图 14-2 最佳现金持有量的确定

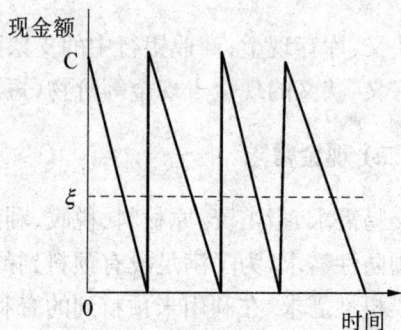

图 14-3 鲍摩尔模型下的现金余额

当机会成本＝交易成本时:

$$\frac{C}{2} \times K = \frac{T}{C} \times F \qquad (14-10)$$

将上式推导后,可得最佳现金余额:

$$C = \sqrt{\frac{2TF}{K}} \qquad (14-11)$$

$$TC = \frac{C}{2} \times K + \frac{T}{C} \times F \qquad (14-12)$$

式中,C——最佳现金余额;

K——持有现金的机会成本(有价证券年利率);

T——一定时期现金总需求额;

F——为补充现金而进行证券交易或贷款的固定成本;

TC——持有现金总成本。

3. 鲍摩尔模型在某公司的运用

【例 14-4】　某公司现金收支状况比较稳定,预计未来一年全年需要现金 25 万元,现金与有价证券的转换成本每次为 400 元,有价证券的年利率为 10%。要求:计算最佳现金持有量和最佳现金转换次数及总成本。

依据所给资料进行计算:

$$C = \sqrt{\frac{2 \times 250\,000 \times 400}{10\%}} \approx 44\,721.36\,(元)$$

$$最佳现金转换次数 = \frac{250\,000}{44\,721.36} \approx 5.59\,(次)$$

$$总成本\,TC = \frac{44\,721.36}{2} \times 10\% + \frac{250\,000}{44\,721.36} \times 400 = 4\,472.14\,(元)$$

4. 现金持有量的存货模式的评价

(1) 优点:简单直观。

(2) 缺点:假定现金的流出量稳定不变,实际上这很少有。

(二) 米勒—奥尔模型(随机模型)

1. 模型假设

(1) 考虑现金余额的每日随机变动,并假定服从正态分布;

(2) 既考虑现金流入,又考虑现金流出。

(3) 每次交易固定,权衡机会成本和交易成本。

米勒—奥尔模型示意图如图 14-4 所示。

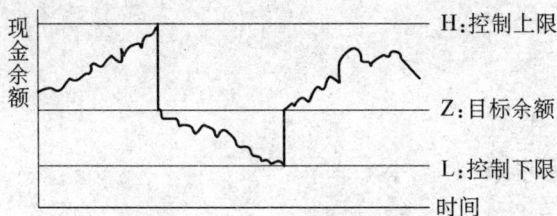

图 14-4　米勒—奥尔模型示意图

2. 基本公式

$$Z = \sqrt[3]{\frac{3F\sigma^2}{4K}} + L \tag{14-13}$$

$$H = 3Z - 2L \tag{14-14}$$

$$平均现金余额 = \frac{4Z - L}{3} \tag{14-15}$$

式中,F——现金与证券之间每次转换成本;

　　σ^2——每日净现金流量的方差;

K——有价证券日利率(机会成本);

Z——目标现金余额;

H——最高现金余额;

L——最低现金余额。

3. 米勒—奥尔模型的运用

【例 14-5】 某公司有价证券的年利率为 9‰,每次转换有价证券的固定成本为 50 元,公司认为现金金额不能低于 1 000 元,经测算日现金净流量的标准差为 800 元。此时,最佳现金余额 Z、现金控制上限 H 和平均现金余额的计算如下:

证券日利率 $K=9‰\div360=0.000\,25$

$$Z=\sqrt[3]{\frac{3F\partial^2}{4K}}+L=\sqrt[3]{\frac{3\times50\times(800)^2}{4\times0.000\,25}}+1\,000=5\,579(元)$$

$$H=3Z-2L=3\times5\,579-2\times1\,000=14\,737(元)$$

$$平均现金余额=\frac{4Z-L}{3}=\frac{4\times5\,579-1\,000}{3}=7\,105.33(元)$$

4. 随机模式的评价

该模式是建立在企业的未来需求总量和收支不可预测的前提下,因此计算出来的现金持有量比较保守。

三、现金收支管理

公司若要缩短从支付购货款到收回应收账款这一现金周期,减少短期融资的数额,就有必要加速应收账款的回收,同时延长应付账款的付款期。因此,有效的现金管理就是加速回收和延期支付。

(一) 加速回收

(1) 纸质转用电子式。

(2) 缩短赊账购货期限。

(二) 延期支付

(1) 赊购方式购买。

(2) 使用汇票。

(三) 浮差知识点的介绍

公司对外支付,开出付款支票后,会计账面上现金余额立即减少,而银行存款余额并不立即减少。但直到收款人真正从公司存款账户上将资金划走后,银行存款才减少。所以公司账面现金余额往往与银行账户余额不等。这就产生了现金支付"浮差"。公司可以利用该浮差获取收益。

浮差=公司银行存款余额-公司账面现金余额 　　　　　(14-16)

$$净浮差＝现金支付浮差＋现金回收浮差 \qquad (14-17)$$

付款浮差:当企业开出支票,其账面余额按支票的数额而减少,但直到支票结清前,企业在银行的存款余额不会减少,此差额即为付款浮差。

收款浮差:假设企业收到支票并把它存入银行,直到这笔资金计入其银行账户之前,企业的账面余额将高于其实际余额,此差额即为收款浮差。

浮差管理包括现金回收控制和现金支付控制。现金回收控制的目标在于缩短客户付款时间与支票回收时间的间隔。

现金支付控制的目标在于放慢付款速度。

【例14-6】 假定公司5月4日之前银行存款与账面现金余额均为100万元,5月5日开出一张30万元的付款支票,账面余额立即降为70万元,但银行存款余额直到5月15日对方真正将资金划走后才减少到70万元。则:

5月5日之前:浮差＝银行存款余额－公司账面余额＝100－100＝0(万元)。

5月5日~14日:现金支付浮差＝100－70＝30(万元)。

第三节 应收账款管理

应收账款是企业短期资产的一个重要项目。在高度集中的计划经济体制下,应收账款在短期资产中所占比重不大,不是管理重点。这些年来,随着市场经济的发展,商业信用的推行,企业应收账款数额明显增多,已成为短期资产管理中的一个日益重要的问题。

应收账款是指因对外销售产品、材料、供应劳务及其他原因,向购货单位或接受劳务的单位及其他单位收取的款项,包括应收销售款、其他应收款、应收票据等。

一、应收账款发生的原因

第一,商业竞争。这是主要原因,在社会主义市场经济条件下,存在激烈的商业竞争。赊销也是扩大销售的主要手段之一。对于同等的产品价格、类似的质量水平、一样的售后服务,实行赊销的产品或商品的销售额将大于现金销售的产品或商品的销售额。

第二,销售或收款的时间差距。商品成交的时间和收到货款的时间经常不一致,这也导致了应收账款的产生。由于销售和收款的时间差而造成的应收账款,不属于销售信用,也不是应收账款的主要内容,不再对它进行深入讨论,而只论述属于商业信用的应收账款的管理。

应收账款是企业的一项资金投放,是为了扩大销售和盈利而进行的投资。而投资肯定要发生成本(包括承担风险),这就需要在应收账款信用政策所增加的盈利和这种政策的成本之间做出权衡。只有当应收账款所增加的盈利超过所增加的成本时,才应当实施应收账款赊销。

二、信用政策的确定

应收账款赊销的效果好坏,依赖于企业的信用政策。

信用政策包括信用期间、信用标准和现金折扣政策,如表14-7所示。

表 14-7　信用政策的确定

信用期间	信用期间是企业允许顾客从购货到付款之间的时间,或者说是企业给予顾客的付款期间
信用标准	信用标准是指顾客获得企业的交易信用所应具备的条件,如果顾客达不到信用标准,便不能享受企业的信用或只能享受较低的信用优惠
现金折扣	现金折扣是企业对顾客在商品价格上所做的扣减。向顾客提供这种价格上的优惠,主要目的在于吸引顾客为享受优惠而提前付款,缩短企业的平均收款期。另外,现金折扣也能招揽一些视折扣为减价出售的顾客前来购货,借此扩大销售量。折扣的表示常采用如"5/10、3/20、n/30"这样一些符号形式

(一) 信用期间

信用期的确定,主要是分析改变现行信用期对收入和成本的影响。延长信用期,会使销售额增加,产生有利影响;与此同时,应收账款、收款费用和坏账损失增加,会产生不利影响。当前者大于后者时,可以延长信用期,否则不宜延长。如果缩短信用期,情况与此相反。

(二) 信用标准

信用标准是指顾客获得企业的交易信用所应具备的条件,如果顾客达不到信用标准,便不能享受企业的信用或只能享受较低的信用优惠。企业在设定某一顾客的信用标准时,往往先要评估其依赖的可能性。这可以通过"5C"系统来进行。所谓"5C"系统,是评估顾客信用品质的五个方面,即品质、能力、资本、抵押和条件。

(三) 现金折扣政策

企业采用什么程度的信用折扣,要与信用期间结合起来考虑。比如,要求顾客最迟不超过 30 天付款,若希望顾客 20 天、10 天付款,能给予多大折扣? 或者给予 3％、5％的折扣,能吸引顾客在多少天内付款? 不论是信用期间还是现金折扣,都可能给企业带来收益,但也会带来成本。所以,当企业给予顾客现金折扣时,应考虑折扣所能带来的收益与成本孰高孰低,权衡利弊,做出决策。

三、应收账款的收款

应收账款发生后,企业应采取各种措施,尽量争取按期收回款项,否则会因拖欠时间过长而发生坏账,使企业蒙受损失。这些措施包括对应收账款回收情况的监督和制定适当的收款政策。

(一) 应收账款回收情况的监督

应收账款回收情况的监督可以通过编制账龄分析表进行。账龄分析是指根据客户对公司负债的时间长短将公司应收账款进行分类,账龄分析提供了分析应收账款的方法。

表 14-8 显示了不同拖欠期的应收账款及其在全部应收账款中所占的比例。表中 75％的应收账款处在 60 天的信用期限内,还有一部分超出了 60 天,表明有些客户拖欠款项。

表 14-8 账龄分析表

应收账款账龄(天)	占应收账款百分比(%)
0～15	38
16～30	20
31～60	17
61～90	15
90 以上	10
合　计	100

平均收账期和应收账款账龄表是分析公司应收账款政策的重要工具,它们的变化可以反映公司收款速度的变化。但在有些情况下,即使客户的付款方式没有发生变化,平均收账期和应收账款也会随销售收入的变动而变动,从而造成客户付款方式发生变化这一假象,因此在使用时需要注意。

(二) 收账政策的制定

比如对过期较短的顾客,不过多打扰,以免将来失去这一市场;对过期稍长的顾客,可婉转地写信催款;对于过期较长的顾客,频繁地信件催款并电话催询;对过期很长的顾客,可在催款时措辞严厉,必要时提请有关部门仲裁或提起诉讼;等等。

催收账款要发生费用,某些催款方式的费用还会很高(如诉讼费)。制定有效、得当的收款政策很大程度上依靠有关人员的经验;从财务管理角度讲,也有一些数量化的方法可以参照。根据收账政策的优劣在于应收账款总成本最小化的道理,可以通过各收账方案成本的大小对其加以选择。

第四节　存货管理

存货占短期资产的比重较大,一般为 40%至 60%。存货利用的好坏,对企业财务状况的影响极大。因此,加强存货的规划与控制,使存货保持在最优水平,便成为财务管理的一项重要内容。

一、存货管理的原因

存货是指企业在生产经营过程中为销售或者耗用而储备的物资,包括材料、燃料、低值易耗品、在产品、半成品、产成品、商品等。

若工业企业能在生产投料时随时购入所需的原材料,或商业企业能在销售时随时购入该项商品,就不需要存货。实际上,企业总有储存存货的需要,并占用资金。存货的需要产生的原因:

第一,保证生产或销售的经营需要。为了避免或减少出现停工待料、停业待货等事故,企业需要储存存货。

第二,出自价格的考虑。零购物资的价格往往较高,而整批购买在价格上常有优惠。但是,过多的存货要占用较多的资金,并且会增加包括仓储费、保险费、维护费、管理人员工资在内的各项开支。存货占用资金是有成本的,占用过度会使利息支出增加并导致利润的损失;各项开支的增加更直接使成本上升。

进行存货管理,就要尽力在各种存货成本与存货效益之间做出权衡,达到两者的最佳结合。这也就是存货管理的目标。

二、存货的相关成本

(一) 取得成本

取得成本又分为订货成本和购置成本。

1. 订货成本

订货成本指取得订单的成本,如办公费、差旅费、邮资、电话费等支出。订货成本中有一部分与订货次数无关,如常设采购机构的基本开支等,称为订货的固定成本;另一部分与订货次数有关,如差旅费、邮资等,称为订货的变动成本;订货次数等于存货年需要量与每次进货量之商。

2. 购置成本

购置成本指存货本身的价值,经常用数量与单价的乘积来确定。那么,取得成本就为订货成本加上购置成本。

(二) 储存成本

储存成本指为保持存货而发生的成本,包括存货占用资金应计的利息(若企业用现金购买存货,便失去了现金存放银行或投资于证券本应取得的利息,是为"放弃利息";若企业借款购买存货,便要支付利息费用,是为"付出利息")、仓库费用、保险费用、存货破损和变质损失等。

储存成本也分为固定成本和变动成本。固定成本与存货数量的多少无关,如仓库折旧、仓库职工的固定月工资等。变动成本与存货的数量有关,如存货资金的应计利息、存货的破损和变质损失、存货的保险费用等。

(三) 缺货成本

缺货成本是指由于存货供应中断而造成的损失,包括材料供应中断造成的停工损失、产成品库存缺货造成的拖欠发货损失和丧失销售机会的损失(还应包括需要主观估计的商誉损失);如果生产企业以紧急采购代用材料解决库存材料中断之急,那么缺货成本表现为紧急额外购入成本(紧急额外购入的开支会大于正常采购的开支)。储备总成本,由取得成本、储存成本和缺货成本共同构成。

三、存货水平的确定

公司持有太多的存货会导致大量的储存成本,从而影响公司价值的提高;而存货不足又会导致销售损失或较高的订购成本,因为公司必须补充存货。下面将介绍三种确定存货水平的方法。

(一)经济订货批量模型

一个简单而有用的存货管理模型是经济订货批量(EOQ)模型。该模型假设存货以固定的速度S被消耗(在完工产品的情况下,S指产品销售的速度),无论每次订货的数量是多少,订货成本都是固定的数额F,整个期间内每件存货的储存成本是C。同时,模型还假设存货以相同的速度使用或销售,并能获得及时补充。

由于公司不允许出现缺货,即每当存货数量降至零时,下一批订货便会随即全部购入,故不存在缺货成本。那么,存货的总成本由订货成本和储存成本组成。订货成本等于每次订货成本F与每年订货次数的乘积。每年的订货次数是年使用量除以订货批量,即S/Q。储存成本是每件存货的储存成本C与平均存货量$Q/2$的乘积。因此,存货总成本的表达式为:

$$存货总成本=订货成本+储存成本=F\times\frac{S}{Q}+C\times\frac{Q}{2} \tag{14-18}$$

随着订货批量的增加,储存成本逐渐上升,而订货成本则随之下降。当这两种成本相等时存货总成本最低,此时的订货批量就是经济订货批量EOQ。EOQ的计算公式为:

$$EOQ=\sqrt{\frac{2FS}{C}} \tag{14-19}$$

【例14-7】 假设某公司每年销售打印机1 000台。每次的订货成本是400元,每台打印机的年储存成本是80元。那么,该公司的经济订货批量、平均存货水平、存货的相关成本分别是多少?

$$EOQ=\sqrt{\frac{2FS}{C}}=\sqrt{\frac{2\times400\times1\,000}{80}}=100(台)$$

$$平均存货水平=\frac{Q}{2}=50(台)$$

$$每年的订货次数=\frac{S}{Q}=\frac{1\,000}{100}=10(次/年)$$

$$年订货成本=F\times\frac{S}{Q}=400\times\frac{1\,000}{100}=4\,000(元)$$

$$年储存成本=C\times\frac{Q}{2}=80\times\frac{100}{2}=4\,000(元)$$

$$存货总成本=F\times\frac{S}{Q}+C\times\frac{Q}{2}=400\times\frac{1\,000}{100}+80\times\frac{100}{2}=8\,000(元)$$

(二)数量折扣

许多供应商为鼓励更多的订货会提供数量折扣。如果公司的 EOQ 正好超过了折扣要求的数量,就可以得到折扣。但如果 EOQ 低于折扣要求的数量,公司将不得不提高订货量来获得折扣。这就要求公司在更高的存货成本和较低的购买价格之间进行权衡。如果折扣超过了追加的存货成本,就应该增加订货量来获得折扣。为了对这一决策进行分析,我们可以通过增加价格折扣对存货总成本的计算公式进行修正,即:

$$存货总成本 = 订货成本 + 储存成本 - 价格折扣$$

$$(14-20)$$

$$= F \times \frac{S}{Q} + C \times \frac{Q}{2} - dS$$

式中,d——每件的价格折扣。

经济订货批量就是使存货总成本最低的存货水平。式(14-20)显示了更多的订货量及获得价格折扣所带来的成本。

(三)安全存货

经济订货批量模型假定需求量不变、交货时间不变。实际上,每天的需求和交货时间都可能发生变化,按照某一订货批量和再订货点发出订单后,如果需求增大或松或延迟,就会发生缺货或供货中断。

为防止在交货期内存货不足,可在每日平均消耗量乘以交货期确定的订货点之上额外加上一定数量的存货,这被称为安全存货。这样,如果在交货期内存货消耗超过了平均消耗水平,可以使用安全存货来满足生产经营活动的需要,减少存货短缺的可能,从而降低缺货成本。不过,增加安全存货会加大存货的储存成本。

安全存货在正常情况下是不动用的,只有当存货过量使用或松或延迟时才动用。因此,再订货点的公式为:

$$R = 交货时间 \times 平均日需求 + 安全库存量 \qquad (14-21)$$

$$安全库存量 = (预计每天最大耗用量 - 平均每天正常耗用量) \times 订货提前期$$

$$(14-22)$$

本 章 小 结

(1)公司持有现金有三个动机,即交易需求、预防性需求和投机性需求。确定现金余额的传统方法是比较持有现金和有价证券的成本。鲍摩尔(Baumol)模型和米勒—奥尔模型(Miller-Orr)提供了确定目标现金余额的方法。

(2)现金的收支管理从加速现金回收和控制现金支出两个方面来进行,以提高现金流入与流出的匹配程度。为了加速现金回收并缩短回收时间,可以采用电汇、缩短赊账购货日期等方法。另一方面,公司应尽量享受供应商给予的信用条件,同时采用汇票而不是支票的方式进行支付,这样可以达到延迟支付的目的。

（3）为了进行有效的存货管理,公司需要确定适当的存货水平。经济订货批量模型、数量折扣和安全存货是确定存货水平的常用方法。存货总成本最低时的存货水平即为最佳存货水平。

关 键 术 语

交易需求　预防性需求　投机性需求　目标现金余额　鲍摩尔模型　经济订货批量
米勒—奥尔模型　浮差　存货管理　订货成本　储存成本　缺货成本　安全存货

思 考 题

1. 公司持有现金的动机是什么?

2. 存货成本有哪些?

3. 什么是经济订货批量? 它使什么成本最小?

4. 什么是安全存货? 其目的是什么?

5. 某公司每年以稳定比率耗完现金30万元。如果将现金投资于有价证券可获得10%的年收益,每次将有价证券兑换成现金的交易成本为100元。利用Baumol模型估计该公司的最佳现金余额。

6. 一家公司每日现金流量的标准差为10 000元,年利率为10%,每次将有价证券转换成现金需花费100元。如果公司的最低现金余额为50 000元,利用Miller-Orr模型计算该公司的平均现金余额和控制上限。某公司每年预期的销售数量为10 000件,每次订货费用为1 000元,每件的储存成本为500元,计算公司的经济订货批量。

7. 在使用存货模式进行最佳现金持有量的决策时,假设持有现金的机会成本率为8%,与最佳现金持有量对应的交易成本为2 000元,则企业的最佳现金持有量为( )元。

A. 30 000　　　　　B. 40 000　　　　　C. 50 000　　　　　D. 无法计算

8. 某公司采用随机模式进行现金管理。已知持有有价证券的平均年利率为5%,公司的现金余额的下限为1 500元,现金余额的最优返回线为8 000元。如果公司现有现金20 000元,则此时应当投资于有价证券的金额是( )元。

A. 0　　　　　　　B. 6 500　　　　　C. 12 000　　　　　D. 18 500

9. 企业采取保守型营运资本投资政策,产生的结果是( )。

A. 收益性较高,资金流动性较低

B. 收益性较低,风险较低

C. 资金流动性较高,风险较高

D. 收益性较高,资金流动性较高

10. 某企业生产淡季占用流动资产20万元,长期资产140万元。生产旺季还要增加40万元的临时性存货,若企业权益资本为100万元,长期负债40万元,经营性流动负债10万元。该企业实行的是(　　)。

    A. 配合型筹资政策   B. 适中的筹资政策

    C. 激进型筹资政策   D. 保守型筹资政策

11. F公司有关资料如下：

(1) 未来1年,预计公司的每月现金流出比现金流入多36万元。

(2) F公司的证券买卖都是通过一个代理员进行的,每一笔业务将需要由公司支付500元。

(3) 货币市场上的年证券收益率为6.5%。

要求:计算该公司应保留多少元的现金余额?

12. 假定某公司有价证券的年利率为9%,每次固定转换成本为50元,公司认为任何时候其银行活期存款及现金余额均不能低于1000元,又根据以往经验测算出现金余额波动的标准差为800元。

要求:计算最优现金返回线R、现金控制上限H。

13. 假设某公司根据现金流动性要求和有关补偿性余额的协议,该公司的最低现金余额为10000元,有价证券年利率为10%,每次证券转换的交易成本为200元。预期每日现金余额变化的标准差为33407。如果一年按360天计算,利用随机模型。

(1) 计算最优现金返回线和现金存量的上限。

(2) 若此时现金余额为25万元,应如何调整现金?

(3) 若此时现金余额为28万元,应如何调整现金?

14. 某公司现在采用30天按发票金额付款的信用政策,拟将信用期放宽至60天,仍按发票金额付款即不给折扣。假设等风险投资的最低报酬率为15%,其他有关的数据如下表:

信用期项目	30天	60天
销售量(件)	100 000	120 000
销售额(元)(单价5元)	500 000	600 000
销售成本(元)		
变动成本(每件4元)	400 000	480 000
固定成本(元)	50 000	50 000
毛利(元)	50 000	70 000
可能发生的收账费用(元)	3 000	4 000
可能发生的坏账损失(元)	5 000	9 000

要求:分析该公司应否将信用期改为60天。

15. C公司生产和销售甲、乙两种产品。目前的信用政策为"2/15,n/30",有占销售额60%的客户在折扣期内付款并享受公司提供的折扣;不享受折扣的应收账款中,有80%可以在信用期内收回,另外20%在信用期满后10天(平均数)收回。逾期账款的收回,需要支出占逾期账款额10%的收账费用。如果明年继续保持目前的信用政策,预计甲产品销售量为4万件,单价100元,单位变动成本60元;乙产品销售量为2万件,单价300元,单位变动成本 240 元。如果明年将信用政策改为"5/10，$n/20$"，预计不会影响产品的单价、单位变动成本和销售的品种结构，而销售额将增加到 1 200 万元。与此同时，享受折扣的比例将上升至销售额的 70%；不享受折扣的应收账款中，有 50% 可以在信用期内收回，另外 50% 可以在信用期满后 20 天（平均数）收回。这些逾期账款的收回，需要支出占逾期账款额 10% 的收账费用。该公司应收账款的资金成本为 12%。

要求：

(1) 假设公司继续保持目前的信用政策，计算其平均收现期和应收账款应计利息。

(2) 假设公司用新信用政策，计算其平均收现期和应收账款应计利息。

(3) 计算改变信用政策引起的损益变动净额，并据此说明公司应否改变信用政策。

第十五章　公司并购

【本章学习目标】

- 掌握并购的相关概念及类型。
- 了解并购的动机及相关理论。
- 了解反收购的策略。

导入案例

美国银行收购美林银行

在投资银行的动荡时期,2009 年 1 月,美国银行(BOA)最终完成了对美林银行的收购。在贝尔斯通被收购、雷曼兄弟申请破产以及高盛和摩根士丹利转成银行控股公司后,美林银行是现存银行中规模最大的一家。美林银行的收购总值为约合价值 210 亿美元的股票。在收购中,美林银行的股东每持有 1 股,都将收到 0.859 5 股美国银行的股票。

那么,为什么美国银行要收购美林银行呢?原因有很多。新公司将成为美国最大的银行,其资产总额将达到 27 000 亿美元,同时也将成为全球高收益率债券的最大承销商、第三大全球权益发行的承销商以及第九大全球兼并收购业务的顾问。同样重要的是,美国银行估计其每年可以降低 70 亿美元的成本。但不幸的是,美国银行低估了美林银行存在的问题。在 2008 年第四季度,美林银行报告了高达 150 亿美元的巨额亏损,美国银行的股东震惊之余开始思考银行的战略。

（资料来源:斯蒂芬·罗斯等.公司理财.吴世农等译.北京:机械工业出版社,2012.）

案例导学

像美国银行这样的公司如何判断收购是否是个好主意呢?结合本章将要学到的知识,分析探讨公司进行并购的原因,以及防止被收购的策略。

并购是兼并与收购的简称。并购已经有一百多年的历史。以美国为例,第一次并购高潮出现在 1895—1904 年间,其特征是以横向并购为主,产生了一批包括美国钢铁、美孚石油公司在内的大型公司。第二次并购高潮出现在 1922—1929 年间,以纵向并购为特点,期间,美国的汽车制造业、石油工业、冶金业以及食品工业都完成了产业集中。1946—1964 年的19 年中,美国发生了第三次并购高潮,这次并购以混合并购为主,由此出现了一批竞争力强兼营多种业务的集团。第四次高潮发生在 1974—1985 年间，并购规模和合并资产都达到了前所未有的水平，此次并购潮以杠杆并购为主。20 世纪 90 年代中期以来，美国的公司开始了更大规模的第五次并购浪潮。当今世界，并购活动正向更深、更广的领域发展。

第一节　并购概述

一、并购的概念

公司并购是兼并（Merger）和收购（Acquisition）的总称，这两个词本身具有十分丰富的含义，国际上通常把这两个词合起来，简称 M&A。严格意义上来讲，兼并和收购是有一定区别的。

按《大不列颠百科全书》的定义，企业兼并是指两家或两家以上独立的企业合并组成一家企业，通常由一家占优势的企业吸收一家或更多的企业。在西方公司法中，"公司兼并"又可分成两类，即吸收兼并和创立兼并。所谓吸收兼并（Consolidation Merger），是指在两家或两家以上的公司合并中，其中一家公司因吸收兼并了其他公司而成为存续公司的合并形式。在这类合并中，存续公司仍然保持原有的公司名称，而且有权获得其他被吸收公司的资产和债权，同时承担其债务，被吸收公司从此不复存在。所谓创立兼并（Statutory Merger），又称新设兼并或者联合。它是指两个或两个以上的公司通过合并同时消失，而在新基础上形成一个新的公司，这个公司叫新设公司。新设公司接管原来两个或两个以上公司的全部资产和业务，新组董事机构和管理机构等。

收购是指一家企业购买另一家企业（称目标企业）的资产、营业部门或股票，从而获得对该企业的控制权或管理权，目标企业的法人地位仍然存续而不必消失。根据收购对象的不同，可分为资产收购（Stock Acquisition）和股权收购（Asset Acquisition）。资产收购是买方企业购买卖方企业的部分或全部资产的行为。股权收购是买方企业直接或间接购买卖方企业的部分或全部股票，并根据持股比例与其他股东共同承担卖方企业的所有权与义务。

兼并与收购有某些相同之处：第一，兼并与收购都是通过企业产权流通来实现企业之间重新组合。第二，兼并与收购都是通过企业控制权的转移和集中而实现企业对外扩张和对市场的占有。从这些方面上讲，兼并与收购都是增强企业实力的外部扩张策略，两者是一致的。

但兼并与收购又有很大区别：一是在兼并中被合并企业作为法人实体不复存在，而在收购中，被收购企业可仍以法人实体存在，其产权可以是部分转让；二是兼并后，兼并企业成为被兼并企业新的所有者和债权债务的承担者，是资产、债权、债务的一同转换，而在收购中，收购企业是被收购企业的新股东，以收购出资的股本为限承担被收购企业的风险；三是兼并多发生在被兼并企业财务状况不佳、生产经营处于停滞或半停滞之时，兼并后一般需调整其生产经营、重新组合其资产，而收购一般发生在企业正常生产状态下，产权流动比较平和。

二、并购的类型

并购有不同的分类方式,以并购方式出现的时间先后进行分类,并购由横向并购(Horizontal Merger)、纵向并购(Vertical Merger)、混合并购(Conglomerate Merger)和杠杆收购(Leverage Buyout,LBO)四种方式组成。每种并购方式出现的背景、理论依据以及特点都存在差异。

(一)横向并购

横向并购也称水平并购,是指具有竞争关系,经营领域相同或生产销售同类产品的同行企业间的并购。比如,日本东京银行和三菱银行的并购案、美国通用汽车收购韩国大宇汽车案等。实质上,横向并购是两个或两个以上相互竞争企业间的并购,其目的在于消除竞争、扩大市场份额、实现规模经济,但同时容易增加并购企业的垄断地位。

19世纪末和20世纪初末,横向并购是企业并购高潮的主要模式,美国现代工业雏形的形成得益于的横向并购,并促使了诸如美国钢铁公司等垄断巨头的产生。由于这种并购容易破坏竞争,形成高度垄断的局面,因而也最易受到政府的严格管制。

(二)纵向并购

纵向并购又称水平并购,是指生产过程或经营环节相互衔接、密切联系的企业之间或者具有纵向协作关系的专业化企业之间的并购,比如,石油精炼公司收购石油开采公司、汽车制造公司收购汽车销售公司等。纵向并购又有向前并购和向后并购之分,前者是指收购方向原材料的源头扩张(收购上游企业),后者则是指收购方向最终产品的用户延伸(收购下游企业)。纵向并购实质上是处于生产同一产品、不同生产阶段的企业间的并购,这种并购的目的在于控制某行业、某部门生产及销售全过程,从而获得一体化的效益。

纵向并购也会产生垄断,当一体化公司在生产经营的某个阶段的市场份额足够大时,很可能产生垄断,处于其他生产经营阶段的非一体化公司将可能受到其供应商或消费者的歧视和排斥。为此,纵向并购也易被政府管制。以美国为例,1914年之后美国反垄断法的多次修订都不同程度地对纵向并购进行了约束。

(三)混合并购

混合并购是对处于不同的产业领域,产品属于不同市场,且与其产业部门之间不存在特别的生产技术联系的企业进行并购。比如,烟草巨头菲利普·莫里斯公司收购卡夫食品案,联合利华收购世界第二大冰激凌生产商本·杰瑞公司案等。采取这种方式可通过分散投资、多样化经营达到降低企业风险,改善资源配置,扩大市场活动范围的目的。

混合并购一般可以分为产品扩张型并购、市场扩张型并购和纯混合型并购三种。产品扩张型并购是生产相关产品企业之间的并购;市场扩张型并购是指生产同种产品,但产品在不同地区的市场上销售的企业之间的并购;纯混合并购是那些生产和经营彼此间毫无联系的若干企业间的并购。

（四）杠杆收购

杠杆收购是指一些投资者主要通过大量举债（即大量借用杠杆）收购上市公司的一种并购方式。在杠杆收购中，债务融资通常占购买价格的50％以上，且多以目标公司资产为担保加以筹集。如果杠杆收购由目标公司的管理者推动，那么，此类收购又称为管理层收购[①]（Manager Buyout，MBO）。

20世纪80年代，伴随着投资银行的崛起，杠杆收购在西方开始风靡。这种并购方式对企业界影响巨大，它不仅引发了美国第四次并购浪潮，而且在并购机制、融资安排等多方面颇具新意。这种并购方式使"小鱼吃大鱼"成为现实。

第二节　并购动因及相关理论

并购的动因复杂多样，不同背景下企业并购的原因也各有不同，学界对公司发起并购的目的、动因及逻辑关系的解释一直未曾停止过，本节将对部分并购的动因进行归纳和阐述。

一、效率理论

效率理论认为企业并购活动有着潜在的社会效益，企业并购的动因在于通过并购可以获得某种协同效应，即"1+1＞2"效应。这种协同效应可来自管理、经营和财务等方面。

（一）管理协同效应理论

管理协同效应理论认为，企业并购的动因在于并购企业和目标企业之间在管理效率上的差别。有些企业的效率高于行业平均水平，有些则低于平均水平。在这种情形下，为了充分利用过剩的管理能力，拥有高效率管理层的公司自然有了收购低效率公司的冲动。当被收购公司的效率被提升至收购公司的效率时，不仅能够最大化股东财富，实现管理层私人收益，还会带来社会效益，这是一种帕累托改进。

管理协同效应理论暗含的前提是企业之间在管理效率上要存在可比性，即并购双方处于同一行业，目标企业的管理效率低于行业平均水平或现有的经营潜力未充分发挥出来，并且并购企业有能力改善目标企业的经营业绩，因此，管理协同效应理论是横向并购的理论基础。

（二）经营协同效应理论

经营协同效应理论认为，如果行业中存在规模经济，那么，任何经营活动水平尚未达到

[①]　管理层收购又称管理者收购，是指目标公司的管理者与经理层利用所融资本对公司股份的购买，以实现对公司所有权结构、控制权结构和资产结构的改变，实现管理者以所有者和经营者合一的身份主导重组公司，进而获得产权预期收益的一种收购行为。由于管理层收购在激励内部人员积极性、降低代理成本、改善企业经营状况等方面起到了积极的作用，因而它成为20世纪70—80年代流行于欧美国家的一种企业收购方式。对中国企业而言，MBO最大的魅力在于能理清企业产权，实现所有者回归，建立企业的长期激励机制，这是中国MBO最鲜明的特色。

规模经济潜在要求的公司,收购方可以借此扩大经营规模,或获取优势互补,摊薄成本,提高利润,实现规模经济效应。横向、纵向和混合并购都能够实现规模效应。

(三)财务协同效应理论

财务协同效应理论认为,由于公司外部融资的交易成本较高,股利所得税税率也高于资本利得税税率。当收购公司拥有较大现金流量而被收购公司仅拥有较小现金流量时,并购可以使公司从边际利润率较低的生产活动向边际利润率高的生产活动转移。也就是说,并购可以将通常属于资本市场的资金供给职能内部化,从而提高了公司资本配置的效率。

(四)多元化经营理论

多元化经营理论认为,多元化经营可以降低经营风险,所谓"不要将所有鸡蛋放在一个篮子里面"就是说的这个道理。并购是公司实现多元化经营的捷径,公司的经营领域可以迅速得以扩展。多样化经营可以分散风险,稳定收入来源,同时对组织资本和声誉资本进行保护,在财务、税收方面获得好处。一般而言,公司员工、消费者和供应商等利益相关者比股东更愿意公司采取多样化经营战略。

众多事例证明,并购能够使得收购公司迅速撤出老产业转而进入新产业,柳暗花明,获得一番新天地。比如,1980年"船王"包玉刚溢价7亿多港币争购九龙仓案。当时,该收购案的前景不被看好。但是,包氏收购九龙仓的真正用意是舍舟登陆,此举成就了其后来在香港地产、酒店业和货仓业上的地位,并幸运地躲过了后来航运业长期的低谷期。

二、信息理论

在信息不对称条件下,并购可以使被收购公司的价值得以发现,并购本身还可以作为反映被收购公司未来预期的信号。

(一)信息假说

信息假说可以区分为两种形式,一种认为企业并购会散布关于目标企业价值被低估的信息,并促使股票市场对此进行重新估价,这样的目标企业被称为"坐在金矿上"的企业。另一种形式是认为并购要约会激励目标企业管理层自身贯彻更有效的战略,即所谓的"鞭策效应"。

(二)信号理论

信号理论认为,并购可以成为一种有效的信号,它会向市场传递这样的信息:被收购公司拥有尚未被发现或认识的额外价值,或者有着良好的预期。值得注意的是,当收购者用换股的方式实施并购,被收购者和其他相关者可能的解读是,收购公司的股票价值目前被高估。

三、委托代理理论

公司面临诸多代理问题,比如股东与管理者之间的代理问题、股东和债权人之间的代理问题等。根据代理理论,并购对公司具有接管威胁,因此,对管理者的自利行为可以起到一定的约束作用。同时,并购是管理者实现自我扩张的一种手段,这种扩张并非能够最大化股东财富,因此,并购是代理问题的一种表现形式。

(一) 代理权争夺理论

法玛和詹森(Fama and Jensen)等人认为,当公司的内部治理手段不能有效抑制管理者行为,无法最大化股东财富时,控制权市场是解决代理问题的一种非常重要的外部治理手段。并购事实上就是代理权争夺,目标公司一旦被收购,外部管理者将实现对目标公司的控制,目标公司现有管理者和董事会将被更迭。

对股权较为分散的公司而言,收购公司可以较轻而易举地对目标公司进行代理权更替。因此,受接管威胁,目标公司管理者不敢懈怠。

(二) 管理主义理论

1969 年,穆勒(Muller)提出了管理主义理论。该理论认为,由于管理者的收入或晋升与企业规模的扩大有密切的联系,公司管理者具有做大的动机,即有扩张公司规模的冲动。他假定,管理者的薪酬是公司规模的函数,那么,管理者会偏好并购或其他项目投资,即便NPV 小于零也在所不惜。

显然,按管理主义理论的理解,并购并不能解决代理问题,恰恰相反,并购是代理问题的另一种表现形式,它加大了公司的代理问题。

(三) 自负假说

1986 年,罗尔(Roll)提出了自负假说。该理论认为,并购企业的决策者过高地估计管理者运用目标企业资源的能力,企业并购是为了满足管理层的野心和自负动机,以便展现他们的管理才能和技能。该假说意味着管理者的决策是违背了股东的利益,尽管管理者的意图是通过并购来增加企业的资产,但采取的行动并不总是正确,这正是自负的结果。

(四) 自由现金流量假说

詹森在代理成本理论的基础上,进一步构建了自由现金流量假说。所谓自由现金流量,詹森定义为超过所有投资项目资金要求量的现金流量,且这些项目在以适用的资本成本折现后要有正的净现值。他认为如果企业是有效率的,并且希望股价最大化,那么这部分自由现金流量就应该派发给股东。自由现金流量的派发,将会减少管理者控制之下的资源规模,并相应缩小管理者的权力,这样可以降低代理成本。当管理者为额外的投资寻求新的资本进行融资时,就可能会受到资本市场的监督和约束。但是,管理者常常并不将这些自由现金流量派发给股东,而是投资于回报率很低的项目,或大举兼并别的企业,以扩大企业规模,由此造成更高的代理成本。

第三节 反收购策略

在当今并购之风盛行的背景下,越来越多的公司从自身利益出发,在投资银行等外部顾问机构的帮助下,开始重视采用各种积极有效的防御措施进行反收购。目标公司进行反收购的原因多种多样,主要原因有三个:一是迫使收购者提高报价,二是回击恶意并购者的攻击,三是保住目标公司管理者的饭碗。反收购旨在降低收购者对目标公司的吸引力或增加收购成本和收购难度,主要措施有法律策略、股权策略、管理策略等手段。

一、法律策略

目标公司为了阻止公开举牌①收购,以举牌者违反法律尤其是反垄断法为理由提起法律诉讼,以此延缓收购进程,为其他反收购策略提供充分的准备时间,同时逼迫收购者收手或者迫使收购方提高收购价格,法律诉讼常常是目标公司道到收购方的公开举牌后采取的最基本应对措施。目标公司提起诉讼的理由主要有三条:一是反垄断;二是信息披露不充分;三是犯罪。

1993 年 9 月 29 日,深圳宝安及其关联企业仅持有延中实业 4.56% 的股票,但 9 月 30日;深圳宝安通过二级市场增持延中实业股票,将持股比重增至 15.98%。为此,延中实业一方面调动资金布置反击,另一方面以宝安集团违反证券交易管理条例为由向证监部门提出申述,要求对宝安集团上海分公司购股过程的合法性进行调查。尽管在证券监管部门调解下,延中实业最后接受了被收购的事实,放弃了反收购,但是,它是我国首起利用"法律诉讼"进行的反收购案。

二、股权策略

(一) 定向增发

目标公司采取向友好的第三方定向增发股票,以稀释收购者持有的目标公司股权,迫使收购方为实现控股目的而继续出资增持目标公司股票,大大提高了收购成本和难度。

(二) 回购公司股票

公司在受到收购威胁时可回购股份,其基本形式有两种:一是公司将可用的现金分配给股东,这种分配不是支付红利,而是购回股票;二是发行公司债、特别股或其组合以回收股票,通过减少在外流通股数抬高股价,迫使收购者提高每股收购价。但此法对目标企业颇为危险,因其会使负债比例提高,财务风险增加。

(三) 寻找"白衣骑士"和"白衣护卫"

"白衣骑士"(White Knight)是指在面临外界的敌意收购时,目标公司寻找的一个友好公司。"白衣骑士"事前承诺,如果目标公司遭受收购威胁时,"白衣骑士"将以较高价格参与竞购,以对付收购者的收购要约。"白衣骑土"的出现会使得收购价格水涨船高,增加收购者的收购成本,让收购者知难而退。

---

① "举牌"收购一般是指投资人在证券市场的二级市场上收购的流通股份超过该股票已发行股本的 5% 或者是 5% 的整倍数时,根据有关法规的规定,必须马上通知该上市公司、证券交易所和证券监督管理机构,在证券监督管理机构指定的报刊上进行公告,并且履行有关法律规定的义务,且在半年内不能卖出。

"白衣护卫"(White Squire)是一种与"白衣骑士"很类似的反收购措施。"白衣护卫"可以在目标公司遭受收购威胁时,以极低的价格购买目标公司大部分有表决权的股票,以使得敌意收购方无法完成足够量的股权比例。与"白衣骑士"不同,"白衣护卫"目的不在于谋求对目标公司的控制权,只是协助目标公司摆脱敌意收购。

(四)执行"毒丸计划"

"毒丸计划"(Poison Pill)是美国著名的并购律师马丁·利普顿(Martin Lipton)于1982年发明的,正式名称为"股权摊薄反收购措施"。最初的形式很简单,就是目标公司向普通股股东发行优先股,一旦公司被收购,股东持有的优先股就可以转换为一定数额的收购方股票。在最常见的形式中,一旦未经认可的一方收购了目标公司一大笔股份(一般是10%至20%的股份)时,毒丸计划就会启动,导致新股充斥市场。一旦毒丸计划被触发,其他所有的股东都有机会以低价买进新股。这样就大大地稀释了收购方的股权,继而使收购变得代价高昂,从而达到抵制收购的目的。

三、管理策略

(一)增设"拒鲨"条款

"拒鲨"(Shark-Repellent)条款是指对公司章程进行反收购修正,它是重要的反收购布防计谋。通常,目标公司管理者会向其股东游说,促使他们同意在公司章程中增设"拒鲨"条款。"拒鲨"条款一般会对以并购、收购要约或撤换董事会成员等形式进行的公司控制权转移施加新的条件。

(二)运用"金降落伞"

"金降落伞"(Golden Parachute)是一种补偿协议,指目标公司通过与其高级管理人员签订合同条款,规定目标公司有义务给予高级管理人员优厚的报酬和额外的利益,若是公司的控制权发生突然变更,则应给予高级管理人员全额的补偿金。目标公司希望以此方式增加收购的负担与成本,阻止外来收购。

(三)出售"皇冠明珠"

公司的"皇冠明珠"是指具有超强竞争力、盈利颇丰以及未来能够带来足够现金流的资产、业务和部门。比如,具有盈利潜力但目前被低估的资产;发展前景广阔,在短期内能够形成较高市场份额的专利和业务;具有超强竞争力的业务部门。显然,有些收购者是直奔"皇冠明珠"而来的。一旦目标公司遭受恶意收购而无力招架时,他们可能采取出售"皇冠明珠"的方法,使收购者对目标公司立刻失去兴趣。值得注意的是,采取此策略时,应尽力保持出售价高于市场价。

(四)实施"焦土战术"

"焦土战术"是指目标公司以自残为代价阻止恶意收购者的进攻,是一种两败俱伤的做法。比如,大量举债购入一些收购者不想拥有的资产;大量购入可能引起收购者违反反垄断法的资产;大量购入一些无利可图的资产等。目标公司施行"焦土战术"后,收购者得到的可能是一副烂摊子,或就此陷入违反反垄断法的诉讼中。因此,收购者可能会知难而退。由于"焦土政策"可能损害目标公司股东和债权人利益,因此,很多国家禁止使用该反收购策略。

本 章 小 结

本章介绍了并购的相关概念和理论,以及反收购的策略。

(1)并购是兼并和收购的总称。并购活动已经持续了一百多年,以并购方式出现的时间先后进行分类,并购由横向并购、纵向并购、混合并购和杠杆收购四种方式组成。

(2)并购的最根本动因是追求利润和迫于竞争压力,它已成为一种经济活动。学界对公司发起并购的目的、动因及逻辑关系的解释一直未曾停止过,比较经典的有效率理论、信息理论和委托代理理论等。

(3)反收购源于并购双方的利益斗争。反收购旨在降低收购者对目标公司的吸引力或增加收购成本和收购难度,主要措施有法律策略、股权策略、管理策略等手段。

关 键 术 语

并购　横向并购　纵向并购　混合并购　杠杆收购　协同效应　白衣骑士　白衣护卫
毒丸计划　"拒鲨"条款　金降落伞　皇冠明珠　焦土战术

思 考 题

1. 兼并和收购有何异同?
2. 并购的类型有哪几种?
3. 为什么从根本上来讲多元化不是兼并的一个好理由?
4. 什么是管理层收购?我国在试行管理层收购中,主要面临哪些阻碍?
5. 许多并购都有良好的预期,但结果令人失望,请说明原因。
6. 如果你是公司的一位股东,你在什么情况下希望公司被收购?
7. 对股东而言,"毒丸计划"是好是坏?你认为收购方企业会如何处理"毒丸计划"?
8. 反收购策略可能被公司管理者滥用,请列举三例说明管理者如何借助反收购谋取私利。

附　录

附录一：年金现值系数表

年金现值系数$(P/A,i,n)$表

期数	1%	2%	3%	4%	5%	6%	7%	8%	9%	10%	11%	12%	13%	14%	15%
1	0.9901	0.9804	0.9709	0.9615	0.9524	0.9434	0.9346	0.9259	0.9174	0.9091	0.9009	0.8929	0.885	0.8772	0.8696
2	1.9704	1.9416	1.9135	1.8861	1.8594	1.8334	1.808	1.7833	1.7591	1.7355	1.7125	1.6901	1.6681	1.6467	1.6257
3	2.941	2.8839	2.8286	2.7751	2.7232	2.673	2.6243	2.5771	2.5313	2.4869	2.4437	2.4018	2.3612	2.3216	2.2832
4	3.902	3.8077	3.7171	3.6299	3.546	3.4651	3.3872	3.3121	3.2397	3.1699	3.1024	3.0373	2.9745	2.9137	2.855
5	4.8534	4.7135	4.5797	4.4518	4.3295	4.2124	4.1002	3.9927	3.8897	3.7908	3.6959	3.6048	3.5172	3.4331	3.3522
6	5.7955	5.6014	5.4172	5.2421	5.0757	4.9173	4.7665	4.6229	4.4859	4.3553	4.2305	4.1114	3.9975	3.8887	3.7845
7	6.7282	6.472	6.2303	6.0021	5.7864	5.5824	5.3893	5.206	5.033	4.8684	4.7122	4.5638	4.4226	4.2883	4.1604
8	7.6517	7.3255	7.0197	6.7327	6.4632	6.2098	5.9713	5.7466	5.5348	5.3349	5.1461	4.9676	4.7988	4.6389	4.4873
9	8.566	8.1622	7.7861	7.4353	7.1078	6.8017	6.5152	6.2469	5.9952	5.759	5.537	5.3282	5.1317	4.9464	4.7716
10	9.4713	8.9826	8.5302	8.1109	7.7217	7.3601	7.0236	6.7101	6.4177	6.1446	5.8892	5.6502	5.4262	5.2161	5.0188

续 表

期数	1%	2%	3%	4%	5%	6%	7%	8%	9%	10%	11%	12%	13%	14%	15%
11	10.367 6	9.786 8	9.252 6	8.760 5	8.306 4	7.886 9	7.498 7	7.139	6.805 2	6.495 1	6.206 5	5.937 7	5.686 9	5.452 7	5.233 7
12	11.255 1	10.575 3	9.954	9.385 1	8.863 3	8.383 8	7.942 7	7.536 1	7.160 7	6.813 7	6.492	6.194 4	5.917 6	5.660 3	5.420 6
13	12.133 7	11.348 4	10.635	9.985 6	9.393 6	8.852 7	8.357 7	7.903 8	7.486 9	7.103 4	6.749 9	6.423 5	6.121 8	5.842 4	5.583 1
14	13.003 7	12.106 2	11.296 1	10.563 1	9.898 6	9.295	8.745 5	8.244 2	7.786 2	7.366 7	6.981 9	6.628 2	6.302 5	6.002 1	5.724 5
15	13.865 1	12.849 3	11.937 9	11.118 4	10.379 7	9.712 2	9.107	8.559 5	8.060 7	7.606 1	7.190 9	6.810 9	6.462 4	6.142 2	5.847 4
16	14.717 9	13.577 7	12.561 1	11.652 3	10.837 8	10.105 9	9.446 6	8.851 4	8.312 6	7.823 7	7.379 2	6.974	6.603 9	6.265 1	5.954 2
17	15.562 3	14.291 9	13.166 1	12.165 7	11.274 1	10.477 3	9.763 2	9.121 6	8.543 6	8.021 6	7.548 8	7.119 6	6.729 1	6.372 9	6.047 2
18	16.398 3	14.992	13.753 5	12.659 3	11.689 6	10.827 6	10.059 1	9.371 9	8.755 6	8.201 4	7.701 6	7.249 7	6.839 9	6.467 4	6.128
19	17.226	15.678 5	14.323 8	13.133 9	12.085 3	11.158 1	10.335 6	9.603 6	8.950 1	8.364 9	7.839 3	7.365 8	6.938	6.550 4	6.198 2
20	18.045 6	16.351 4	14.877 5	13.590 3	12.462 2	11.469 9	10.594	9.818 1	9.128 5	8.513 6	7.963 3	7.469 4	7.024 8	6.623 1	6.259 3
21	18.857	17.011 2	15.415	14.029 2	12.821 2	11.764 1	10.835 5	10.016 8	9.292	8.648 7	8.075	7.562	7.101 6	6.687	6.312 5
22	19.660 4	17.658	15.936 9	14.451 1	13.163	12.041 6	11.061 2	10.200 7	9.442 4	8.771 5	8.175 7	7.644 6	7.169 5	6.742 9	6.358 7
23	20.455 8	18.292 2	16.443 6	14.856 8	13.488 6	12.303 4	11.272 2	10.371 1	9.580 2	8.883 2	8.266 4	7.718 4	7.229 7	6.792 1	6.398 8
24	21.243 9	18.913 9	16.935 5	15.247	13.798 6	12.550 4	11.469 3	10.528 8	9.706 6	8.984 7	8.348 1	7.784 3	7.282 9	6.835 1	6.433 8
25	22.023 2	19.523 5	17.413 1	15.622 1	14.093 9	12.783 4	11.653 6	10.674 8	9.822 6	9.077	8.421 7	7.843 1	7.33	6.872 9	6.464 1

续表

期数	1%	2%	3%	4%	5%	6%	7%	8%	9%	10%	11%	12%	13%	14%	15%
26	22.795 2	20.121	17.876 8	15.982 8	14.375 2	13.003 2	11.825 8	10.81	9.929	9.160 9	8.488 1	7.895 7	7.371 7	6.906 1	6.490 6
27	23.559 6	20.706 9	18.327	16.329 6	14.643	13.210 5	11.986 7	10.935 2	10.026 6	9.237 2	8.547 8	7.942 6	7.408 6	6.935 2	6.513 5
28	24.316 4	21.281 3	18.764 1	16.663 1	14.898 1	13.406 2	12.137 1	11.051 1	10.116 1	9.306 6	8.601 6	7.984 4	7.441 2	6.960 7	6.533 5
29	25.065 8	21.844 4	19.188 5	16.983 7	15.141 1	13.590 7	12.277 7	11.158 4	10.198 3	9.369 6	8.650 1	8.021 8	7.470 1	6.983	6.550 9
30	25.807 7	22.396 5	19.600 4	17.292	15.372 5	13.764 8	12.409	11.257 8	10.273 7	9.426 9	8.693 8	8.055 2	7.495 7	7.002 7	6.566

期数	16%	17%	18%	19%	20%	21%	22%	23%	24%	25%	26%	27%	28%	29%	30%
1	0.862 1	0.854 7	0.847 5	0.840 3	0.833 3	0.826 4	0.819 7	0.813	0.806 5	0.8	0.793 7	0.787 4	0.781 3	0.775 2	0.769 2
2	1.605 2	1.585 2	1.565 6	1.546 5	1.527 8	1.509 5	1.491 5	1.474	1.456 8	1.44	1.423 5	1.407 4	1.391 6	1.376 1	1.360 9
3	2.245 9	2.209 6	2.174 3	2.139 9	2.106 5	2.073 9	2.042 2	2.011 4	1.981 3	1.952	1.923 4	1.895 6	1.868 4	1.842	1.816 1
4	2.798 2	2.743 2	2.690 1	2.638 6	2.588 7	2.540 4	2.493 6	2.448 3	2.404 3	2.361 6	2.320 2	2.28	2.241	2.203 1	2.166 2
5	3.274 3	3.199 3	3.127 2	3.057 6	2.990 6	2.926	2.863 6	2.803 5	2.745 4	2.689 3	2.635 1	2.582 7	2.532	2.483	2.435 6
6	3.684 7	3.589 2	3.497 6	3.409 8	3.325 5	3.244 6	3.166 9	3.092 3	3.020 5	2.951 4	2.885	2.821	2.759 4	2.7	2.642 7
7	4.038 6	3.922 4	3.811 5	3.705 7	3.604 6	3.507 9	3.415 5	3.327	3.242 3	3.161 1	3.083 3	3.008 7	2.937	2.868 2	2.802 1
8	4.343 6	4.207 2	4.077 6	3.954 4	3.837 2	3.725 6	3.619 3	3.517 9	3.421 2	3.328 9	3.240 7	3.156 4	3.075 8	2.998 6	2.924 7
9	4.606 5	4.450 6	4.303	4.163 3	4.031	3.905 4	3.786 3	3.673 1	3.565 5	3.463 1	3.365 7	3.272 8	3.184 2	3.099 7	3.019
10	4.833 2	4.658 6	4.494 1	4.338 9	4.192 5	4.054 1	3.923 2	3.799 3	3.681 9	3.570 5	3.464 8	3.364 4	3.268 9	3.178 1	3.091 5

续 表

期数	16%	17%	18%	19%	20%	21%	22%	23%	24%	25%	26%	27%	28%	29%	30%
11	5.028 6	4.836 4	4.656	4.486 5	4.327 1	4.176 9	4.035 4	3.901 8	3.775 7	3.656 4	3.543 5	3.436 5	3.335 1	3.238 8	3.147 3
12	5.197 1	4.988 4	4.793 2	4.610 5	4.439 2	4.278 4	4.127 4	3.985 2	3.851 4	3.725 1	3.605 9	3.493 3	3.386 8	3.285 9	3.190 3
13	5.342 3	5.118 3	4.909 5	4.714 7	4.532 7	4.362 4	4.202 8	4.053	3.912 4	3.780 1	3.655 5	3.538 1	3.427 2	3.322 4	3.223 3
14	5.467 5	5.229 3	5.008 1	4.802 3	4.610 6	4.431 7	4.264 6	4.108 2	3.961 6	3.824 1	3.694 9	3.573 3	3.458 7	3.350 7	3.248 7
15	5.575 5	5.324 2	5.091 6	4.875 9	4.675 5	4.489	4.315 2	4.153	4.001 3	3.859 3	3.726 1	3.601	3.483 4	3.372 6	3.268 2
16	5.668 5	5.405 3	5.162 4	4.937 7	4.729 6	4.536 4	4.356 7	4.189 4	4.033 3	3.887 4	3.750 9	3.622 8	3.502 6	3.389 6	3.283 2
17	5.748 7	5.474 6	5.222 3	4.989 7	4.774 6	4.575 5	4.390 8	4.219	4.059 1	3.909 9	3.770 5	3.64	3.517 7	3.402 8	3.294 8
18	5.817 8	5.533 9	5.273 2	5.033 3	4.812 2	4.607 9	4.418 7	4.243 1	4.079 9	3.927 9	3.786 1	3.653 6	3.529 4	3.413	3.303 7
19	5.877 5	5.584 5	5.316 2	5.07	4.843 5	4.634 6	4.441 5	4.262 7	4.096 7	3.942 4	3.798 5	3.664 2	3.538 6	3.421	3.310 5
20	5.928 8	5.627 8	5.352 7	5.100 9	4.869 6	4.656 7	4.460 3	4.278 6	4.110 3	3.953 9	3.808 3	3.672 6	3.545 8	3.427 1	3.315 8
21	5.973 1	5.664 8	5.383 7	5.126 8	4.891 3	4.675	4.475 6	4.291 6	4.121 2	3.963 1	3.816 1	3.679 2	3.551 4	3.431 9	3.319 8
22	6.011 3	5.696 4	5.409 9	5.148 6	4.909 4	4.69	4.488 2	4.302 1	4.13	3.970 5	3.822 3	3.684 4	3.555 8	3.435 6	3.323
23	6.044 2	5.723 4	5.432 1	5.166 8	4.924 5	4.702 5	4.498 5	4.310 6	4.137 1	3.976 4	3.827 3	3.688 5	3.559 2	3.438 4	3.325 4
24	6.072 6	5.746 5	5.450 9	5.182 2	4.937 1	4.712 8	4.507	4.317 6	4.142 8	3.981 1	3.831 2	3.691 8	3.561 9	3.440 6	3.327 2
25	6.097 1	5.766 2	5.466 9	5.195 1	4.947 6	4.721 3	4.513 9	4.323 2	4.147 4	3.984 9	3.834 2	3.694 3	3.564	3.442 3	3.328 6

续　表

期数	16%	17%	18%	19%	20%	21%	22%	23%	24%	25%	26%	27%	28%	29%	30%
26	6.118 2	5.783 1	5.480 4	5.206	4.956 3	4.728 4	4.519 6	4.327 8	4.151 1	3.987 9	3.836 7	3.696 3	3.565 6	3.443 7	3.329 7
27	6.136 4	5.797 5	5.491 9	5.215 1	4.963 6	4.734 2	4.524 3	4.331 6	4.154 2	3.990 3	3.838 7	3.697 9	3.566 9	3.444 7	3.330 5
28	6.152	5.809 9	5.501 6	5.222 8	4.969 7	4.739	4.528 1	4.334 6	4.156 6	3.992 3	3.840 2	3.699 1	3.567 9	3.445 5	3.331 2
29	6.165 6	5.820 4	5.509 8	5.229 2	4.974 7	4.743	4.531 2	4.337 1	4.158 5	3.993 8	3.841 4	3.700 1	3.568 7	3.446 1	3.331 7
30	6.177 2	5.829 4	5.516 8	5.234 7	4.978 9	4.746 3	4.533 8	4.339 1	4.160 1	3.995	3.842 4	3.700 9	3.569 3	3.446 6	3.332 1

附录二　标准正态分布表

$\varphi(x)$ / x	0.000 0	0.010 0	0.020 0	0.030 0	0.040 0	0.050 0	0.060 0	0.070 0	0.080 0	0.090 0
0.00	0.5	0.504 0	0.508 0	0.512 0	0.516 0	0.519 9	0.523 9	0.527 9	0.531 9	0.535 9
0.10	0.539 827 837	0.543 8	0.547 8	0.551 7	0.555 7	0.559 6	0.563 6	0.567 5	0.571 4	0.575 3
0.20	0.579 259 709	0.583 166 163	0.587 064 423	0.590 954 115	0.594 834 872	0.598 706 326	0.602 568 113	0.606 419 873	0.610 261 248	0.614 091 881
0.30	0.617 911 422	0.621 719 522	0.625 515 835	0.629 300 019	0.633 071 736	0.636 830 651	0.640 576 433	0.644 308 755	0.648 027 292	0.651 731 727
0.40	0.655 421 742	0.659 097 026	0.662 757 273	0.666 402 179	0.670 031 446	0.673 644 78	0.677 241 89	0.680 822 491	0.684 386 303	0.687 933 051
0.50	0.691 462 461	0.694 974 269	0.698 468 212	0.701 944 035	0.705 401 484	0.708 840 313	0.712 260 281	0.715 661 151	0.719 042 691	0.722 404 675
0.60	0.725 746 882	0.729 069 096	0.732 371 107	0.735 652 708	0.738 913 7	0.742 153 889	0.745 373 085	0.748 571 105	0.751 747 77	0.754 902 906
0.70	0.758 036 348	0.761 147 932	0.764 237 502	0.767 304 908	0.770 350 003	0.773 372 648	0.776 372 708	0.779 350 054	0.782 304 562	0.785 236 116
0.80	0.788 144 601	0.791 029 912	0.793 891 946	0.796 730 608	0.799 545 807	0.802 337 457	0.805 105 479	0.807 849 798	0.810 570 345	0.813 267 057
0.90	0.815 939 875	0.818 588 745	0.821 213 62	0.823 814 458	0.826 391 22	0.828 943 874	0.831 472 393	0.833 976 754	0.836 456 941	0.838 912 94

续 表

$\varphi(x)$ x	0.000 0	0.010 0	0.020 0	0.030 0	0.040 0	0.050 0	0.060 0	0.070 0	0.080 0	0.090 0
1.00	0.841 344 746	0.843 752 355	0.846 135 77	0.848 494 997	0.850 830 05	0.853 140 944	0.855 427 7	0.857 690 346	0.859 928 91	0.862 143 428
1.10	0.864 333 939	0.866 500 487	0.868 643 119	0.870 761 888	0.872 856 849	0.874 928 064	0.876 975 597	0.878 999 516	0.880 999 893	0.882 976 804
1.20	0.884 930 33	0.886 860 554	0.888 767 563	0.890 651 448	0.892 512 303	0.894 350 226	0.896 165 319	0.897 957 685	0.899 727 432	0.901 474 671
1.30	0.903 199 515	0.904 902 082	0.906 582 491	0.908 240 864	0.909 877 328	0.911 492 009	0.913 085 038	0.914 656 549	0.916 206 678	0.917 735 561
1.40	0.919 243 341	0.920 730 159	0.922 196 159	0.923 641 49	0.925 066 3	0.926 470 74	0.927 854 963	0.929 219 123	0.930 563 377	0.931 887 882
1.50	0.933 192 799	0.934 478 288	0.935 744 512	0.936 991 636	0.938 219 823	0.939 429 242	0.940 620 059	0.941 792 444	0.942 946 567	0.944 082 597
1.60	0.945 200 708	0.946 301 072	0.947 383 862	0.948 449 252	0.949 497 417	0.950 528 532	0.951 542 774	0.952 540 318	0.953 521 342	0.954 486 023
1.70	0.955 434 537	0.956 367 063	0.957 283 779	0.958 184 862	0.959 070 491	0.959 940 843	0.960 796 097	0.961 636 43	0.962 462 02	0.963 273 044
1.80	0.964 069 681	0.964 852 106	0.965 620 498	0.966 375 031	0.967 115 881	0.967 843 225	0.968 557 237	0.969 258 091	0.969 945 961	0.970 621 02
1.90	0.971 283 44	0.971 933 393	0.972 571 05	0.973 196 581	0.973 810 155	0.974 411 94	0.975 002 105	0.975 580 815	0.976 148 236	0.976 704 532
2.00	0.977 249 868	0.977 784 406	0.978 308 306	0.978 821 73	0.979 324 837	0.979 817 785	0.980 300 73	0.980 773 828	0.981 237 234	0.981 691 1
2.10	0.982 135 579	0.982 570 822	0.982 996 977	0.983 414 193	0.983 822 617	0.984 222 393	0.984 613 665	0.984 996 577	0.985 371 269	0.985 737 882
2.20	0.986 096 552	0.986 447 419	0.986 790 616	0.987 126 279	0.987 454 539	0.987 775 527	0.988 089 375	0.988 396 208	0.988 696 156	0.988 989 342
2.30	0.989 275 89	0.989 555 923	0.989 829 561	0.990 096 924	0.990 358 13	0.990 613 294	0.990 862 532	0.991 105 957	0.991 343 681	0.991 575 814
2.40	0.991 802 464	0.992 023 74	0.992 239 746	0.992 450 589	0.992 656 369	0.992 857 189	0.993 053 149	0.993 244 347	0.993 430 881	0.993 612 845

续 表

x / $\varphi(x)$	0.000 0	0.010 0	0.020 0	0.030 0	0.040 0	0.050 0	0.060 0	0.070 0	0.080 0	0.090 0
2.50	0.993 790 335	0.993 963 442	0.994 132 258	0.994 296 874	0.994 457 377	0.994 613 854	0.994 766 392	0.994 915 074	0.995 059 984	0.995 201 203
2.60	0.995 338 812	0.995 472 889	0.995 603 512	0.995 730 757	0.995 854 699	0.995 975 411	0.996 092 967	0.996 207 438	0.996 318 892	0.996 427 399
2.70	0.996 533 026	0.996 635 84	0.996 735 904	0.996 833 284	0.996 928 041	0.997 020 237	0.997 109 932	0.997 197 185	0.997 282 055	0.997 364 598
2.80	0.997 444 87	0.997 522 925	0.997 598 818	0.997 672 6	0.997 744 323	0.997 814 039	0.997 881 795	0.997 947 641	0.998 011 624	0.998 073 791
2.90	0.998 134 187	0.998 192 856	0.998 249 843	0.998 305 19	0.998 358 939	0.998 411 13	0.998 461 805	0.998 511 001	0.998 558 758	0.998 605 113
3.00	0.998 7	0.998 7	0.998 7	0.998 8	0.998 8	0.998 9	0.998 9	0.998 9	0.999 0	0.999 0
3.10	0.999 0	0.999 1	0.999 1	0.999 1	0.999 2	0.999 2	0.999 2	0.999 2	0.999 3	0.999 3
3.20	0.999 3	0.999 3	0.999 4	0.999 4	0.999 4	0.999 4	0.999 4	0.999 5	0.999 5	0.999 5
3.30	0.999 5	0.999 5	0.999 5	0.999 6	0.999 6	0.999 6	0.999 6	0.999 6	0.999 6	0.999 7
3.40	0.999 7	0.999 7	0.999 7	0.999 7	0.999 7	0.999 7	0.999 7	0.999 7	0.999 7	0.999 8
3.50	0.999 8	0.999 8	0.999 8	0.999 8	0.999 8	0.999 8	0.999 8	0.999 8	0.999 8	0.999 8
3.60	0.999 8	0.999 8	0.999 9	0.999 9	0.999 9	0.999 9	0.999 9	0.999 9	0.999 9	0.999 9
3.70	0.999 9	0.999 9	0.999 9	0.999 9	0.999 9	0.999 9	0.999 9	0.999 9	0.999 9	0.999 9
3.80	0.999 9	0.999 9	0.999 9	0.999 9	0.999 9	0.999 9	0.999 9	0.999 9	0.999 9	0.999 9
3.90	1.000 0	1.000 0	1.000 0	1.000 0	1.000 0	1.000 0	1.000 0	1.000 0	1.000 0	1.000 0

参考文献

［1］朱叶.公司金融[M].北京：北京大学出版社，2016.

［2］冯曰欣，王俊籽.公司金融[M].济南：山东人民出版社，2012.

［3］郭丽虹，王安兴.公司金融学[M].上海：上海财经大学出版社，2014.

［4］代桂霞，赵炳盛，李晓冬.公司金融[M].大连：东北财经大学出版社，2012.

［5］刘莉亚，何博，刘晓磊.公司金融实务与案例[M].上海：上海财经大学出版社，2011.

［6］梁峰.公司金融[M].北京：经济科学出版社，2014.

［7］杨丽荣.公司金融学[M].北京：科学出版社，2008.

［8］[美]斯蒂芬·A.罗斯，等.公司理财[M].吴世农，等，译.北京：机械工业出版社，2012.

［9］[英]布雷利，[美]迈尔斯，等.公司财务原理[M].方曙红，等，译.北京：机械工业出版社，2012.

［10］[美]罗伯特·C.希金斯，等.财务管理分析[M].沈艺峰，等，译.北京：北京大学出版社，2009.

［11］[法]梯若尔.公司金融[M].王永钦，等，译.北京：中国人民大学出版社，2007.

［12］[美]威廉·L.麦金森.公司财务理论[M].刘明辉，等，译.大连：东北财经大学出版社，2002.

［13］[美]詹姆斯·范霍恩..财务管理与政策[M].刘志远，等，译.大连：东北财经大学出版社，2000.

［14］郑雄伟，卢侠巍.财务管理案例教程[M].经济科学出版社，2004.

［15］胡庆康.公司金融[M].北京：首都经济贸易大学出版社，2003.

［16］陈琦伟.公司金融[M].北京：中国金融出版社，2004.

［17］刘爱东.公司理财[M].上海：复旦大学出版社，2006.

［18］李心愉.公司金融学[M].北京：北京大学出版社，2008.

［19］包明华.企业并购教程[M].北京：中国人民大学出版社，2010.

［20］朱叶，王伟.公司财务学[M].上海：上海人民出版社，2003.

［21］中国注册会计师协会.财务成本管理[M].北京：中国财政经济出版社，2013.

［22］茅宁，汪丽.公司理财[M].北京：北京师范大学出版社，2006.

［23］张晋生.公司金融[M].北京：清华大学出版社，2010.

［24］刘曼红，李焰，江娅，刘军.公司理财[M].北京：中国人民大学出版社，2000.

［25］盛立军，郑海滨，夏样芳.中小民营企业私募融资[M].北京：机械工业出版社，2004.

［26］杨雄胜.高级财务管理[M].大连：东北财经大学出版社，2004.

［27］陈雨露.公司理财[M].北京：高等教育出版社，2008.

［28］夏光.财务管理案例习题集[M].北京：机械工业出版社，2008.

[29] 周永强,张玉哲.公司理财[M].厦门:厦门大学出版社,2008.

[30] 李雪莲.公司财务学[M].北京:科学出版社,2007.

[31] 谢婧.证券投资学[M].北京:中国工商出版社,2013.

[32] 吴晓求.证券投资学[M].北京:中国人民大学出版社,2014.

[33] 岳军,冯曰欣,闫新华.公司金融[M].北京:经济科学出版社,2003.

[34] 杨朝军,屠梅曾,刑靖,刁喜.现代公司金融[M].上海:上海交通大学出版社,1996.

[35] 李光洲.公司金融理论与实务[M].上海:立信会计出版社,2005.

[36] 陈麟.公司行为金融研究[D].四川大学硕士学位论文,2006.

[37] 李曜.股票期权与限制性股票期权激励方式的比较研究[J].经济管理,2008(03).

[38] 孙杰,李鹏.现代资本运作理论及其发展影响因素分析[J].企业导报,2010(06).

[39] 葛清.中信 VS 广发,收购与反收购[J].中国企业家,2004(10).

[40] 汤海溶,彭飞.我国券商综合治理及重组模式分析[J].当代经济管理,2008(07).

[41] 阎达五,耿建新,刘文鹏.我国上市公司配股融资行为的实证研究[J].会计研究,2001(09).

[42] 王娟,杨凤林.中国上市公司资本机构影响因素的最新研究[J].国际金融研究,2002(08).